ヨコハマメリー

白塗りの老娼は
どこへいったのか

地図で見る横浜の変遷

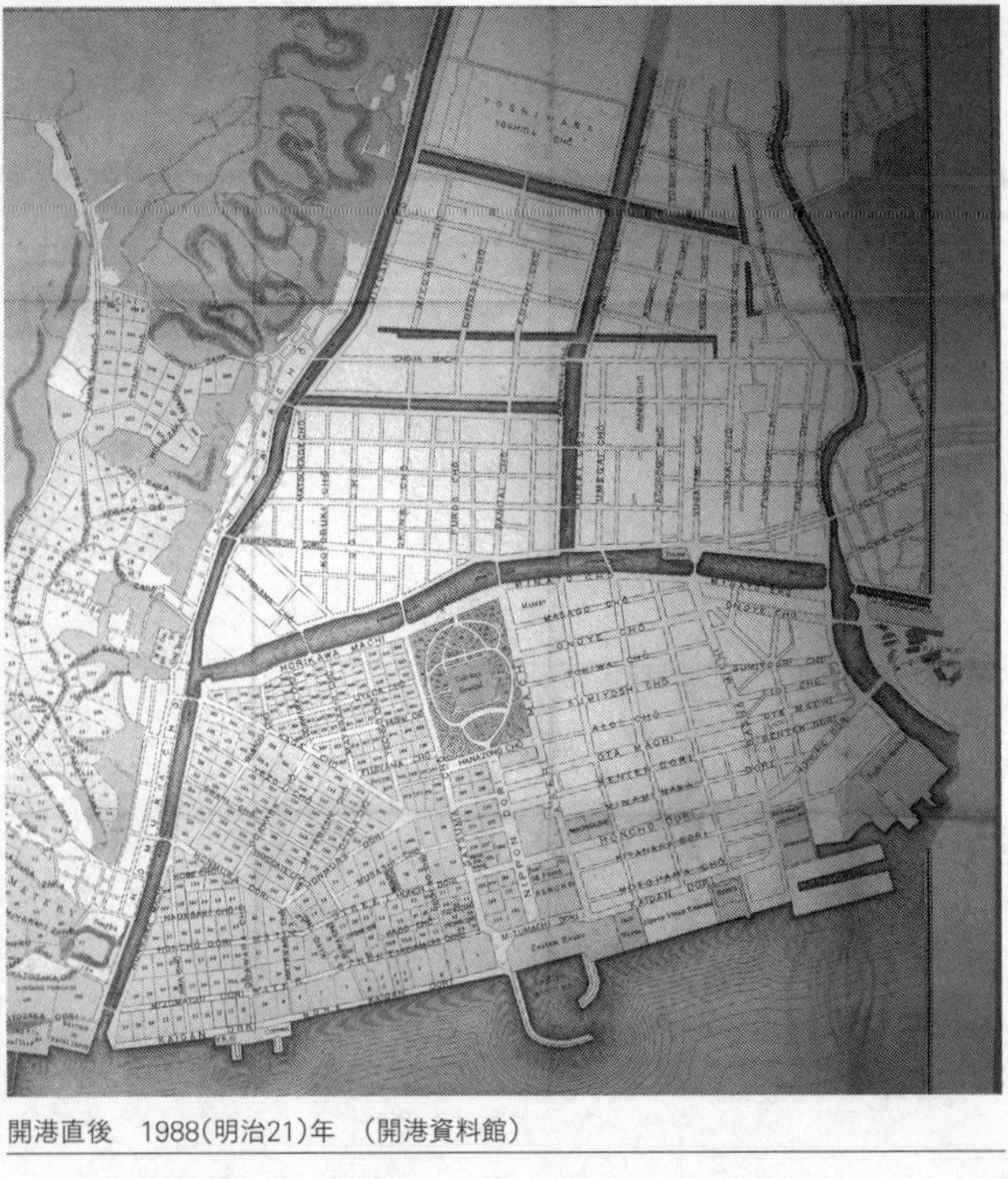

開港直後　1988(明治21)年　(開港資料館)

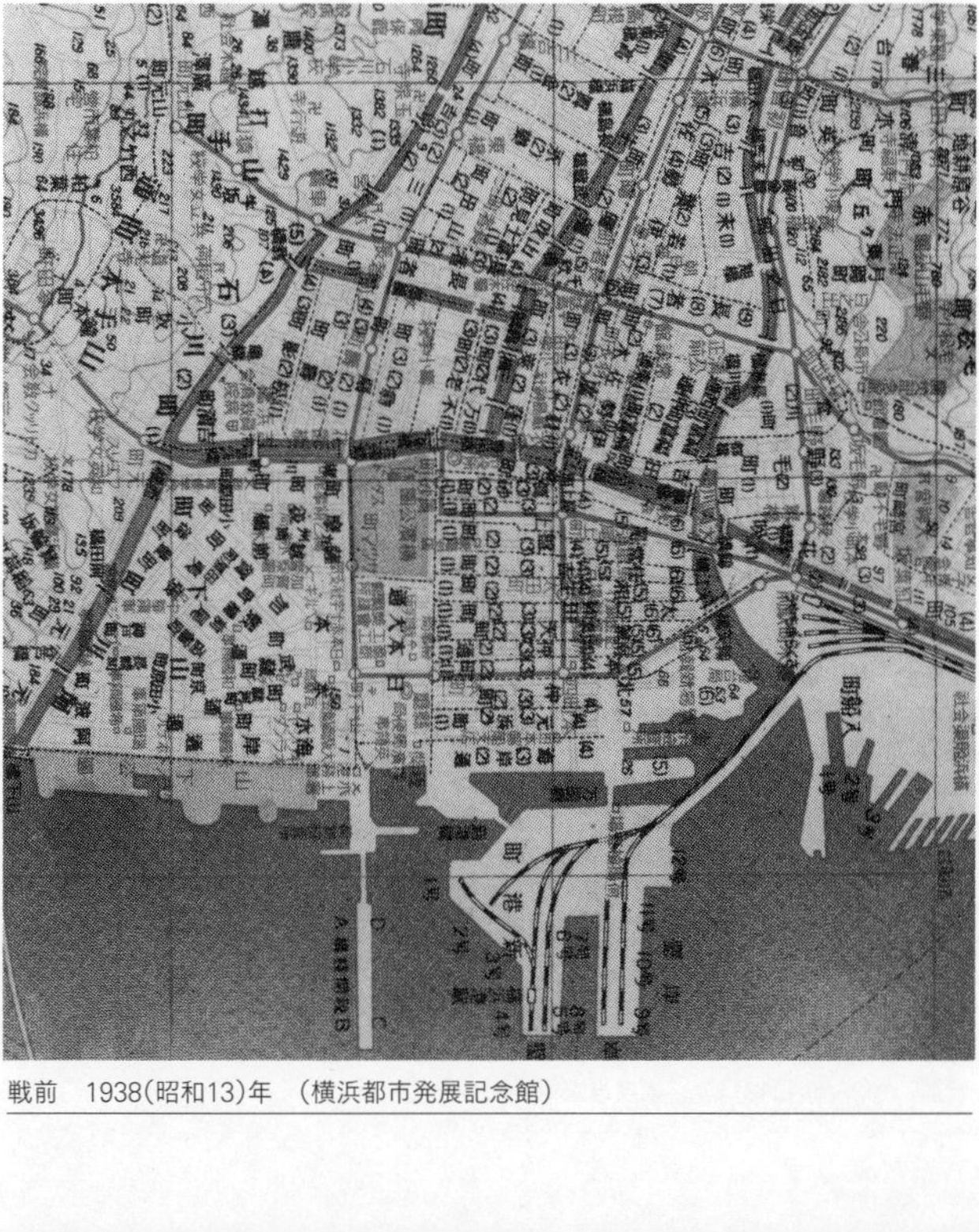

戦前　1938(昭和13)年　(横浜都市発展記念館)

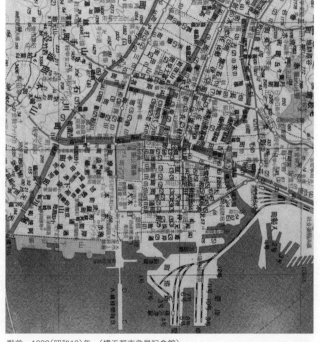

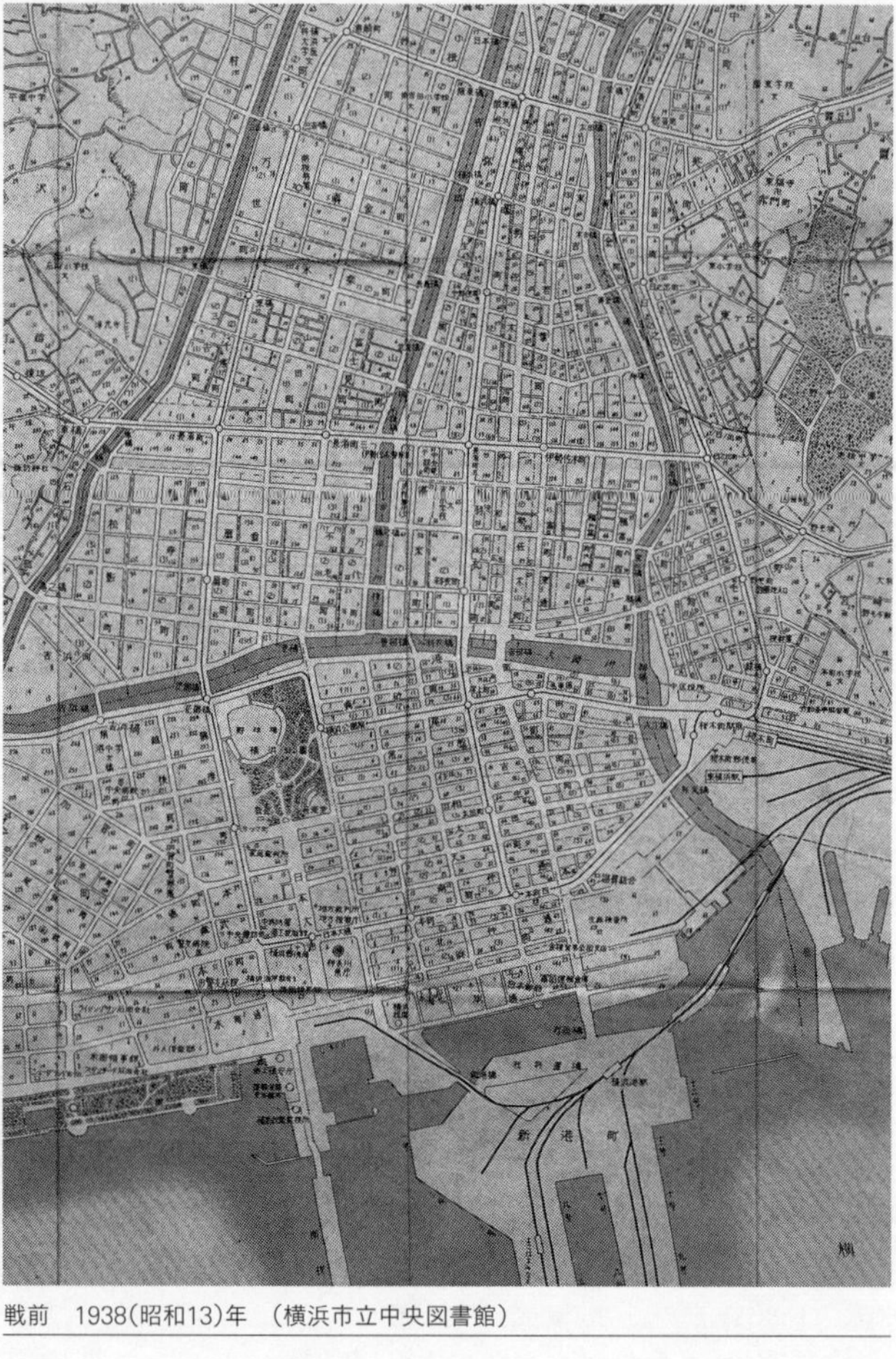

戦前　1938(昭和13)年　(横浜市立中央図書館)

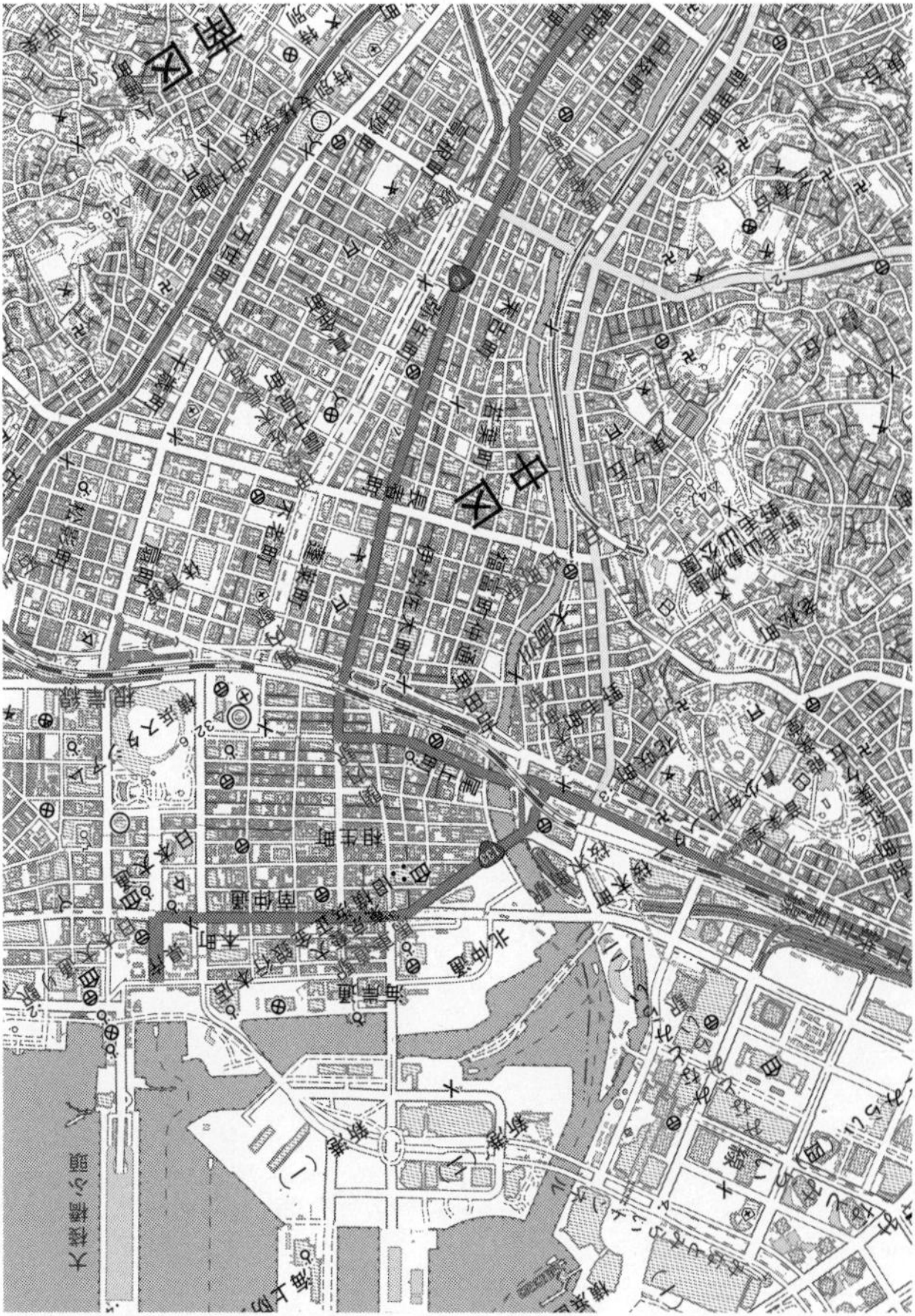

現在　2020(令和2)年　(国土地理院)

第1章 メリーさんとは何者？

1 すべてはテレクラから始まった

何かを始める時、そのきっかけは些細なことに過ぎないものだ。あの時、ふいに思いついたことに、私は二十代のすべてを捧げることになってしまった。

一九九七年四月、私は当時二十二歳で、オリジナル・ビデオやテレビの2時間ドラマなどの演出助手として働き始めていた。下っ端だった私の仕事は小間使いのようなもので、ただただ撮影現場を走りまわる毎日。すぐに辞めたくなり、社会人になって一ヶ月も経たないうちに、逃げる口実ばかり探していた。誰もが経験する五月病かもしれない。仕事に慣れてくれば治るものだと思っていたが、半年が経ち、木枯らしが吹く季節になっても、憂鬱《ゆううつ》な気持ちは変わることがなかった。

もともとの映画好きが高じ、観る側から作る側に憧れて映画の世界に飛び込んだ。しかし得てして理想と現実は違うもので、趣味を仕事にすべきではなかったと痛感していた。

そんな時、唯一の気晴らしは、やはり休日に映画を観に行くことだった。

私の地元・横浜はかつて全国有数の映画興行街だったこともあり、全盛期をとうに過ぎた九〇年代当時でも、関内《かんない》と伊勢佐木町《いせざきちょう》周辺だけで、馬車道《ばしゃみち》の東宝会館、伊勢佐木町の横浜松竹、横浜ピカデリー、伊勢佐木町東映、にっかつ会館、「封切り」という言葉が生まれた横浜オデヲン。その他、ミニシアター系の映画を上映する関内アカデミー、名画座の横浜日劇、シネマジャック&ベティなどがあった。

ちょうどその日は「横浜日劇」に朝からこもっていた。永瀬正敏主演で話題になった映画『私立探偵濱《はま》マイク』シリーズの舞台にもなったこの映画館では、ハリウッドのB級映画などを二本立てで上映していた。場内に入ると、ニコチンとカップヌードルが混じった饐《す》えた臭いが鼻につく。観客のほとんどが日雇いの労働者か、仕事をサボっているかもしれないサラリーマンたちで、入れ替えなどはなく、一日中過ごすことができた。映画を観るというよりも、いたというほうが正しいかもしれない。ポツポツと光る煙草の火が蛍の光のように見え、スクリーン前を紫煙が燻《くすぶ》るなか、ただそこにいることだけで気持ちが落ち着いた。

二本の映画を二度観たあと、表に出た。空を見上げると、黄昏《たそがれ》色というような夕景が広がっていた。すこし肌寒さを感じながら、日劇前の若葉町通りから伊勢佐木モールへと足を向けた。かつてイセブラという言葉を生んだ伊勢佐木町通りはその昔、煌《きら》びやかな繁華街だったらしいが、モール化されて歩行者専用になった現在では、その面影は微塵《みじん》もない。

まだ夕方だというのに、晩秋という季節柄、日が落ちるのが早かった。点灯するネオンの光に通りを行き交う人たち。その時だった。ふと変な衝動におそわれる。

「テレクラに行きたいなあ」

なぜそんなことを思ったのか、よくわからない。家に直帰するにしては、中途半端な時間だったのは確かだった。雑踏の中をひとりで歩いていて、人恋しくなったのかもしれない。

学生時代にハマったことはあったが、しばらくはご無沙汰している。なぜ、テレクラだったのだろうか……。いま振り返ってみると、ふとトラウマが脳裏をよぎった。

私は親が転勤族だったので、横浜市金沢区の小学校を皮切りに五回転校している。中学入学時には熊本にいたのだが、ここでは標準語を話しているというだけでからかわれた。

「この東京もんが！」

「違う、横浜だよ」

その当時は歯を食いしばり、弱いながらも必死に戦った。「お前らみたいな田舎者とは違うんだ。僕は横浜の人間だ」という特権意識が、私を支えていた。

そして中学校二年の時、熊本からようやく横浜に戻ったのだが、今度は「言葉が訛《なま》っている」と同級生たちから嘲笑された。子供ゆえに順応性が高かったのだろう。私自身が気づかないうちに、ズブズブの熊本弁を話す田舎者になっていたのだ。薄っぺらい特権意識がもろくも崩れて、言葉が出てこない。何も話せなくなった。横浜での中学生活は真っ暗闇で、いまでも思い出したくもない。たった一人で孤独だった。そんな時、映画だけが私の救いだった。いわゆる現実逃避だ。見ず知らずの観客たちとともに銀幕を見つめて一喜一憂していると、人とつながっている気がした。

　数年経つと熊本弁は抜けていたが、やはり人と話すのが苦手なままだった。そんな時、兄に誘われて行ったのがテレクラだった。相手の顔を見なくてもいい、声だけのコミュニケーションなので、気楽に話ができた。映画、そしてテレクラは、当時の私にとっては人とつながるための手段だった。その後、通いなれてくると、声だけでなく、相手と直接会って肉体的なコミュニケーションを持ったこともある……。そんな恥ずかしい十代の記憶が甦ったのだろうか。その日は映画だけでなく、もう少しだけ人とつながりたくなったのかもしれない。となると私にとっては、テレクラしかない！

　いくつかあるお店の中から、バレンタインコール関内店をチョイスして、すぐに向かった。テレホンクラブ、いわゆるテレクラは二つのタイプに分かれる。一つは取次ぎ制。女性がお店に電話をかけると、まず受付でその目的を聞き、それに見合った男性客に取り次いでいく。援助交際や友達探しなど双方が同じ目的で話せるので、話が早い。だが意中の子から電話がないと、ただ待ち続けなくてはならない。

　もう一つは早取り制。受付が介在せずに、女性が電話をかけてくるとテレクラにいる男性たちの電話が一斉に鳴り、早く取った者が女性と話せる権利を得る。面白くはあるが、つねに臨戦態勢を強いられるので結構しんどい。

バレンタインコールは取次ぎ制だった。私は二時間のコースを選び、受付の近くにあったビデオラックから、アダルトビデオ二本を無造作に取った。何でも良かった。電話が鳴るまでの暇つぶしである。指定された部屋は、三畳ほどの狭いスペース。ドアを閉めるとかなりの圧迫感で、閉所恐怖症には無理だな、とボソッと独りごとを呟いたのを覚えている。革張りのソファに座ると、目の前にテレビとビデオデッキ、そして電話機があった。いつ電話が鳴るかわからないので、高ぶる気持ちを落ち着かせようと、備え付けのマニュアル本を読むことにした。テレクラで遊ぶための最低限のエチケット、つまり女性の話をちゃんと聞くことや、性急かつ強引に会おうと誘わないこと、ガチャ切りしないことなどが書かれていた。私は頷きながら、じっくりと目を通した。

そして一時間が経過。うんともすんとも電話が鳴らない。「魚釣り」と同じで、まったく釣れない時もある。いわゆるボウズの状態だ。これなら早取り制のほうが良かったのかもしれないと後悔に襲われながら、二本目のアダルトビデオをデッキに差し込んだ。アッアアン。画面の中で痴態をさらす女性の唸り声を聞いているうちに、睡魔に襲われた。仕事明けで疲れていたのかもしれない。瞼《まぶた》がゆっくりと閉じかかった、その時だった。突然、電話のベルが鳴った。一瞬、心臓が止まるくらいに驚いた。

慌ててテレビの電源をオフする。取次ぎ制だから、焦る必要はない。落ち着けとばかりに一呼吸おいた後、ゆっくりと受話器を取った。

「こんにちは」

「どうも。いま、なにやっているの？」

カジノバーで働いている女性で、年齢は二十五歳。話し振りから、元ヤンキー系の姉御《あねご》タイプのようだ。しかし五分あまり経っても、まったく話がかみ合わない。向こうも、暇つぶしで掛けているのが見え見えだ。こういうこともある。早く受話器を置いて次のチャンスを、つまり他の女性からの電話を待ちたい。が、しかし話を終わらせるタイミングがつかめない。ちゃんと、そのことを言わなければ……。

「あのさ」

私が断りの言葉を発しようとした、その時だった。

ふいに彼女が「最近、メリーさんって見かけないよね」と、ふいに聞いてきた。

「……あの白塗りのおばあちゃん？」

私が確かめるように訊ねると「うん、どうしているのかな？」

まさに運命の瞬間は、テレクラの一室でやってきた。

メリーさんは、横浜の有名人だった。歌舞伎役者のようなメイクに全身真っ白の洋服を身にまとったお婆さん。メリーさん以外にも、白塗りお化け、ホワイトさん、白髪ばばあ、しろしろ仮面など、世代や地域によって、その呼び名はいくつもあった。

私が最初に見たのは、中学生の時だった。東宝会館で、映画『バック・トゥ・ザ・フューチャー2』（一九八九年公開）を観たあとに馬車道を歩いていると、対面のベンチに白い物体が見えた。

「人形かな？　それにしては大きいし……」

最初は「ナニモノ」かわからず、ずっと見ていると、かすかに動いた。

その衝撃はいまだに忘れられない。実際、化け物のようだと思った。容姿だけでなく、雰囲気そのものが妖気を感じさせたからだ。週が明けて学校に行くと、私と同じように〈メリーさん〉を見た同級生が数人いて、しばらくクラスの話題になっていた。皆、いろいろなところから話を聞いてきては、真偽すら定かでない無責任な噂話で盛り上がっていた。

「元華族出身らしいが、今は没落して娼婦に身を落としている」

「その昔、子供が死んでしまったことで頭がおかしくなり、町を彷徨《さまよ》っている」

「じつは、化粧をとるとすごいキレイで若いらしい」

「梅毒で頭をやられて、気がふれている」

テレクラでの話に戻ると、互いの知っている〈メリーさん〉の話で予定していた二時間はとうに過ぎて、延長料金を払うほどに盛り上がった。それだけでは物足りずに「これから会おう」という約束まで取りつけてしまった。

〈メリーさん〉の話題で女性が口説けるのは、横浜だけだろう。待ち合わせ場所は、京急日ノ出町《ひのでちょう》駅前の電話ボックス。急ぎ店を出て、駆け足で向かった。伊勢佐木町の人ごみを掻き分けながら、やっとのことで駅前のスクランブル交差点までたどり着いた。信号を渡れば待ち合わせ場所である。赤信号が青になるのが待ち遠しい。激しい息切れとともに、ゴール地点である電話ボックスに視線を向けると、女性が一人立っている。彼女に違いない！　私は目を細めて、ゆっくりと焦点を合わせていった。そこにいたのは、女子プロレスラー北斗晶《ほくとあきら》のようなガタイのいい女性だった。容姿にこだわるつもりはないが、かなり怖そうな風貌である。信号が青になり、人並みが駅のほうへ、彼女のほうへと移動していく。私がただその場に立ち尽くしていると、その時、彼女と目が合った。

交差点、通りを隔てて見つめあう二人。気分は、まさに蛇に睨まれた蛙である。

悲しいかな、気がつくと彼女に背を向けて、走って逃げていた。我ながら情けない、最低だ。夜の帳《とばり》のおりた町に紛れこむように、全力疾走した。

「あんなヤンキー系の怖そうな女性……」

「〈メリーさん〉を通じて話ができるってすごいなあ」

そんなフレーズが断片的に、酸欠気味の私の脳裏に浮かんできた。そしてテレクラのマニュアルにあった「女性の扱いは、丁寧に優しく」という言葉を思い出し、心が痛くなった。

2　都市伝説と噂話

テレクラでの一件からしばらくして、中澤健介《なかざわけんすけ》と会った。私の一歳下、劇映画の撮影助手をしており、互いの休日が合うと、よく会ってはたわいもない話を交わす気の置けない仲間だった。メリーさんのことが気になり始めていた私は、中澤に何気なく話を振ってみた。

「メリーさんって知っている？」

「知っているよ。映画にも出てくるし、有名だよね」

中澤は、さも当然のことのように答えた。映画とは『遥かな時代の階段を』（林海象監督・一九九五年公開）のことだった。劇中、永瀬正敏扮する私立探偵濱マイクと、メリーさんをモデルにした老婆〈港のメリー〉のシーンが登場する。

〔シーン〕73　川沿いの道・夜

娼婦が並び、客をひいている。

その中に、八十歳を過ぎた白塗りの娼婦・港のメリーが立っている。

顔を隠したマイク、やってくる。

マイク「メリーさん」

メリー「あら、マイクちゃん。やっと私を買う気になってくれたのね。あなたは私のタイプよ。うんと可愛がってあげる」

ウィンクしてマイクの腕にぶら下がる。

マイク「ち、違うんだ。メリーさん。……メリーさんは、この街のことで知らないことは何もないよね」

メリー「そりゃそうさ。五十年もここに立って、街を見てきたからね」

（『私立探偵濱マイク』第二弾『遥かな時代の階段を』撮影台本）

港のメリーを演じているのは、坂本スミ子。歌手としても「たそがれの御堂筋」「夜があけて」のヒット曲で知られるベテラン女優だ。後でわかったことだが、メリーさんは、大岡川近辺で外国人の街娼と一緒に立ったことはなかった。横浜に五十年立っていたというのも、間違いだった。とはいえフィクションなので、許せる範囲の脚色ともいえる。

中澤を横目で見ながら、探りをいれてみた。

「メリーさんって面白いと思わない？　これって作品になるかな」

「……」

「ドラマじゃないと思うんだよね。やっぱりこれって、ドキュメンタリーかな？」

一瞬キョトンとした後、中澤は私の顔を覗き込み、一気にまくし立てた。

「それ面白いよ！　永瀬正敏とかにインタビューしちゃってさ。日劇も撮りたいよね。入口から劇場内にキャメラが入っていくと、『遥かな時代の階段を』が上映されていて、観客席にいるのは監督の林海象とかどう？」

そのアイデアはともかく、題材の持つ魅力について中澤も疑ってないようだった。

この友人の同調が、私を後押ししてくれた。だが明るくなりかけた希望の芽は、すぐに潰える。

その日の夜、中澤から電話がかかってきた。

「いま、うちの母ちゃんから聞いたんだけど、メリーさんってもういないらしいよ」

「そんな噂もあるよね……」

「それにドキュメンタリー映画もすでにあるらしい」

電話を切って、ベッドの上に倒れこんだ。先の見えない、ただつらいだけの助監督生活。頑張れば十年、二十年後には監督になれるかもしれない。それでも、いま携わっているテレビの2時間ドラマが精一杯、ずっと憧れてきた劇場映画を監督するイメージなど皆無だった。これが私が求めていた世界だったのか、いや違うはずだ。自分で動かないと何も変わらない。〈メリーさん〉は、この現状から抜け出すための突破口だと思えた。静まりかえった部屋で、時計の秒針を刻む音がいつもより大きく聞こえた。私はじっと唇を噛みしめた。


それから二ヶ月が過ぎた頃、クリスマスの電飾が施され、年末の賑わいを見せる伊勢佐木モールに、私は足しげく通い始めていた。映画を観るためでも、テレクラに行くためでもない、メリーさんの話を聞くためである。あれから〈メリーさんの映画〉について調べたが、資料は見つからなかった。もしすでに映画があったとしたらすべて徒労に終わるだけだろうが、それでもよかった。なぜ、私がメリーさんに惹かれるのかを知りたかったのだ。とはいっても、大したことはしていない。

伊勢佐木モールで「メリーさんって知っていますか？」と聞いて回ったのだ。

「メリーさんか、あの人は偉い人だよ」

「なんでも横浜に来る前は、横須賀にいたらしいけど」

「いまだに現役らしいよ。ホテルに入っていくのを見たもん」

「なんか『LIFE』の表紙になったこともあるらしいよ」

「もういないよ。何年か前に、救急車で運ばれたって」

メリーさんは、やはり有名人だった。芸能人でも名士でもないのに、この町では誰もがその存在を知っている。以前、新聞に取り上げられたというので、早速調べてみることにした。

あのテレクラ事件の日ノ出町駅前……。その横の坂道を上っていくと野毛山《のげやま》の中腹に、横浜市では最大の蔵書を誇る中央図書館がある。その三階には、横浜資料コーナーと新聞のバックナンバーがそろっていた。伊勢佐木町で聞き集めた話によると、一九九五〜九六年の間が怪しいようだ。その年代を中心に、地元の『神奈川新聞』のほか、『読売新聞』、『朝日新聞』などを、片っ端から探していく。もしメリーさんの記事が載っていても、白塗りの老婆のことなど大きく取り上げるはずがない。見逃さないように、一面一面をじっくりとチェックしていくのだが、これが意外と時間を要した。一月、二月、三月と順を追って見ていくが、カスリもしない。

一日ではとても終わらない、根気のいる作業となった。数ヶ月が経過しても、仕事が休みになると図書館に通い続けた。窓の外を見ると、満開の桜が咲きほこっている。テレクラ事件から、もう半年が過ぎてしまった。そもそも、こうした類の調査などしたこともなく、リサーチのコツもわかっていないのだから、時間がかかるのも当然だった。あの情報はガセだったのか……。そんな不安に苛まれ始めた矢先、ようやくメリーさんの記事が見つかった。

■写真集『**PASS ハマのメリーさん**』森日出夫著

白いドレスに、白い顔、白い足。横浜・関内周辺などで出会うなぞの女性、人呼んで〝ハマのメリーさん〟をとらえた写真集。著者は横浜を拠点に活動する写真家で、これまで新港ふ頭の赤レンガ倉庫や、東横線高島町―桜木町駅間のガード下など、市内の景観や建築物を〝森の観測〟と銘打って撮り続けてきた。今回のメリーさんにも、横浜の〝風景〟としてレンズが向けられている。

（『神奈川新聞』一九九五年九月十日）

新聞のざらついた紙に印刷されたメリーさんの顔のアップは、まさに衝撃だった。私は近づくこともできずに遠くから見ていただけなので、メリーさんの印象は「白い物体」に過ぎなかった。初めて見るメリーさんの顔、そのかすかに笑った表情は、やはり妖気が漂っているようだった。すぐに記事をコピーして、図書館内の検索機に向かった。

『PASS ハマのメリーさん』と入力するとヒット。まさに灯台下暗しで、その写真集は、数ヶ月も通い続けた三階の横浜資料コーナーに置いてあった。私家版として作られたB４サイズの写真集は、手に取るとずっしりとした重みを感じた。それを一頁ずつ、ゆっくりとめくる。記事にも掲載されていたメリーさんの顔のアップ。ほかにも気品のある凛《りん》とした横顔や、荷物を抱えて町を歩いたり、ベンチに座ってうなだれている姿など、さまざまなメリーさんが活写されていた。そのどれもが白い物体としてのメリーさんではない、老いと向き合う一人の女性の姿だった。

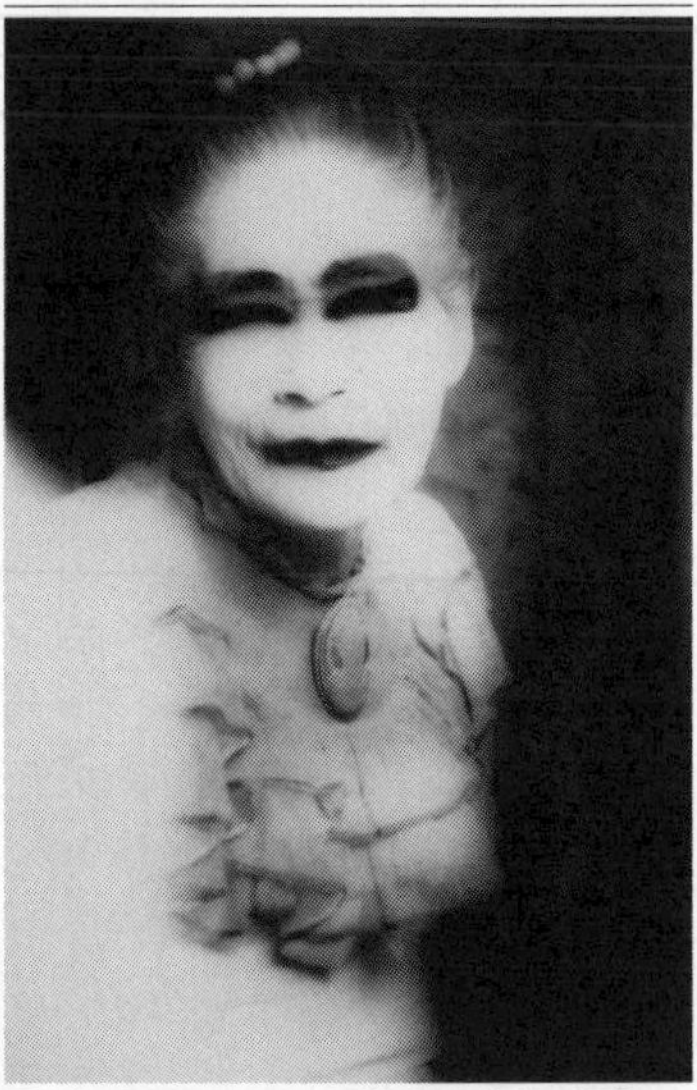

通称「ハマのメリーさん」。横浜でも地域や世代によってさまざまな呼び名があった（森日出夫撮影）

「すごい……」。それ以外の言葉が出てこない。俄然、やる気が出てきた。数ヶ月におよぶ図書館での鬱屈した時間が解放されていくようで、記事探しにも熱が入った。一九九五年の記事に目を通して九六年へと向かうと、探していた記事が少しずつ見つかりだした。

横浜市中心部であのメリーさんの姿が見られない。彼女に何かと世話を焼いていたシャンソン歌手に聞いてみた。昨年の暮れ、メリーさんは転んで、救急車で病院に運ばれた。ところが数日後、入院先から、こつ然と姿を消す。最後は横浜市中区福富町の雑居ビルの廊下住まいだった。エレベーターのボタンを押して、チップをもらっていた。視力が衰え、化粧をすると歌舞伎の隈《くま》取りのようだった。〔中略〕折もおり先日、東京で五大路子《ごだいみちこ》さんが、メリーさんをモデルに一人芝居を演じた。日本の繁栄をよそに戦後を背負って真っ正直に生きた人間として描かれていた。

（『神奈川新聞』一九九六年四月十八日）

彼女の名は「港のメリーさん」。戦後、故郷を離れ、東京、横須賀を渡り歩き、横浜は伊勢佐木町で米兵相手の娼婦をしていたとされる。戦後五十年を経てなお、暗い時代の影を引きずったまま、夜の街に姿を現していた。〔中略〕そんなメリーさんを見かけなくなって約半年。「昨年末に救急車で運ばれた」「病院で死んだ」――。様々なうわさがハマの酒場に飛び交っている。取材を通じて知った消息を伝えるべきだろう。彼女は昨年末、自然豊かな故郷に戻り、優しい弟夫婦の世話になっている。患っていた白内障も手術で完治した。寝ていることが多いが、耳が遠いだけで、いたって健康だ。弟嫁によると「もう横浜へ帰ることはない」という。

（『読売新聞』一九九六年五月二十六日）

メリーさんがすでに帰郷していて、弟夫婦と一緒に暮らしている。

この事実を知った時、少なからずショックを受けた。映画化することをまだ諦めきれていなかったからだ。さすがに引退した老娼婦を取材して、静かな余生を乱すようなことはできない。ここまでか……と頭を垂れるが、どうしても諦めきれなかった。どうしたらいいのかわからずに、時間だけが無為に過ぎていった。それでも〈メリーさん〉が私の頭から離れることはなかった。

一九九八年八月、その日は灼熱の太陽が照りつける真夏日だった。メリーさんの「現在」を知ってから、半年ほど過ぎていた。私は溢れ出す汗を上着の袖でぬぐいながら、中央図書館へと続く坂道を歩いていた。メリーさんの調査を再開しようと思い立ったからだ。よいアイデアが浮かんだわけではない。ただメリーさんへの飽くなき興味に対して、理屈ではなく身体が勝手に動いていた。

「折もおり先日、東京で五大路子さんが、メリーさんをモデルに一人芝居を演じた」

一九九六年四月十八日付の『神奈川新聞』に紹介されていた芝居は、『横浜ローザ――赤い靴の娼婦の伝説――』だった。九六年四月十二日、東京日本橋の三越劇場での初演のあとも、馬車道の関内ホール、岐阜の大垣市、六本木俳優座劇場で上演されていた。

五大路子は、NHK朝の連続テレビ小説『いちばん星』のヒロインとしてデビューした、新国劇出身の女優である。近年、活動の場を生まれ育った横浜に移し、『横浜ローザ』の上演活動が認められて、横浜文化賞芸術奨励賞を受賞したという。

〈あらすじ〉横浜のとある雑居ビルの七階エレベーター・ホール。その廊下の一隅にいつからか住みついた一人の老女があった。横浜ローザの名でしられた外人専門の娼婦で、八十歳を越えた今でも本人は現役のつもりである。気が向けば夕暮れ時の馬車道やメリケン波止場に立つこともあるが、幾ら厚化粧で装って見ても、足元おぼつかない老娼婦の客になる物好きはいなかった。〔……〕しのびよる老いの孤独と死の恐怖。眠れぬ一夜、悪戯に救急車を呼んでは寂しさをまぎらわせる。彼女が問わず語りに激白する涙と屈辱の人生は、そのまま日本の戦後史であった。〔……〕

（『横浜ローザ』チラシより）

メリーさんを、好奇な目や都市伝説として捉えるのではなく、戦後のある個人史を浮かび上がらせていくアプローチのようだ。『横浜ローザ』の上演スケジュールを調べてみると、来年にまた公演をすることがわかった。

またメリーさんを題材にした中島らもの小説『白いメリーさん』は、女子高生の噂話と都市伝説をテーマにしたホラー小説だ。誰も見たことがない〈白いメリーさん〉についての噂話から広がる波紋と、思春期の女子が持つ不安定な感情が交差していくという内容である。その中で主人公の垂水《たるみ》は、巷《ちまた》に溢れる流言飛語やデマゴーグなどの「噂」を追いかけているフリーライターで、民俗学と「噂」の関連についてこう語

『横浜ローザ』関内ホールでの初演チラシ
（横浜夢座蔵）

る。

発生から伝播まで系統立てて整理したようなものは民俗学者の間での需要がある。柳田国男以来、民俗学は昔話、民話、怪談、伝説、神話などの採集をベースにして考察が築かれてきたが、近代になってはこの項目に「噂」が加わって重要な位置を占めている。「都市民俗」を考えるうえで、「噂」は無視できないデータベースなのだ。

（中島らも『白いメリーさん』講談社、一九九四年）

そして「噂というものには、必ず時代の潜在的な欲求や恐怖が潜んでいる」とも言い、こんな事例を紹介している。

二十世紀初頭には、噂の研究は広告や民俗学よりもむしろ法心理学の分野で重要だった。たとえばこんな実験がアメリカで行われている。地下鉄の中で、カミソリを持った白人が黒人と口論している絵を用意する。これを被験者に見せて、その絵の内容を口頭で次の人に伝えてもらう。次の人はまた次の人に口で伝える。これを繰り返していくと、実験の最後には絵の内容が、「カミソリを持った黒人が白人を脅している」といったものにすりかわっている。噂の伝播につれて内容が変化していくわけだ。しかもその内容の変化には、時代の孕《はら》む深層意識が重大な影響力を持っていることがわかる。

（同『白いメリーさん』）

それまでの噂話というと、虚実がないまぜになった負のイメージしかなかった。実際に、メリーさんの噂話を調べていることへの居心地の悪さもあった。なぜ、メリーさんが都市伝説として、町の噂になっていったのか？　そこにこそ、私が惹かれる何かが潜んでいるようにも感じていた。

都市というのは奥とかすき間を必ず備えている場所性があるものでして、民俗学から言うとそういうところに、霊的なものがあって、そこは神聖にして侵すことのできないという認識が保たれている空間、すなわち境界にあたるものですが、それが都市のなかで発見されると、その場を中心として一つの物語、都市伝説が発生してくるのではないかと思うのです。

（宮田登『宮田登　日本を語る九　都市の民俗学』吉川弘文館、二〇〇六年）

メリーさんがいた場所をひとつの境界として考えてみると、そこから生まれた伝説や噂も、ある必然を持っていたということになる。その後も〈メリーさん〉〈横浜〉〈都市伝説〉をキーワードにして、検索を続けていくと、メリーさんのプライベートが垣間見えるルポルタージュがあった。彼女がラブホテルに宿泊した時の様子である。

メリーさんはブランデーが大好きです。チーズをおつまみに、音楽のボリュームを上げて、気ままにくつろぎます。その時ばかりは、やさしいおばあちゃんの顔です。

昔を思い出しては、外人さんはやさしかったわ、いつもレディファーストで親切だったわと話してくれます。若いころはおしゃれで、十年くらい前までは八センチはあろうヒールを履いていたメリーさんも、最近では六センチヒール、それもだんだん履きつぶしてしまい、三センチまで減ってしまいます。皮がめくれ、中の木がのぞいても、その靴を一年中履いて、ヒールがいよいよ一センチまでになると、やっと新しい靴を買うのです。〔……〕夕刻になると、これから店に行ってまいりますと、紙袋を一つ下げてご出勤です。重そうなので、お持ちいたしましょうかと玄関まで運ぶと、サンキユーと流暢《りゆうちよう》な英語でお礼が返ってきます。いったいどんなサービスでお客さんをとるのでしょう。メリーさんが帰ったあとは、さあ大変。お風呂は排水溝までも真っ白。おまけに茶色に染めた髪が、ごっそり固まっています。水で洗ったくらいではとても落ちません。まず熱湯をかけ、カビキラーをふりまいて、タワシでゴシゴシやります。湯を流して洗ってもしばらくは油が浮いてきてしまいますので、何度か繰り返します。

（花井和子『ホテルここだけの話』近代文藝社、一九九五年）

著者の花井は、昭和五十年に横浜黄金町でラブホテル経営を手がけ、その二十年におよぶ体験、見聞きした男女の秘事を書き綴っている。「八十四歳になった彼女」など、真偽が定かでないことも多く記されているが、実際にメリーさんと接したことは間違いないだろう。直接、話を聞きたいと思い、花井の住所を版元に聞いて訪ねてみたが、メリーさんのようにすでにこの町からいなくなっていた。都市の隙間、境界への手がかりは、惜しくも断たれてしまった。

3 町の声を聞く

伊勢佐木モールの街路樹が、紅葉に染まる季節になっていた。メリーさんのことを調べ始めて一年が経過する。仕事の合間、休日にやっているので、実働日数にしたらそれほどでもないが、それでも一年は一年。そんな感慨を胸に、写真集『PASS』を持って町を歩いてみた。馬車道のアートビルのベンチ、その昔、関所があった吉田橋近くの交差点、そこから伊勢佐木町に入り、バーガーショップの森永ラブ、デパートの松坂屋、寝床にしていたGMビルなどを、写真と照らし合わせながら、撮影された場所を探していった。都市伝説のメリーさんではない、彼女がこの町にいた痕跡を確認したかったのだ。その最中、

横浜松坂屋の常連だったメリーさんにはお気に入りの店員もいたという（森日出夫撮影）

「メリーさん、あそこの女将《おかみ》さんと仲良かったよ」と、何気なしに入ったお店のおばさんから有力な情報を教えてもらった。

化粧品店「柳屋《やなぎや》」。松坂屋デパートの隣にある、創業明治三年の老舗《しにせ》店である。女将さんの名は、福長恵美子。飛び込みで訪ねるのではなく、後日、手紙を送ることにした。慎重に事を進めたかった。

「いま、メリーさんについて調べていること」、「なぜ興味を持ったのか?」、「実際にメリーさんと関わっていた人たちから話を聞きたい」など、私なりの思いを便箋に綴った。

郵便ポストに投函してから数日後。柳屋に直接、連絡するつもりでいたが、どうにも気が進まない。メリーさんのことが知りたくて手紙を送りつける輩《やから》なんて、かなり怪しい。不審者に近いと自分でも思う。取りつくろうつもりは毛頭ないが、まずは会ってもらえないと何も始まらない。しかし電話口で拒絶されたらどうすればいいのか……。そんな葛藤の最中、電話のベルが鳴った。

「あの、柳屋の福長と申しますが。手紙をいただいたんですけど」

タイミングが良過ぎて、一瞬、頭が真っ白になった。

「あっはい。中村です。手紙を送ったのは、私です」

「そうですか。これを読んだだけではわからないですけど、どういったことなの?」

「メリーさんにとても興味がありまして。もう横浜にいませんよね?」

「もういないですよ」

「メリーさんについての映画でもと思いまして」

まだ何の予定も計画もないのに、咄嗟《とっさ》に出た言葉だった。諦めきれない本心が出てしまったのだ。

「一度、会っていただけませんか？」


柳屋は老舗然とはしていない、近代的なドラッグストアのような店構えだった。化粧品や美容用品などを扱う流行に敏感な業種だけに、つねに現代的な内装を求められるのかもしれない。

「いらっしゃいませ」

いかにも濃い化粧をした女性販売員に店の奥へ連れていかれると、化粧品の実演販売をするテーブルに、初老の女性がいた。着物姿のその佇《たたず》まいは、「女将さん」という呼び名がしっくりくる。

福長恵美子は、大正十三年生まれ。長年連れ添った夫の幸四郎が昨年五月に他界した後も、福長は女将として、明治から続く化粧品店を守ってきたという。

「ちょっと、出ましょうか？」

挨拶をする間もなく店を出て、隣の喫茶店に連れていかれた。

「いまね、息子の嫁がお店に入っているでしょ。で、私が行くと、常連さんが集まるのよね。『女将さん、女将さん』って。それが嫁は気に入らないのよ」とため息まじりで嫁姑の話が始まり、福長の独壇場となった。仕方なく聞き役に徹していると、「そういえば、今日は何の用だったんですか？」とようやく訊ねてきた。やっと本題に入れる、勝負はここからだ。

「じつは、メリーさんっていましたよね？」

「メリーさん？　ああ、西岡さんのことね」

メリーさんは、自らを西岡と言っていたらしい。その後の取材で、西岡雪子と名乗っていたことがわかった。もちろん、本名ではない。

「あの人に興味があって、いまいろいろと調べているんです」

福長との出会いは、昭和三十年代後半からだという。メリーさんが来店し、金髪に染めるためのブリーチを買っていた。

「それからアイライナーだとか、だいたい外国のものが好きでね、レブロン社のボディローションも使っていましたよ」

メリーさんと親密になったのは、一九六九（昭和四十四）年の正月。お店のシャッターを開けると、故郷から戻ってきたメリーさんが立っていた。

「その時のお正月に挨拶に見えて『ただいま帰りました』って言うから、『どこからお帰りになったの？』って聞いたんです。そしたら『西のほうです』っておっしゃって」

「（話したのは）その時が初めて？」

「その前からお買いものにはいらっしゃっていましたけど、ご自分のほうからニコニコ、きれいな声でおっしゃったのは初めてですね」

週に一回は、必ず来店して買物をしていた。余計なことは言わない。ほかの従業員には目もくれずに、福長のところに駆け寄っていった。

「ブリーチなら『ブリーチちょうだい』って。で、『ママ、サンキュ』って、それでおしまいです。ほかの従業員が行って聞き返すと、ものすごく怒るんです。声を高くしてね。『ブリーチって言ったでしょ！』って怒るんですね。ですから、気はすんごく短いほうですね」

歌舞伎役者のような白粉《おしろい》を塗るようになったのも、福長の思いやりからだった。もともと外国のファンデーションを使って顔を白くしていたが、定住する場所がなくなり、たくさんの荷物を抱えて町を彷徨うメリーさんを見かねて、白粉を使うことを提案したのだ。

「資生堂の白粉は、（本人が）真っ白くしたいということで、私が勝手に勧めたんです。これは一ヶ月に一個あれば、毎日使っても充分なんです」

「別のものを勧めようとは？」

「彼女が早く真っ白になれるもの。森永ラブで寝てい

化粧品店「柳屋」。福長恵美子と夫の幸四郎

たから、これなら油が入っていないんです。ちょっとこう顔を洗えば、すぐにとれちゃうから、良いんじゃないかと思ってね。別にメリーさんは、これがほしいなんて一言もおっしゃいません。勧めたのは私です。これは、もう本当に申し訳ないけど」

また福長はある時、松坂屋でメリーさんと遭遇したことを、いまも鮮明に憶えているという。

「松坂屋のエスカレーターのところに行く間ですね。ひとりで荷物の大きなのを持ってポツンとしていて、あんまり寂しそうだったから、『お茶飲まない？』って言ったんです。そうしたら、もう目の色がキュッて変わってね。あなたなんか知らない。『あっち行け、あっち行け』って言うんです。で、私は何でいつも『ママ、サンキュ』って帰られる方がね、こんなにも変わるのかなあと思ってね。とても自分が恥ずかしくなっちゃって、惨めになっちゃって……。家に帰ってから、主人に『メリーさんっておかしな人ね。私がお茶に誘ったのよ、寂しそうだったから』って言ったら、『何言っているんだ、お前のほうが常識がないんじゃないか。もしメリーさんとお前が一緒にいたなら、年頃が同じだから、そういう商売をしていたんじゃないかって世間の人が思うんじゃないかっていう、メリーさんの心遣いだ』って言うんです。主人のことを褒めるのもおかしいんですけど、『よく気がつく人だなあ』って」

メリーさんのことを話しているのに、そこから福長と亡き夫との関係が垣間見えて、何とも微笑ましいエピソードである。これでメリーさんの化粧品のことはわかった。そのほかの謎も解けないものかと福長に相談すると、すぐに答えが返ってきた。

「『ママ、どこか美容院ない?』っておっしゃったんです。それまで髙島屋の美容室に行っていたらしいんです。(メリーさんに)『ちかくで』と言われたので、ルナさんをご紹介いたしました」

「なんで、そこを紹介したんですか?」

「私はマローゼに行くんですけど、近いところ(美容室)がいいと思いましてね」

福長と別れた後、私はルナ美容室を訪ねることにした。柳屋から歩いて数十秒の路地裏、赤レンガ張りのビルの二階にあった。

「いらっしゃいませ」

応対してくれたのは、店のオーナー湯田タツ。

いきなりメリーさんの取材とは言いづらかったので、まずはお客を装った。

「すみません。カットお願いできますか?」

「うちは予約制なんですよ」

すぐに出鼻をくじかれてしまった。その日は諦めて帰ることにして、それから十日後、予約を取って訪ねてみた。

店内を見回すと、ロココ調に統一された椅子や鏡、調度品。ここにメリーさんがいる姿が頭に浮かぶ。湯田に促されて、椅子に座った。

湯田は私の髪にスプレーを振りかけた。カシャカシャと、リズミカルにハサミが入れられていくと、ボサボサだった髪が、次第に注文したスポーツ刈りの輪郭を見せ始めた。私が話すきっかけを探っていると、湯田から話しかけてきた。

「どこでウチをお知りになったんですか？」

美容室なら、こういう世間話をするはずだ。そう、この質問を待っていたのだ。

「柳屋さんっていう化粧品店がありますよね？　あそこの女将さんに紹介されたんです」

「あの人って来たことあったかしら？」

たしかにルナ美容室には来ていない。メリーさんにこのお店を紹介したが、福長は別の美容室に通っており、近所とはいえ湯田と面識はなかった。

「メリーさんっていいましたよね？」

「……」

「柳屋の女将さんから、ここに来ていたって聞いたんですけど」

私は鏡ごしに見える彼女の表情を追った。

「そうですねえ。昔は来ていましたよ」

「この美容室をメリーさんに紹介したのが、柳屋さんの女将さんらしいんです」

「……」

「そう聞いてきたんですけど」

「ああ、そうですか」

あまり興味がないようだ。メリーさんのことを話したくないのだろうか。私は簡単な自己紹介と、メリーさんを調べている経緯などを話した。そして散髪が終わるまで、思いつく限りの質問をした。

「いなくなったのは、数年前ですよね？」

「……」

「いつまでお店には来ていたんですか？」

「来なくなってから、七、八年経つんじゃないのかしら」

いまから八年前というと九〇年頃だ。メリーさんがいなくなったのが九五年。ということは、空白の五年間があったことになる。

「ほかの美容室に移ったんですか？」

「いや、それはないんじゃないですかねえ」とボソッと呟いた後、湯田は黙ってしまった。不用意なことを聞いたのかもしれない。深追いはしなかった。その日は、そこで終わった。

後日、メリーさんの話を聞くために、再び店を訪ねた。入口のドアに、定休日の看板がぶら下げてあった。週に一回の休みだった。

湯田タツは、昭和二十二年生まれ。二十一歳の時に上京し、銀座山野愛子美容室でキャリアをスタート。その八年後の昭和五十一年、伊勢佐木町で「ルナ美容室」を開業すると、その二年後にメリーさんが来店した。鹿児島県川内市（現薩摩川内市）で生まれ育った湯田は、彼女の存在をまったく知らなかったという。

「初めてメリーさんを見て、金髪だし、白く塗ってらっしゃるし、これから舞台にでもお出になるのかなって思ったんですよ。だから『これから、なにかお出になるんですか？』って聞いたら、（メリーさんが）『えっ！』って感じでなさって」

「どのくらいの割合で、来店していたんですか？」

「だいたい一週間に一回ぐらいの割合でしたね」

「注文というのは？」

「もうほとんどお任せスタイルで。うち巻きに仕上げるようにですね」

カットはせずに、セットだけの注文だった。金髪を維持するため頻繁にブリーチをしていたので髪の状態は悪く、切れ毛が多かったという。また普段、あまり喋らないメリーさんも、美容室では饒舌だった。

「天皇陛下の話とか好きでしたね。あと皇后さまの話とか。一般参賀に行きたいんだけど、皇居にはどういうふうに行けばいいのっていう話はしていましたね」

「ほかにエピソードとかって？」

「ディズニーランドができた時に、『シンデレラ城には、シンデレラはいるんですか？』って聞かれたんですよね。で、『あれは御伽話だから、東京ディズニーランドにはいないんですよ』ってお話ししたんですけど。そしたら、ご自分でいらしたみたいなんです。それで、お土産をいただいて。いまここにあるミッキーマウスのトレーがそうなんですけど」

東京ディズニーランドでの、シンデレラとメリーさんのツーショット。そんな夢の競演が、いつの間にか実現していたとは想像もしなかった。

　しかし、そんな湯田との関係も終焉を迎えてしまう。それは、一九八七年に起こったエイズ騒動に端を発する。当時、日本の感染者は、厚生省の発表によると外国人を含めて九百八十六人。翌八八年には、エイズサーベイランス委員会が、ソープ嬢からエイズ感染者一名を発見したと発表した。しかし「関東地方で働いている女性で、ソープ嬢歴がある」ということだけで、名前、年齢、地域や店名も公表されなかった。その限られた情報から、風俗嬢＝エイズという根拠なき偏見が生まれていった。そして娼婦であるメリーさんも不衛生などの理由から、その標的になったのだ。

「結局、エイズのそういう話が持ち上がってから、『メリーさんが見えるんだったら、もう私はいいわ』っていう感じのお客さまがチラホラだったんですよね。だから『いやそれとは関係ないのになあ』と思ったんですけど。でも、一般の人にとってはちょっとね……。本当に可哀想なことをしたんですけど、もう申し訳なかったんですけどね。もうお断りすることになっちゃったんですよね」

「来店を断った？」

「そうなんですよねえ」

「その時に、メリーさんは何とおっしゃったんですか？」

「もう本当に残念がって、『あらそうなの、どうしてもダメ？』って感じでね」

　それが一九九〇年のことだった。メリーさんがいなくなる九五年までの空白の五年間、いわれなき差別によって行きつけの美容室を失ってしまった。時代と町の住人が、メリーさんを追いつめたのだ。

「それから、町でメリーさんを見かけたことは？」

「何回もお見受けしたんですけど、結局、セットをしている状態ではなかったですね」

「その時に、声をかけようとは？」

「いや、なかったです。むこうも声をかけてほしくなかったと思いますよ」

柳屋、そしてルナ美容室。メリーさんと関わり、人間としてちゃんと向き合っていた人たち。噂話や風評、新聞や書籍には載っていないメリーさんを、垣間見た気がした。

4 真実と事実の狭間で

「メリーさんが通っていたクリーニング屋さんがある」

伊勢佐木モールでの聞き込み調査中、ある中年の女性がその店の常連というので、私は場所を聞いてすぐに行ってみた。

クリーニング店「白新舎」。伊勢佐木モールの隣町、福富町にあり、白亜の洋館のような外観が人目をひく。メリーさんが通っていた場所をたどっていくと、彼女の嗜好性がわかってくる。その容姿、格好はもちろんのこと、出入りするお店も、モダンというか、瀟《しょう》洒《しゃ》な建物が好きだったのだろう。店内に入ると、三十代後半くらいの女性店員がいた。私の聞き込みでは、メリーさんと同年代の女将さんがいて、その人と仲が良かったという。

「すみません。ここにメリーさんが来ていたんですよね？」

店員は怪訝《けげん》そうな目つきで、「なんの用ですか？　私はそういうのはわかりません」

「誰かわかる人はいませんか？　ここの女将さんがよく知っているって聞いたんですけど」

「もうお店には出てきません」

私のことを不審者と思っているようだ。まあ、そう思われても仕方ない。記者でもなんでもない青年がメリーさんのことをアポなしで訊ねてくるなんて、かなり怪しい。それでもここは引き下がらずに、粘ってみた。

「何とか連絡を取れないんですかね」

「無理です。もうお年なんで、店にも出てきませんから」

店員はそっぽを向いて、伝票の整理を始めたので、「お邪魔しました」と一礼し、お店を後にした。

今までは、うまく行きすぎていたようだ。ルナ美容室しかり、メリーさんのことを嫌がっていたお客さんもいたのだ。好意的に見ている人ばかりじゃない、彼女を取り巻く状況と、その難しさを痛感する。ただ、これは今の私にとって避けて通れない問題になりつつあった。もともとメリーさん本人への興味から調べ始めた。

「あの人って何なんだろう？」

それが今までの原動力だったが、福長や湯田の話を聞き、興味の矛先が変わってきたようだ。真っ白いお化けみたいな娼婦とつき合っていた人たちの感情、その想いとはいったい何なのか？

つまりメリーさんではなく、彼女を取り巻く人たち、関わった人たちが面白くなってきていたのだ。映画を撮りたいと言うと、「いまさら遅いよ。もうメリーさんいないじゃん」と、誰しもが口をそろえる。たしかにそうだ。もしメリーさん本人がいたら、それに越したことはない。ただ私が興味を持った時には、すでにいなかったのだ。ならば、そこから始めるしかない。しかしいくら調べても、どうすればいいのか答えは出てこなかった。まさに袋小路だった。

九八年の年の瀬。新聞のテレビ番組欄の「五大路子一人芝居 横浜ローザ」が目に入った。「テレビ神奈川」でノーカット放映されるという。不意に飛び込んだ朗報である。来年に催される次の上演を待たなくてもいいのだ。私は放映五分前から、テレビの前に陣取った。オープニングに淡谷のり子が唄う「昨夜の男」の甘美なメロディが流れ、約一時間四十分の舞台が始まった。

内容は、終戦直後、米兵に強姦されたことをきっかけに、外国人相手専門の娼婦〈パンパン〉となった女性「ローザ」の一代記だ。白いドレスを身にまとい、皇后陛下のような格好をしてお客たちの気をひくのが、彼女の営業スタイルである。日本の終戦から朝鮮戦争、ベトナム戦争、東京オリンピック、そして昭和天皇の崩御……。パンパンとして生き抜いたローザの半生と、昭和という時代が交錯していくさまを、五大路子の一人芝居によって見せていく。とても熱のこもった舞台なのだが、この違和感は何だろう。そもそも、これはメリーさんの話なのだろうか？　劇中では、米兵に強姦されてパンパンになったと描かれている。マックという米兵の恋人がいて、朝鮮戦争で死んだとか、私が調べた限りではそんな逸話など聞いたことがない。ローザを演じている五大は舞台化にあたって、こうコメントしている。

横浜で生まれ育った私の目の前を、一人の女性が風のように通り過ぎました。横浜に住んでいる人なら、一度は見かけたことのある噂の「メリーさん」でした。その瞬間、私はメリーさんのとりこになりました。それはまさに「今、なぜ⁉」と鋭く問いかけられたような鮮烈な出来事だったのです。その思いを杉山義法先生（『横浜ローザ』作・演出）にお話ししたら、「横浜ローザ」という作品を生み出そうと乗り出してくださいました。

（『横浜ローザ』チラシより）

私が町で聞き込みをしていても、『横浜ローザ』はメリーさんの半生を描いていると誤解している人が数多くいた。舞台としては力作だと思うが、メリーさんとはどうしても重なり合わないし、そもそも彼女の実人生を描くことなど不可能に近い。本人が語ればできなくもないが、今となっては無理な話だ。では、どうすればメリーさんを描けるのか？　『横浜ローザ』の違和感を通じて、私の中での問いかけが始まった。これまで取材してきた過程で漠然とではあるが、わかってきたこともある。しかしまだ点と点だけで、線にはなっていない。どうすればいいのか？　まだ答えは出ていないが、メリーさんの映画を作りたい！ということだけは確かだった。最初は思いつきで始めたのに、こんなに強い想いが育まれていたことが、我ながら驚きだ。そもそも誰からも背中を押されていないのに、後には退けない感情が溢れてきている。そんな時、藁《わら》にもすがる思いで『PASSハマのメリーさん』に採録されている（森日出夫との対談における）作家の五木寛之《いつきひろゆき》の言葉を読み返した。

僕が若い頃に見掛けた時も、あの人は娼婦なんだよって言われて随分年増の娼婦だなってそのことに奇異な感じはしませんでしたね。そう言われてみればそうかって思う位ですから。今は例えば皆ある種その奇異な感じで受け止めるでしょうけれども、そうではなくて実際に肉体を持った女性としてまだ現役っていう色香は残っていましたから。

横浜在住の五木は、まだ若い頃のメリーさんと会っていた。その時にはすでに、メリーさんの話やエピソードは物語として成立していたという。ここでいう物語とは、それぞれが持つ記憶や噂といったもので、五木は事実と真実という言葉を使い、その意味を定義している。

昔、ドキュメンタリーという言葉が、五十年代から六十年代にかけてもの凄く話題になった時期があるんですね。〔……〕その時は、真実と事実をはっきり皆が分けて考えなければならないっていうことを一番うるさく言われたんですよ。事実と真実は違うんだっていうことなんですね。事実というものは物証によって証明される確実な出来事であると。真実というのは、普遍的なものではなくって、私的なものであり個的なものである。主観的なものであると。〔……〕僕は事実よりも真実の方が大切に思うんで、メリーさんの事実と言うのが仮にあったとして、ニュージャーナリズムの書き手のような人達が丹念に過去の色んな人達にあたって証言を集めて作り上げたとしても、それは事実としてのメリーさんではあっても、真実のメリーさんとは言わないというのが僕の考え方なんです。ですから真実のメリーさんっていうのは、人々の心の中にイメージとして出来上がって色んな物語や伝説が、誤ったことや或いは願望やそういう物を着せられながら人の目に映ってる、或いは人の脳裏に焼き付いてるメリーさんであって、そっちの方が実は大事なんだっていうふうな感じです。〔中略〕

横浜という町は例えばメリーさんのような、いわば普通の良風美俗を守っている市民と違うタイプの人もいるし、犯罪者もいる。そういうものに対して一つ一つ潔癖に、つまり機械的な古い免疫的な拒絶反応を起さないでそれを寛容してる町なんです。

メリーさんにおける事実と真実とは、何なのか？

『横浜ローザ』は、作り手にとっての真実を示したとは思うが、観客には「メリーさんの戦後史」という事実と誤認されたふしがある。では私にとって、メリーさんの真実とは何なのか？　写真集の奥付に、出版元であるフィルムハウス・アマノスタジオの電話番号が記されていた。ここに連絡すれば、『PASSハマのメリーさん』を撮った森日出夫に会えるかもしれない。直接、話をしてみたかった。それが、何かしら突破口になるかもしれないと、そんな強い衝動に駆られた。だが、そう思いつつ、また年を越してしまった。我ながら、本当に腰が重い。何より門前払いをされたら、それで一巻の終わりだ。ここは慎重にいきたかった。だが、このままだと埒《らち》があかないこともわかっている。そして九九年、正月の喧噪も落ち着いてきた頃にようやく意を決し、アマノスタジオに電話をした。

「もしもし。メリーさんの写真集『PASSハマのメリーさん』を購入したいのですが」

以前、メリーさん好きのおばさんが、アマノスタジオまで写真集を買いに行ったという話を聞いていた。これなら怪しまれることはない、はずだ。

「販売していますよ」

「いつ行けばいいですかね？」

「いつでもいいですけど、先生がいるのは……」

「先生って、森日出夫さんですか？」

「そうです。先生がスタジオにいる時がいいですよね？」

これは願ってもないチャンスがやってきた！

横浜・関内地区の県庁公舎、オフィス街のなかにアマノスタジオはあった。場所を聞いた時に「近くに来れば、すぐわかりますよ」と言われた意味がわかった。かつての港湾倉庫を利用したスタジオは、コンクリートに埋め尽くされたビル群の中で木々と蔦《つた》で覆われ、まるで〈遺跡〉のような趣である。

指定された時間にスタジオの中へ入ると、一階の撮影スタジオには誰もいなかった。二階へとつながる階段を上っていくと、若いスタッフたちが目に入った。

用件を伝えると、外光が差し込む窓側のテーブルに案内された。そして出されたホットコーヒーの湯気が消えた頃、小柄だがしっかりした体躯《たいく》で、髭をはやした男性が姿を現した。メリーさんとは正反対の黒でコーディネイトされた服装、顔は見るからに柔和な感じである。「どうも森です」と言って、笑顔で歓迎してくれた。

森日出夫。実家は横浜駅の近く、西区浅間町《せんげんちょう》で青果業「森青果店」を営んでいたという。昭和二十二年生まれで、九人兄弟の（下から二番目の）大家族で育った。高校を卒業後、義理の兄が営む現在のスタジオを手伝うようになり、写真の世界に入ったという。「新港埠《ふ》頭《とう》」や「桜木町のガード下」などをテーマに作品を発表し、横浜の写真家というと、すぐに名前が出てくる有名人である。

まずは私が写真集『PASS』に対する思いを話すことにした。唐突だったかもしれない。しかし、それしか話の糸口が見つからなかった。

「メリーさんのことは学生時代から見ていたんですが、興味を持ったのはここ数年のことなんです。それでいろいろと調べ始めたら、森さんの写真集のことを知って、図書館で見たんです」

「横浜の全区の図書館に置いてあるからね」

森は棚の引き出しから、新品の『PASS ハマのメリーさん』を持ってきた。

「横浜だけじゃなくて、地方の図書館も買ってくれたなあ。これ装丁、凝っているでしょ。自費出版でね、いまだにローン払い終わってないの」

限定千部で完売しても赤字だと言い、森は苦笑した。

私は、メリーさんがいなくなったことについて率直に聞いてみた。

「いつだったかな？　この写真集を出す直前にいなくなっちゃったんですよ」

「その理由というのはご存知なんですか？」

「実家に帰ったっていうのは聞いたけど、詳しいことは知らないですね」

これまでの聞き込み取材でも、誰もが口をそろえてわからないと言う。メリーさんの現在の消息を追うことは、やはり容易ではないようだ……。私は気を取り直して、質問を続けた。

「どうしてメリーさんを撮ろうと思ったんですか？」

「ずっと気になる存在だったんです。昔から町にいたしね、最初に撮ったのは二十年くらい前（一九七〇年代後半）かな。写真集は、九三年くらいから一年かけて撮ったものですけどね」

「メリーさんに了解をもらって？」

「たまたまGMビルによく飲みに行っていたんですよ。あそこのエレベーターガールをやっていたでしょ」

その頃のメリーさんは娼婦としての仕事がほとんどなく、エレベーターのボタンを押して、酔客からチップをもらって生活の糧にしていたという。

「ある日、酔っ払って、ビルの廊下に座っていたの。そしたらメリーさんが隣に座ってきて、その時に話したの。いいタイミングだなあと思って、ずっと撮りたかったしね。『写真を撮っていい？』って」

メリーさんは、その申し出を了承した。森は仕事の合間をぬって、撮影をすることになる。最初はメリーさんがどこにいるかもわからなかったが、知人や友人に聞いて、メリーさんがいる場所を探していった。

「あそこにメリーさんがいたよって聞いたら、とりあえず行ってみて。だんだんメリーさんのいるポイントがわかってきて。結局一年くらいかかったんだ

1990年代前半、横浜では流行のアイドルよりも
誰もが知っている有名人だった（森日出夫撮影）

よね、（撮影が）終わるまでに」

なぜ、一年近くも費やして撮ろうと思ったのだろうか？

メリーさんとは、森にとって何だったのか？　そうストレートにぶつけてみた。

「メリーさんって町の風景なんだよね。僕はずっと風景を撮っているんだけど、メリーさんは町の一部なんだって思いがあったの。町のシンボルってあるじゃない。町のどこどこに大きな木があって、その木を皆が知っていて、それによって町が形作られている。そんなものだと思ったの」

写真集『PASS』を持って、私は何度も町を歩いた。そこからメリーさんの痕跡を確かめようとしていたことは、森の言葉を借りれば〈無くなってしまった町のシンボル〉を、無意識のうちに探そうとしていたのかもしれない。

「メリーさんがいなくなること自体はしょうがないよね。それを僕が止められるわけじゃないし、町のシンボルがなくなるくらいに、町だって変わっていくんですよ。僕にできるのは、それを記録として残すことくらいかな」

お祭り好きだったメリーさん。「神奈川の祭り50選」にも選ばれている〈お三の宮秋祭り〉にて（森日出夫撮影）

点と点が、少しずつだが線になっていった。もっと整理して、改めて話すべきなのかもしれないが、今すぐに言葉に出して思いのたけをぶつけたくなった。

「じつは写真集を買いにきたというよりも、別の目的があって来たんです。私は今、ドラマの助監督をしているんですが、ここ一年くらいメリーさんに興味があって、仕事とは関係なしに調べているんです。そのうちに彼女の映画が撮りたくなって……」

「それは、どんな内容なの？」

それまでの柔和だった森の表情が、一瞬にして厳しくなった。

「この間、テレビで『横浜ローザ』を観たんです。その時、これはメリーさんの話とは違うと思ったんです」

「あれはメリーさんの話ではないよね」

「だけど、あれがメリーさんの半生だと勘違いしている人もいますよね？」

「うん、まあね」

「『横浜ローザ』は、あれでいいと思うんです。戦後を生き抜いた女の一生というテーマで、とてもよく出来ているというか……。でもメリーさんって、町で話を聞くと、皆がそれぞれに想いを持っていますよね。……そういう話って」

「面白いよね、みんな自分なりのメリーさん像があるから」

「今まで、そういった人たちの話を聞いてきて、今また森さんの話を聞いていくと、私の頭の中に、メリーさんが浮かび上がってくるんです」

「それぞれが持っているメリーさんの記憶が結びつく、ということ？」

「本人はもういないけど、逆にそのほうがメリーさんを描けるんじゃないか。メリーさんに対して思い入れのある人たちや関わってきた人たちの記憶を追っていきたいというか……」

森はしばしの沈黙のあと、口を開いた。

「メリーさんの記録を残すことは大事なことだし、それって横浜の記録でもあるからね……。わかった。写真（『PASS』）は使っていいよ。メリーさんについて知っている僕の友人たちも紹介するし、できる限りのことは協力する」

あのテレクラでの一件から一年三ヶ月ほど経っていた。それは暗闇の続く、長いトンネルを抜け出した瞬間だった。これが武者震いというものなのか。森を目の前にして、身体がかすかに震え、感情の高ぶりを必死でおさえていた。と同時に、底しれぬ不安が襲ってきて、鼓動が速くなるのがわかった。後戻りはできない、もうやるしかないのだ。

すぐに今回、森との対話で明確になった映画のコンセプトをまとめてみた。


《メリーさんという対象不在のドキュメンタリー。メリーさんと関わっていた人たちに、彼女と交流したエピソードを語ってもらうことで、中心部分（対象）がいなくても、その輪郭が徐々に浮かび上がってくる様を描く》

そして半年後の一九九九年七月に撮影を始めることにして、それまでの期間は撮影準備のほか、映画のコンセプトに沿った事前取材を行うことにした。

中島らも『白いメリーさん』の中の一節、「噂というものには、必ず時代の潜在的な欲求や恐怖が潜んでいる」というのも、メリーさんを語るうえでは無視できない。しかし町の聞き込み取材だけでは、さすがに限界も感じていた。もっと広い世代からの話がほしかった。考えあぐねた末、町のタウン情報誌『ぱど』（一九九九年六月二十四日、No.553）の伝言板のスペースに、次のような記事を載せた。

現在、〝ハマのメリーさん〟に関するドキュメンタリービデオを製作中です。〝メリーさん〟について何か御存知の方、御一報下さい！

大船映画製作所・中村 090（9149）19xx

当時、松竹大船撮影所で映写技師をしていた私の友人に、『ぱど』専用の携帯電話を持ってもらって情報を募ったので、〈大船映画製作所〉と名乗った。四十人余の人たちから連絡があり、中には「メリーさん」の思い出をずっと語っていた人もいたという。

〔**小川さん**　女性〕昔、（横浜駅の）高島屋の寝具売り場で働いていたとき、よくそこに来ていた。昼間、（売り場の）ベッドで寝ていた。

〔**斉藤さん**　男性〕メリーさんは八十歳。一、二年前に亡くなった。横浜の山手地区に詳しい人がいる。じつは姉妹がいる。

〔冷水さん　女性〕二十年前、関内センタービル四階の毛皮屋で働いていた時、その前の休憩所によく来ていた。午後から夕方にかけて、ずっと銀行の通帳を見ていたのが印象的。うちの店にも入ってきて、三十分くらい見ていた。香水がきつくてつらかった。

〔杉本さん　女性〕十年前、関内、福富町《ふくとみちょう》、伊勢佐木町で見かける。オロナミンCを、二百円で売っていた。

〔木村さん　女性　四十歳前後〕その昔、横浜プリンスホテル、山王台クリニック側にあった磯子のホテルに滞在していた。とてもキレイ好きで、息子がいる。

〔井上さん　女性〕福富町の喫茶店でよく見かけた。五十歳過ぎの男と一緒にいて、「面倒みるから、仕事をやめなさい」と言われていた。タクシーの運転手の間では、「メリーさん占い」というのがあるらしい。

メリーさんの噂を聞いたり、町でよく見かけていた人たちがほとんどで、やはり実際に関わりを持った人たちは少数だった。それでも有力な情報源になりそうな人には、直接会って話を聞いた。時代の潜在的な欲求や恐怖が潜んでいるかどうかはわからないが、こうした情報も後で役に立つかもしれないと思ったのだ。

ある日のこと、連絡をくれた一人と会うことになった。場所は、市営地下鉄弘明寺《ぐみょうじ》駅近くの喫茶店。その相手である〔杉本さん、女性〕は、四十過ぎの主婦だった。席に着き、コーヒーを注文した後で、私に向かっていきなり怒号を浴びせた。

「何が目的でやっているの！　もうメリーさんだって、故郷に帰っているっていうじゃない。ほっといてあげなさいよ」

メリーさんの正体を暴こうとしている不届きな輩《やから》を、窘《たしな》めるつもりで来たらしい。メリーさん不在で描くという作品のコンセプトを、私が丁寧に説明すると、またも厳しい口調でまくし立てられた。

「そもそもメリーさんがいないのに、どうすんの？　だいたい本人がいないのに、メリーさんの映画なんてできるわけないじゃない。誰がそんなの見たいのよ」

反論できなかった。誰が見たいのか？　と問われても、私自身が見たいとしか言えない。私のひとりよがりで自己満足に過ぎないのか……。出端《でばな》をくじかれ、しばらく立ち直れなかった。前途多難を感じさせる始まりだった。

第2章 〈ヨコハマ〉から読み解く近現代

1 人柱――お三の宮の伝説

撮影のための準備として、「横浜の歴史」を調べることにした。最低限の予備知識がないと、取材の時に対象者が話す重要なワードに気がつかず、スルーしてしまうかもしれない。昔の文献や資料などを年代順にひもといていった。

横浜は、東海道の神奈川宿《じゅく》（現在の神奈川区）から、東南に数キロほど離れたところにある海底の浅い入海《いりうみ》だった。ここを埋め立てることを思い立ったのが、江戸幕府御用達の石材木材商・吉田勘兵衛《かんべえ》である。明暦二（一六五六）年、江戸幕府より許可をもらい工事を始めるが、その翌年、二週間近く続いた豪雨によって築き上げた防波堤が倒壊し、計画が頓挫してしまう。それでも勘兵衛は諦めなかった。その三年後には工事を再開し、九年近い歳月をかけて、吉田新田という埋立て地が完成した。そして百余世帯の横浜村が誕生する。市営地下鉄吉野町《よしのちょう》駅近くにある日枝《ひえ》神社には、埋立て工事にまつわる伝説が、今も語り継がれていた。いくつかの文献や資料を元に、私がその内容をまとめてみた。

〈お三《さん》の宮の伝説〉

「埋立て工事を成功させたい」。勘兵衛は、身延山久遠寺《みのぶさんくおんじ》（山梨県南巨摩郡身延町にある日蓮宗総本山）に祈願に行ったその帰り道に運命的な出会いをする。駿河国《するが》（静岡県）の海沿い道で、突然、「助けて」という女の叫び声。急いで駆けつけると、風体の悪い男たちに、若い女がからまれていたのだ。男たちを追い払い、女を助けた勘兵衛。何でも女は天涯孤独の身、どこにも行く当てがないという。

「私は、これから横浜村へ帰るのだが、嫌でなければ、一緒に来ませんか」

「助けてもらったうえに、そんな情けまで……」

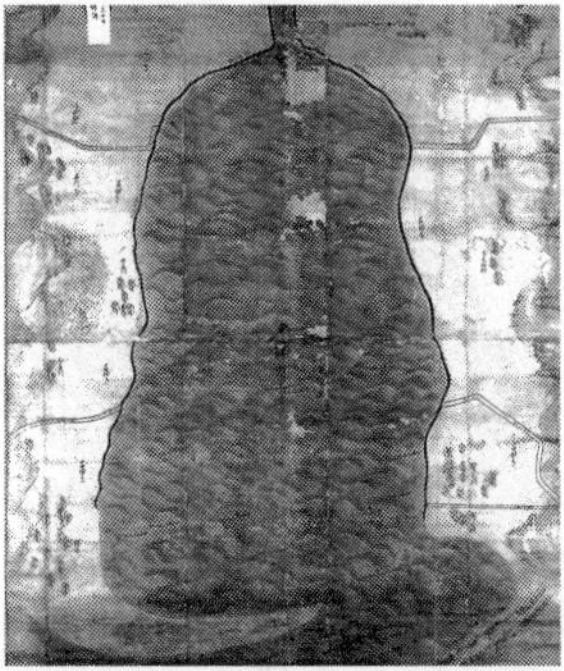

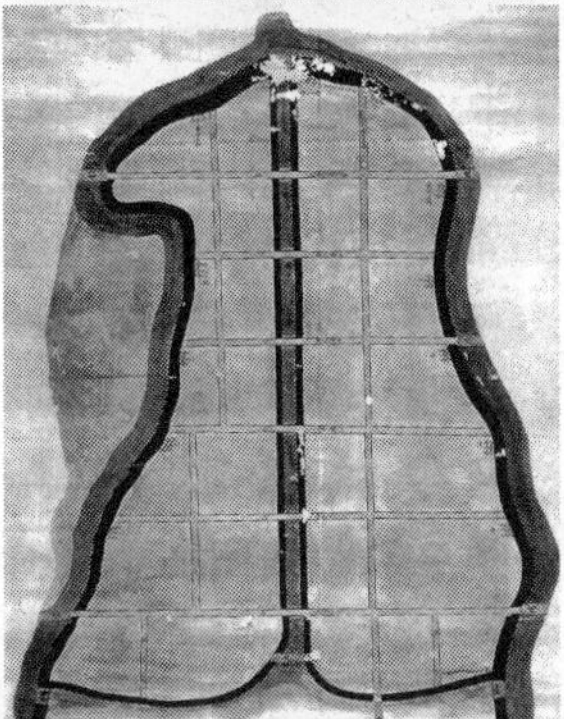

吉田新田開墾図。開墾前図（上）と開墾図（下）。入海がそっくり埋め立てられて、伊勢佐木町など関外の中心部が形成された。開墾図で黒く塗られた部分が今も残る河川で、右側が「大岡川」、左側が「中村川」。中央を上下に流れているのが、現在の「大通り公園」にあたる（吉田興産株式会社提供）

「いま身延山に参拝してきたところ、これも仏様の引き合わせだ」

勘兵衛の家で女中として働くことになった、その女の名前はおさん。真面目で、とても働き者だった。

しかし幸福な日々は長く続かなかった。明暦二（一六五六）年、埋立て工事に着手するも、その翌年、勘兵衛の計画が頓挫してしまう。十三日も降り続いた雨のため、これまで埋立てたところが決壊したのだ。ひどく沈みこむ勘兵衛は、誰とも口をきかなくなった。不安にかられた村民たちからは、「野毛浦《のげうら》の海の神様が怒り出したんだ」という風評も立った。

「昔から大工事の時は、人柱が立てば上手くいくものだ」

おさんは人づてに聞いた話を信じて、覚悟を決めた。万治二（一六五九）年、埋め立てを再開した時、勘兵衛に直談判する。

「ご主人さま、お願いがあります。私を人柱にしてください」

「何を！　大切な命を粗末にしてはいけない」

「ご主人さまに助けられたときから、いつか恩返しをと思っていました」

「その気持ちだけで充分だ。いままでと同じように、ここで働いてくれ」

勘兵衛は、おさんの手を握ってそう言ったという。しかし、おさんの決心は固かった。その晩、おさんは白無垢の着物をまとい、両手をかたく合わせ、野毛浦の崖の上から海へ身を投げた。それ以来、大きな災害もなく、埋立て工事は順調に進んで、完成までこぎ着けたという。勘兵衛は日枝神社を創建し、おさんの御霊を祀って供養した。

日枝神社は、おさんの神社という意味で「お三の宮」とも呼ばれている。一人の女性の悲しい犠牲のうえに、いまの横浜の繁栄があることに、なぜか胸が締めつけられた。図書館の帰り道、「お三の宮」に訪れ、私は手を合わせた。

2 唐人お吉とらしゃめん

関係資料を探っていくと、やはり黒船来航とともに、横浜の名前が頻繁に登場してくる。

一八五三（嘉永六）年六月三日（旧暦）、米国東インド艦隊司令長官のマシュー・ペリーは、四隻の軍艦で浦賀沖に現れ、日本に開国を迫ってきた。江戸幕府にアメリカ大統領の国書を渡すと、一旦は日本を離れたが、一八五四（安政元）年一月十六日、再び来航する。鎌倉を交渉地として考えていた幕府だったが、ペリーが江戸に近い場所を要求したため、東海道神奈川宿に近い横浜村が選ばれた。

二月六日、横浜村の北端にあった駒形《こまがた》（現在の神奈川県庁付近）に、音楽隊を先頭にしてペリー以下五百人の兵

マシュー・ペリーの横浜上陸（ハイネ画）。右端の大木「玉楠」は横浜開港資料館の中庭に現存する（横浜開港資料館）

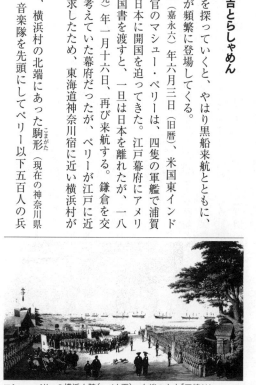

士が上陸。四回にわたる交渉のすえ、日米和親条約（神奈川条約）が締結された。

それから二年後の一八五六（安政三）年、総領事として来日したタウンゼント・ハリスは、伊豆下田の玉泉寺《ぎょくせんじ》に領事館を設け、幕府との交渉を続けた。そして一八五八（安政五）年に日米修好通商条約が締結され、下田・箱館に加え神奈川、兵庫、新潟、長崎が開港した。翌年には、ロシア、オランダ、イギリス、フランスとも通商条約を結び、二百余年にわたる鎖国政策が終焉を迎えることになった。

ここに、アメリカ総領事ハリスにまつわる有名な話がある。外国人相手の女性に対する偏見と差別に苦しめられた女性の悲劇は、幕末のメリーさんともいえるのかもしれない。「唐人《とうじん》お吉《きち》」。本名、斎藤きち。一八四一（天保十二）年、愛知県知多郡生まれ。四歳で家族とともに伊豆・下田に移住、十四歳で芸者となった。十六歳の時、下田奉行所からの要望でタウンゼント・ハリスの身の周りの世話をする侍妾《じしょう》となる。高額な報酬が、その動機だった。その後、三ヶ月でハリスの元を離れて芸者に戻ったが、周囲からは外国人に身を売った「唐人お吉」という蔑称で呼ばれていたという。以前からの婚約者だった鶴松《つるまつ》と同棲して、横浜に移住したが生活が立ちゆかず、また下田に舞い戻った。その後、鶴松との別離を経て、四十二歳で小料理屋を開いたが、「唐人お吉」のレッテルによる誹謗中傷に晒され、たった二年で店は閉店となる。一八九〇（明治二十三）年、乞食のような生活の果てに川に身を投げ、命を絶ったという。享年四十八だった。

この悲話によって、「らしゃめん（洋妾）」の第一号は、「唐人お吉」だという説が広まった。だがハリスは敬虔なクリスチャンで、お吉とは男女の関係はなかったようだ。つまり世間の噂や風評によって、お吉の人生は狂わされてしまったのである。また、らしゃめん（洋妾）について調べてみると、この時期に生まれた言葉だった。らしゃ（羅紗）の語源はポルトガルのRAXAで、これは厚手の毛織物を意味し、らしゃめんはその毛をとるための羊をさす。当時の羅紗＝西洋人というイメージと、船乗りが食用と性欲処理のため船に乗せていたという俗説が混じりあう中から、彼らを相手にした娼婦への蔑称として「らしゃめん」という呼び名が生まれたと言われている。

幕末当時、全国各地で激しい攘夷運動が起こるなか、外国人に身を売る日本人女性に対して世間の目は厳しかった。だが開国が進むと「らしゃめん」たちは、増加の一途をたどっていく。それは幕府の外交政策でもあった。

　かかる真剣味の含まれた外交策に端を発し、安政六年横浜開港以後は、外国人懐柔《かいじゅう》手段の意味に於《おい》てらしゃめん女郎を設け、次いで江戸のらしゃめんとなり、更《さら》に横浜のらしゃめん全盛を招来したのであった。唐

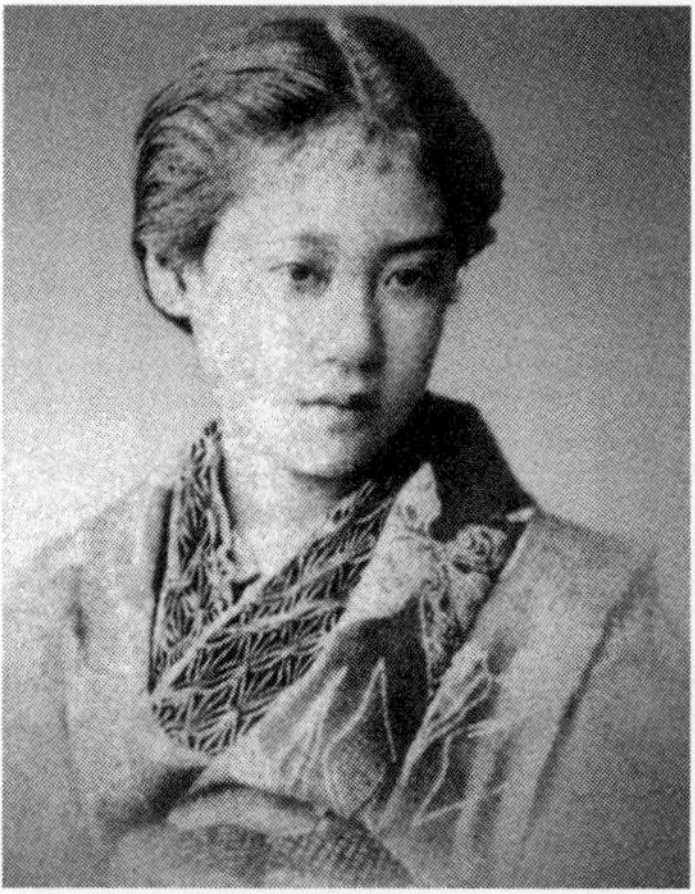

唐人お吉、撮影当時19歳とされている写真。
この2年前にハリスの侍妾となる

人お吉に始まった外交政策からして、らしゃめん其者《そのもの》に対する取締りの如きも、幕府は寛厳《かんげん》宜しきを得、江戸に於ける公使館に向かっては奨励的に侍妾《じしょう》を送り、横浜領事館の如きは、各館らしゃめんを抱えないもののない有り様となり、在留の外国諸商人も大方は、日本娘を蓄えるようになった。かくの如く幕府は外国人懐柔策又は迎合手段の一方便として、らしゃめんは寧《むし》ろ奨励的に認容の態度に出《い》でていったのである。

(横浜市役所編『横浜市史稿』「風俗編」)

開港地(貿易港)の一つとなった神奈川だが、幕府は横浜村をその地に選んだ。なぜなら、神奈川は東海道の宿場町であり、人の往来も激しい。それに対して横浜村は海に面しており、東海道から向かうには野毛山を越えなければならない。つまり外国人を隔離するには都合がいい、出島のような立地だったのだ。「横浜も神奈川だ」と主張をする幕府に対して、アメリカをはじめ外国の大使らは猛抗議をしたというが、時すでに遅かった。当時の地図を見ると、入海が埋め立てられ、巨大な出島(開港地)に変わっていくのがわかる。

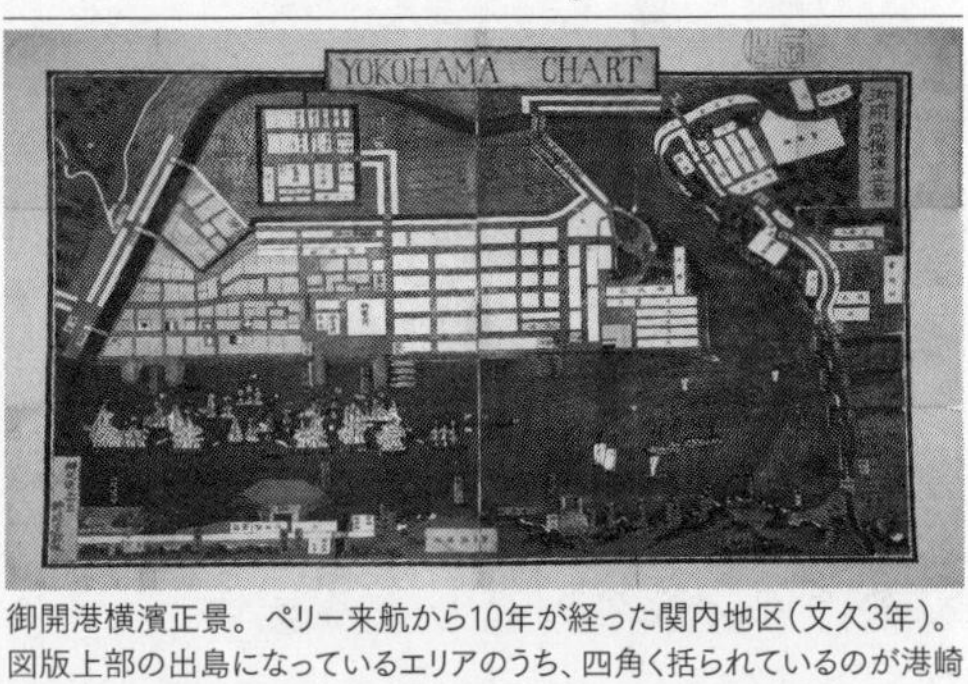

御開港横濱正景。ペリー来航から10年が経った関内地区(文久3年)。図版上部の出島になっているエリアのうち、四角く括られているのが港崎(みよざき)遊郭、現在の横浜公園にあたる(横浜開港資料館)

一八五九（安政六）年、開港地（現在の関内地区）が誕生。税関や外交事務を行う「運上所」を中心として、海から見て左側（山手側）を外国人居留地、右側（桜木町）を日本人商人たちの拠点とした。東西に二つの波止場が作られると、外国との貿易を行う東波止場はフランス波止場、国内の貨物船用だった西波止場はイギリス波止場と呼ばれるようになる。

この時、横浜に店を構えた商人たちは総勢七十一人。のちに横浜商人と呼ばれる彼らも、最初は外国人の嗜好性がわからずに、漆器、陶器、絹織物、海産物、お茶、小間物などを店頭に並べ、まずは様子を窺ったという。そんななか、外国人商人が目をつけたのは日本製生糸の質の高さだった。日本中の生糸が横浜に集められ、生糸が横浜の輸出量の八割を超えるまでには、そう時間はかからなかった。また、今の国道十六号線の八王子〜横浜間（八王子街道）が生糸を運ぶための道路だったことから、「日本のシルクロード」と呼ばれていたという。

生糸の輸出が活況を見せるなか、居留外国人の取り締まりと保護を目的として、外国人居留地を含む開港地（現在の関内）と、日本人居住区（現在の伊勢佐木町など）を結ぶ吉田橋が、重要な関門となる。この橋を挟んで、開港地を関門の中という意味で「関内」、その反対の伊勢佐木町方面を「関外」と呼ぶようになった。化粧品店柳屋の福長恵美子から聞いた「ここは関外なのよ」の意味がようやく判明した。今でも使われている「関内」「関外」の言葉の重みは、過去から現在につながる歴史そのものだった。

3 攘夷の犠牲になった遊女

現在の（横浜スタジアムがある）横浜公園には、開港当時に遊郭があった。そしてその誕生には、幕府とアメリカ総領事ハリスとの間で日米修好通商条約に記載されていない密約があったという。

■遊女屋設置の希望

是《これ》は素《もと》より条約文にはないことで、談判書にも載せてないことですが、横浜開港の談判をする間に、ハルリスの希望として、奉行に内輪談《ばなし》をしたのは、遊女屋建設の条《けん》でした。日本政府も早速ハルリスの希望を容れて、横浜が開港になると早々、色々な普請《ふしん》作事の忙しい中に、お貸長屋《かしながや》と云うものを政府の入費で建築して、宿場女郎みたいような遊女を公許しました。ハルリスも劫々此《なかなかこの》道に掛けては訳の分かった人だと云うでしょうが、ハルリスが斯《か》かる希望を述べたのも、ただ自然の人情を知って自国の水兵達に肉慾《にくよく》の満足を与《あた》えようとしたのみでない、日本の政府取締り上にも面倒の起こらぬようにと注意したのです。其《そ》の希望の理由と云うのは、第一船乗りと云うものは、二月《ふたつき》も三月《みつき》も船中にばかり生活して居て、其の間は女と云うものを見ることも出来ない、人間は賢愚貴賤の差別なく、性慾ばかりは防ぎ難いもので、是《これ》がためには往々《おうおう》命を棄てるものさえある。それであるから横浜が開港になった暁、双方気心の知れぬ間は是等《これら》の水兵などが上陸して、女欲しさに或は人の妻に関《かま》わず手を出すことがないとも限らぬ。そんなことがあっては日本のためにも米国のためにも面白くない、若《も》し金銭で女を自由にすることが出来る途《みち》があれば、全く其の患《うれ》いを絶つことが出来て、双方のために好都合であろうと云うので、わが政府も早速これを聴き容れたのです。

（横浜貿易新報社編『横濱開港側面史』下岡蓮杖翁談、一九七九年）

幕府は、ハリスとの交渉以前から、神奈川宿の旅籠《はたご》に旅人の給仕とさらに売春も行う「飯盛女《めしもりおんな》」を置くことを禁止していた。東海道の宿場町である神奈川は、人の往来も激しい。勤皇攘夷の武士も多く、飯盛女を買いに来た外国人と揉め事を起こされると、国際問題になりかねない。つまりハリスの希望は、開港するに当たって、幕府が憂慮していた案件でもあったのだ。

▦情を慰める飯盛女　―保土ヶ谷《ほどがや》の宿―

万治二（一六六〇）年、徳川幕府が東海道五十三次の各駅にしょう婦（娼婦）をおくことを禁じてから、それに代わるものとして現われたのがこの女らで、それが旅人の旅情を慰めるのに適したものか、次々にその数を増やしたようです。そこで幕府は享保三（一七一八）年、この飯盛女を旅館一戸当り二名と決め「旅籠《はたご》屋渡世之者家数人数書上帳」を提出させて取締っていました。これによるとそのころ保土ヶ谷宿には大名の泊る本陣、脇本陣のほかに六十七軒の旅籠があり、一軒二名として百三十四名の飯盛女がいたわけですが、これは帳面上だけで実際にはこれをさらに上回った女がつややかな声で客を呼び、特有な宿場風景を生み出していたようでした。

（毎日新聞横浜支局編『横浜今昔』一九五七年）

保土ヶ谷宿の様子を記したものだが、隣の神奈川宿にも同様の宿場風景があったことは容易に想像できる。たしかに、こうした宿場町に外国人が来て遊ばれるようになっては、混乱は避けられない。

こうして当局は、いったん神奈川宿の飯盛女郎を全面的に禁止したが、その代替として横浜の新市街に外人向け新遊廓を開設することは、かねてより外国使臣たちとの約束であったから、神奈川宿駅娼禁止の少し前、同年四月から、新門辰五郎の出願によって、太田屋敷の埋立案に着手させるとともに（但し、辰五郎は途中で手を引いた）、はやくもその六月、旧神奈川宿の駅娼五十名を強制的に駒形町の仮設遊廓へ送らしめ、また品川、小田原間の宿駅の遊女屋を誘引している。

（戸伏太兵『洋娼史談』鱒書房、一九五六年）

一八五九（安政六）年、港崎《みよざき》遊郭（現・横浜公園）が完成すると、娼楼十五軒、遊女三百三十一人が置かれた。娼楼の中でも豪華絢爛を誇ったのが、岩亀楼《がんきろう》だった。一八六三（文久三）年に出された『美那登能波奈横浜奇談』には、当時の岩亀楼の様子が書き綴られている。

岩亀楼の家造りは蜃気楼のごとくにして、あたかも龍界にひとしく、文月の燈籠、葉月の俄《にわか》舞踊、もん日もん日の賑い目をおどろかし、素目《すめ》ぞめきは和人異人打《うち》まじりて昼夜を分《わけ》ず。

当時の港崎遊郭は、外国人専用の遊郭と、日本人用の遊郭がはっきりと区別されていた。日本人遊郭は、吉原や他からすぐに遊女が集まったものの、外国人遊郭には、開業直前まで、ほとんど集まらなかった。

そこで各地の遊廓に人を派し、利を以《もっ》て喰わすの手段を取ったりして、僅《わずか》に要求に応じて居た。果ては遠く長崎地方に求めて、多少異国味に馴れた遊女や、其他の女達を抱え入れんとしたとも云われるが、結果は良好でなく、何《いず》れも要求数に満たぬ有様であったから、特種部落出の遊女または婦女に目を著《つ》け、其《その》方面の応募者を相当多く拉し来たったようである。而《しか》してらしゃめん女郎は次

岩亀楼の石灯籠。現在、横浜公園の一角にある（著者撮影）

第に此種部落出のものに依《よ》って形造られた型となってきた。

（『横浜市史稿』「風俗編」第七章第二節らしゃめん）

開港当時の外国人にたいする偏見と差別を部落出身の女性たちに負わせるという二重構造は、思わず耳をふさぎたくなってしまう。そして遊女・喜遊《きゆう》の悲劇によって、港崎遊郭は一躍、全国に名を轟かせることになる。

喜遊は十五歳で品川の遊廓に入り、十七歳の時に港崎遊廓の佐七に求められて岩亀楼日本人遊廓に来ていた。喜遊を見初めたフランス外交官というのはアメリカ人で、フランスで仕事をするイールスという男だった。イールスはそれまで岩亀楼の外国人遊廓に登楼していたのであるが、ある日、日本人遊廓を見学する機会があって、喜遊を見初めた。さっそく経営主の佐七に喜遊を呼ぶようにもとめるのだったが、日本人遊廓と外国人遊廓を厳しく区切る規則があって、佐七はこれを断る。しかしイールスはあきらめず、幕府要人に手をまわして話をつけようとした。イールスは表向きは貿易商人として横浜にいた。しかし内実はフランス政府の領事クラスの人物で、幕府の財政面とフランス経済界を取り結ぶＶＩＰあつかいの男だったらしい。こうした男の要求とあって幕府要人は断りきれなかった。幕府要人から佐七へ話がゆき、佐七は「お国のために」と喜遊を説得した。ここにいたって喜遊も断りきれず、一度は承諾する。しかし外国人に肌を許すのは最大の屈辱と考えた喜遊が、前夜になって辞世の句を残して自害する。

露をだに厭《いと》うやまとの女郎花《おみなえし》
ふる亜米利加《あめりか》に袖は濡らさじ

（川元祥一『開港慰安婦と被差別部落』三一書房、一九九七年）

この喜遊の悲劇は、「尊王攘夷派」によるプロパガンダという説もあり、虚実入り乱れて語られているようだ。しかし、当時の日本人のメンタリティがわかる象徴的な逸話ともいえる。そしてその港崎遊郭にも終焉が訪れた。一八六六（慶応二）年十月二十日、関内で豚肉店を営んでいた鉄五郎の豚舎が出火し、火の粉が町を覆い尽くしてしまう。開港から七年、ようやく整いつつあった横浜の街並みは、家屋千六百戸、外人商館四十八戸、そして港崎遊郭までもが全焼。関内の三分の二以上を焼きつくす惨事となった。

そしてこの火事がきっかけに、外国人たちは、もし再び日本人街から出火しても自分たちの居留地に被害が及ばないよう、二つの町の境界に幅百二十フィートの道路と、両側に幅二十フィートの歩道を作らせた。これが日本で最初の計画道路、日本大通りである。

では港崎遊郭はどこへ行ったのか。いつの時代にも、需要があるかぎり遊郭や風俗が絶えることはない。

一八六七（慶応三）年、港崎遊郭の代替地として、関外にあった吉原町《よしわらちょう》（現・羽衣町周辺）が選ばれた。江戸の遊郭と同じ「吉原遊郭」と呼ばれ、港崎遊郭の半分の広さに、妓楼十九軒、遊女四百二十四人が働くことになる。

さて、東海道沿いの生麦《なまむぎ》村で起こった惨事〈生麦事件〉を抜きにして、当時の日本は語れないだろう。一八六二(文久二)年八月二十一日、薩摩藩の島津久光の一行総勢四百人が、国(薩摩)に戻る道中、騎馬の英国人四人と遭遇すると、行列を乱したとして憤慨した藩士の一人が「無礼者!」の怒号とともに、英国人一人を惨殺し、二人を負傷させてしまった。この頃、横浜でも攘夷派による外国人襲撃事件が頻繁に起きていた。この事態を憂慮した英仏蘭米の四ヶ国は自国の居留民保護のため、駐屯軍を横浜に上陸させる。その数は八千人にも及び、青い制服のフランス海兵隊、赤い制服のイギリス陸軍兵が、行進ラッパを吹いて行軍、居留地の警備に当たったという。

このころ作られた歌が「野毛山節《のげやまぶし》」である。らしゃめんとの情事、野毛山の高台から見た開港地の町並み、駐屯軍の様子、港を埋める艦船などの情景を歌っている。「野毛山節」の歌詞にある「ノーエ」とは、当時の日本人がやっと聞き取れた英語がノーとイエスだったという説が有力のようだ。作者不明のままに、自然発生的に歌曲化された「野毛山節」は明治流行歌謡の始まりともいわれ、いまだに歌い継がれている横浜のソウルミュージッ

生麦事件の現場(横浜開港資料館)

クである。「野毛山節」が私の映画にとって重要な役割を果たすとは、この時はまだ知るよしもなかった。

野毛山節

一　代官山からノーエ　代官山からノーエ
代官サイサイ
山から異人館をみれば
洋妾（らしゃめん）と二人でノーエ　洋妾（らしゃめん）と二人でノーエ
洋妾（らしゃめん）サイサイ
抱えて　赤ズボン

二　代官山からノーエ　代官山からノーエ
代官サイサイ
山から蒸気船をみれば
太い煙突ノーエ　黒い煙がノーエ
黒いサイサイ
煙が　横に出てる

三　秋の演習はノーエ　秋の演習はノーエ
秋のサイサイ
演習は白黒二軍

白黒二軍はノーエ　白黒二軍はノーエ
白黒　サイサイ
二軍は　演習が終わる

四
野毛の山からノーエ　野毛の山からノーエ
野毛のサイサイ
山から異人館をみれば
鉄砲かついでノーエ　鉄砲かついでノーエ
お鉄砲　サイサイ
かついで　小隊進め

五
オッピキ　ヒャラリコ　ノーエ　オッピキ　ヒャラリコ　ノーエ
オッピキ　サイサイ
ヒャラリコ　小隊進め
チーチーガタガッテ　ノーエ　チーチーガタガッテ　ノーエ
チーチーガ　サイサイ
ガタガッテ　小隊進め

一八六七（慶応三）年、大政奉還。江戸幕府による幕藩体制が崩れ、明治政府に政権が移ると、横浜は日本近代化の象徴となっていく。一八七二（明治五）年、横浜（現・桜木町駅）―新橋間二十九キロを五十三分で走る日本最初の鉄道が完成し、明治天皇行幸《ぎょうこう》のもと、開業式典が催された。

一八七一年、関外にあった「吉原遊郭」がまたも焼失すると、翌一八七二年、高島嘉《たかしまか》右衛門《えもん》による埋立て地（現・西区高島町）に「高島遊郭」が新たに作られた。ここであの岩亀楼と双璧をなしたのが、神風楼《じんぷうろう》だった。三層式和洋折衷の洋館に、西洋の家具、調度品がそろえられ、唐人髷《まげ》、洗い髪をしたモダンな遊女たちが在籍していたと

高島遊郭にあった神風楼。港崎遊郭で開業した時は「伊勢楼」だったが、移転の時に改称した（横浜開港資料館）

神風楼の遊女たち。地番9に由来する看板「Nectarine No.9」から、店はナンバーナインとも呼ばれた（横浜開港資料館）

いう。

　唐人髷といえば、今では横浜を代表する観光スポット「中華街」。その成り立ちは一八七二（明治五）年、九百六十三人の清国人（中国人）たちが、開港地の一角（現・山下町）に百三十軒余の家屋を建てたことから始まった。当初は、朝夕は飲食店、昼は輸入業を兼業する店が多かったというが、日露戦争の頃になると、衣料などの輸入専門店、そして飲食店の分業化が進んだ。

　ペリー来航からわずか二十年余で、百余世帯だった横浜村には二万八千人もの人たちが移住してきたという。「横浜に行けば、何かがある」。当時の横浜は、一攫千金を求める者が集まり、ゴールドラッシュの様相を呈していたのだ。人口の増加に伴い、新たに埋立てを行い、土地を確保する必要に迫られた。それを請け負ったのが名主・常次《つねじ》郎《ろう》だった。一八七三（明治六）年、三年の歳月をかけて完成した埋立て地は、万代、蓬莱、

山手からの居留地（関内地区）遠景。
左の丘が現在のイタリア山（横浜開港資料館）

不老、翁、扇、寿、松影と縁起の良い町名がつけられ、埋地七ヶ町と呼ばれることになる。戦後、山谷、釜ヶ崎と並び、三大ドヤ街となった寿町は、この時に誕生した。

関所のあった吉田橋あたりには、「麦湯《むぎゆ》」の店が並んだ。どの店にも新造と呼ばれる若い女性がいて、男性を呼び込み、お茶をふるまった。そのほかに性的なサービスも行う風俗店だった。

■怪しき麦湯店《むぎゆてん》

また市中の若殿原《わかとのばら》、さては職人などは夕食をしまうと麦湯素見《むぎゆひやかし》に出かけます。呼び込まれて縁台に腰をおろす。新造《しんぞ》は「あなた何を上《あげ》ます」と聞く。麦湯を一杯くださいと云う。此間に於て客は女に注目し、女は客に注目し、相互の意気投合すれば、忽《たちま》ち一種の情約成立し、女は「おばさんわたし鳥渡家《ちょつとうち》へ行って来ますよ」と云って出かける。客は其跡《そのあと》に随《つ》いて魔窟《まくつ》に入り、魔風《まかぜ》を吹かせて店へ帰るを先ず普通とし、特別条約《じょうやく》として、一時頃店をしまう頃に来て、女を携えて魔窟に入り翌朝迄《まで》魔術を弄《ろう》するそうです。

（横浜貿易新報社編『横濱開港側面史』芸窓庵翁談、一九七九年）

一八八〇（明治十三）年、関外地区である伊勢佐木町一、二丁目、福富町一丁目、羽衣《はごろも》町《ちょう》、蓬萊町《ほうらいちょう》などが興行地として政府から認可を受けると、蔦《つた》座、羽衣《はごろも》座、賑《にぎわい》座などの芝居小屋や寄席が立ち並び、連日、そのお客を目当てにした飲食店も増えていく。一八八九（明治二十二）年には、大日本帝国憲法が公布。同時に市町村制が施行され、横浜は神奈川県横浜市となる。当時の人口は一一万六一九三人、二万五八四九戸数だった。

鉄道が開通した後、明治天皇の横浜行幸《ぎょうこう》が多くなると、線路沿線にあった高島町「高島遊郭」が目障りになったようだ。一八八〇（明治十三）年、永楽町《えいらくちょう》と真金町《まがねちょう》に移転し、「永真遊郭（永楽真金遊郭）」となる。永真遊郭は戦後になると赤線地帯となり、売春防止法施行まで約八十年間、色街として賑わいを見せた。現在でもこの町を歩くと、不思議な雰囲気が漂ってくる。本通りに沿って植えられた柳の木、点在する古びた日本家屋など、時代

明治期、伊勢佐木町の劇場街（横浜開港資料館）

左端に外国人専用の遊歩道。現在の根岸不動坂上からの眺め。海岸に沿って根岸村の家並み、
遠方に本牧岬が見える（横浜開港資料館）

の痕跡を色濃く残しているからだろう。

横浜ならではの風俗「チャブ屋」が繁盛したのも、この頃のことだ。その始まりは、生麦事件までさかのぼる。一八六四年、居留外国人の安全を守るために「横浜居留地覚書」が締結されると、その覚書に従って、横浜村から本牧、根岸村へかけて外国人専用の遊歩道が作られた。そして通り沿いにあった民家が、外国人相手のお茶屋となって、飯盛女がいつくようになったのだ。当初、十三軒しかなかったお茶屋は、十年近く経つと、三十数軒を数えるまでになり、それらが発展してチャブ屋となった。

その一号店は本牧に開店した春木《はるき》屋《や》で、一八八二（明治十五）年頃のことだった。チャブ屋の語源は諸説あるが、チョップハウス、つまり簡易食堂というのが定説のようだ。居留地で働く日本人が、外国人から聞き覚えたチョップハウスをチャブ屋に代えて使ったのだという。ここで働く女性は、「公娼」である遊郭の遊女とは違う「私娼」だった。遊女は厳しい規則に縛られていたが、私娼であるチャブ屋の女たちはお店との個人契約であり、公認ではなく黙認されていた状況からも、今の風俗に近いといえるのかもしれない。部

チャブ屋のルーツとなった根岸の茶屋（横浜開港資料館）

屋代と食事は自前で、夜の営業時間以外は拘束されず、その多くは当時では珍しい断髪、ロングドレスを着たモダンガールだったという。

■横浜名物チャブ屋盛衰記　斎藤昌三

大体は収入の六分と四分の割合で、この四分を女将に分配するという説と、四分が自己の分け前だという説とあるが、在来のこの種の職業から云えば、女将六分、本人四分の割合が一般であるが、新職業であるから或いは反対でないとも云えない。但し、この六分にしても四分にしても、この中から前借《まえがり》を償った上に、その部屋代と食費を支払わねばならず、化粧料を買わねばならない。〔……〕然《しか》し、大体に於《お》いて芸娼妓ほどの借金はさせぬ方針でもあるか、この社会の女性は他に比して自由であり、外出もそう面倒もないが、横浜の盛り場、伊勢佐木町（横浜銀座ともいう）辺には散歩や、買物にも来ているし、旁々《かたがた》網を張りにも来ている許《ばか》りでなく、時には遠く銀座にも乗り出しているし、日本橋のユニオンというダンス場などへも顔を出している。一方、客の要求によっては一日××××約の遠出《とおで》料によって箱根辺へのすこともある。

（『グロテスク』一九二九年六月号）

遊郭とは明らかに違い、バー、キャバレーとダンスホールを混ぜたようなチャブ屋には、娼館が持つ厭らしい雰囲気はなかった。作家の大佛次郎《おさらぎじろう》も、チャブ屋通いをしていた一人だった。ここでの体験が、小説『霧笛《むてき》』につながっていったと語っている。

▓〝霧笛〟を生んだ波止場情緒　大佛次郎

キヨホテルなどは外人が多かったが、店によっては日本人の多いところもあった。この社会には非常に古風なものがあってね。建物自体は洋館というモダンなものなのだが、その中に神ダナがあり、古めかしい仏壇が飾ってあるといった具合で、実にちぐはぐな感じがしたものですよ。日本髪姿の女の子が片言で英語を話すといった当時だったからね。海の屋、松ノ屋、富士ホテルなどは有名なほうだが、とくにホールの下が海になっていて、波の音がハマ独特の伴奏となって聞えるキヨホテルなどは東京の人たちには物珍らしかったのだろう。いつもわんさと東京人が来ていた。外人相手に働くチャブヤの女たち、そんな人たちの中には「霧笛」に出てくるお花さんのようなタイプの人が多く、あの小説は本牧の女たちをモデルに書いたものでしたよ。

（毎日新聞横浜支局編『横浜今昔』一九五七年）

チャブ屋街がほかの売春街と一線を画していたのは、一般の住宅と軒を連ねて共生していたことだった。作家の谷崎潤一郎は、山下町に撮影所があった大正活映の脚本部顧問になった関係で、一時期、本牧のチャブ屋街に住んでいたことがあった。「港の人々」に、大正時代後期を代表するチャブ屋「キヨ・ホテル」の記述がある。

キヨ・ハウスの女たちは、――一人二人の混血児をのぞいて多くは日本娘だったが、――西洋人の客を相手にするせいかみんな野蛮で、活潑で、キビキビしていて、体格なども立派だった。ピッグメリーと呼ばれたのなどは見上げるように背が高く、でっぷり太った真っ白な肌を持っていた。此のメリーさんを頭にして二十人近くもいたであろう、夏は大概裸も同然なうすいキモノに細帯一つで、二階の欄干や桟橋に出て遊んでいるか、でなければ海へ飛び込んで盛んに暴れ廻っていた。中には達者にボートを漕いだり泳いだりする連中もあって、日が暮れてまで暗い水面で河童《かっぱ》のようにバチャバチャ騒いだ。

（谷崎潤一郎『潤一郎ラビリンス〈15〉』横浜ストーリー「港の人々」、中公文庫、一九九五年）

「キヨ・ホテル」に在籍し、本牧の洋妾《らしやめん》のスターとして名を馳せたのが「メリケンお浜」だった。有名な歌謡曲「別れのブルース」（歌唱　淡谷《あわや》のり子）の誕生にも影響を与えたと言われるほど、横浜のみならず、広く知られた存在だったという。

洋館建ての『キヨ・ホテル』はホールにも個室にもエキゾチックなムードが溢れていて、二十人近くいたよりすぐりのチャブ屋ガールのなかでもお浜がナンバーワン、一夜の妻とするには最低五十円は必要とした。それでも青い目の船員たちはお浜にかよいその魅力が忘れられず、マルセイユやロサンゼルスの寄航先からも紫や緑のインキでしたためた恋文を送ってきた。その宛名が「日本国横浜　お浜さま」とあるだけでも、ちゃんと郵便配達夫が届けるようになったほど有名になり、その数は年々多くなっていった。

昭和十二年、新進作詞家の藤浦洸《ふじうらこう》と作曲家の服部良一《はっとりりょういち》は横浜港のムードを流行歌にしたくて南京街で飲み『キヨ』に泊った。翌朝、お浜の部屋の汽笛がきこえてくる観音開きの鎧戸《よろいど》をあけて、宿酔《ふつかよい》の藤浦洸ははっとなった。その窓からは明るい油絵そっくりのメリケン波止場、鷗《かもめ》舞う南突堤、しずしずと出港していく外国の豪華船が見えた。淡谷のり子の大ヒット曲となった『別れのブルース』、〽窓を開ければ港がみえる／メリケン波止場の灯がみえる　はこうして作詞されたのである。

（小堺昭三『メリケンお浜の一生』波書房、一九七二年）

そのほか、「本牧お浜」（『漫画エロトピア』一九七六年、原作・戸川昌子、劇画・上村一夫）、『浮世一代女』（野坂昭如、新潮社、一九七三年）など、彼女を取り上げた作品は数多い。現役当時から、雑誌などで取り上げられる有名な洋妾でもあったお浜は、本牧チャブ屋街のシンボルであり、伝説の女だったのだ。

■横浜国際ホテル街の国際娘　北林透馬

KYホテル一日の収入八〇〇円、その半分はオハマが稼ぐ、と言う伝説があるが、そんな伝説が、とにかく一応は通用するほど、それほど彼女は本牧きっての名物女である。バカハマと言う通称もあるけれど、この場合は決して彼女の低能を意味するものではなく、むしろその不死身と言いたいほどの体力と、十円紙幣をクシャクシャにまるめて無雑作に袂《たもと》から取り出す気前の好さに対する、ひとつの感歎詞にすぎないのだ。――最近まだうら若い日本人青年が、彼女の精力に圧倒されて、ベッドの上で死んでしまった、と言うグロテスクな伝説さえ伝えられている。

（『中央公論』一九三一年四月号）

前述した作家の大佛次郎も、お浜と顔見知りだったというが、果たして『霧笛』の誕生に影響はあったのだろうか。

「『霧笛』のモデル？　いやいやそうじゃありませんよ。お浜は知っていましたが、モデルにはぜんぜんしていません。〔中略〕キヨ・ホテルへは阪東妻三郎《ばんどうつまさぶろう》といっしょにいったこともあったね。お浜の顔は、ホホのあたりが荒れてて、やはり商売女という感じで、ぼくはちっとも感心しなかったが、久米正雄《くめまさお》、田中純《たなかじゅん》などがよくかよってて、ぼくに話をしてましたよ。行為自体が好きだというんですね。アノ最中に泣くというんです。それでたいへんな人気があった。ナンバーワンというのは、容色がではなくて、その異常な特質ゆえに、稼ぎがナンバーワンという意味なんです」

（『週刊文春』一九六九年三月二十四日号）

お浜は嫌なお客からはお金をしぼり取っていたが、逆に好きな客には貢いでいたという。また毎日、ナマ玉子を十五個も飲んでサービスしていたなど、彼女をめぐるエピソードはじつに面白く、多くの文化人や作家を虜《とりこ》にし、創作意欲を刺激したのもうなずける。

5 世界の貿易港「YOKOHAMA」

「魅惑の洋妾たち」が歓待し迎えてくれる楽園だった横浜は、その一方で外国航路の船舶にとって最果ての地、航海の終着地点の港とも言われていた。そのため「船舶の修理、点検ができる施設を」との要望が外国から数多く寄せられると、横浜の生糸商・原善三郎《はらぜんざぶろう》、茂木《もぎ》惣兵衛《そうべえ》らが音頭をとって、一八九一（明治二十四）年に横浜船渠《せんきょ》（現・三菱重工業横浜製作所）が誕生する。現在のみなとみらい地区に船渠所が設けられ、傷んだ部品の交換や、船底についた牡蠣《かき》や海草などの除去作業を行った。

　そんな横浜が世界の貿易港としてその地位を確立したのは、一八九四（明治二十七）年に勃発した日清戦争以後のことである。欧米向けに生糸や茶を輸出し、それによって得た外貨で軍艦、機械などを輸入していた。その一方で、アジア諸国にも綿糸や綿製品を輸出するのが、当

開業当時の大桟橋全景（横浜みなと博物館）

時の日本の産業構造だった。また、横浜港は水深が浅いうえに船をつなぐ岸壁がなかったので、外国航路の大きな船は沖に停泊し、艀《はしけ》で荷物や乗客を（港まで）運んでいたという。一八九四（明治二十七）年、その不備を解消するため、メリケン波止場の前に大桟橋《おおさんばし》（全長七百三十八メートル）が作られた。当時は外国航路の船で活況を呈し、とても賑やかだったというが、その反面、理不尽な差別が生まれていた事実も見逃せない。作家の長谷川伸《はせがわしん》は、実家の事業が倒産したために小学校を中退し、横浜船渠で「小僧」として働いていた経験があった。その長谷川が、横浜での思春期の体験を語っている。

■居留地の善玉・悪玉

異国人ばかりではない、日本人の中にも実用英語の三十や五十は軽く使いこなし、指輪をはめ、もみあげを短かくかり込んだ最新のスタイルで「外国の風が最初に高まるのは横浜だ」という自信をもって生活している人々がいた。こうした時代の横浜、その最も異国的な居留地で私の青春の何年かが過ぎ、異国人の心の善さと悪さが私の心に深い刻印を残していった。居留地における階級は白人、中国人、日本人という順に決まり、船人足が歌う〝可愛想だよ異人に蹴られ、聞けば、いわれはないそうだ〟という文句が多くの場合の現実だった。このような状態は東洋の果て未知の国、日本までやって来た冒険家たちの悪い半面、征服心とか物欲の強さとかが作り出したものだと思う。がなんと解釈しようとも蹴られなぐられたことのある私にはにくさが残る。

（毎日新聞横浜支局編『横浜今昔』一九五七年）

一九〇九（明治四十二）年、横浜で最初の活動写真（映画）常設館・開港記念電気館（キネデン）が開業。その他、伊勢佐木町通の入口に横浜館、長者町《ちょうじゃまち》に外国映画専門のオデヲン座と、相次いで開業していく。関東大震災前の伊勢佐木町は、芝居、映画と国内でも有数の興行地でもあり、娼婦たちが闊歩する歓楽街となった。

一九一一（明治四十四）年には赤レンガ倉庫二号館、一九一三（大正二）年には一号館が竣工した。今も残る横浜の原風景がようやく姿を見せ始めた頃、横浜の輸出商品のメインであった生糸業が過渡期を迎える。開港以来、外国商社が生糸輸出の実権を握っていたが、明治四十年代以降になると、三井物産、横浜生糸合名会社、原合名会社など日本企業がようやく台頭し始めたのだ。

一九一四（大正三）年、第一次世界大戦が勃発すると、横浜港は戦争によって物資が不足したヨーロッパに輸出供給する拠点の一つとなり、「ＹＯＫＯＨＡＭＡ」として世界にその名を轟かせることになった。

大正中期の伊勢佐木町（長者町から見た賑町）。左の大看板は1911（明治44）年創業のオデヲン座（横浜開港資料館）

6 復興のシンボル山下公園

栄華は一瞬にして崩れ去った……。一九二三（大正十二）年、関東大震災が起こり、横浜もその被災地となる。埋立てによって作られた地盤が脆弱だったこともあり、横浜市全域で八割にあたる建物が倒壊、当時の横浜の人口約四十五万人のうち、二万一千三百八十四人が犠牲になった。大桟橋にいた人たちは、桟橋ごと海に投げ出されて溺死したという。世界有数の貿易都市は、あっという間に焦土と化した。

交通、通信などが途絶え、一日目に二百三十七回、二日目にも九十一回の揺れが起こり、昼夜を問わず、誰もが恐怖に慄《おのの》いた。また治安の維持をはかるため、市民有志による自警団が結成されたことで惨劇が生まれた。「朝鮮人が井戸に毒を入れる」「暴動を起こす」などのデマが流布されると、自警団によって罪のない多くの朝鮮人が殺されたのだ。この背景には、朝鮮で起こった日本植民地支配からの独立運動（三・一独立運動）があったという。被災した極限状態の中で、「朝鮮人に殺されるかもしれない」という被害妄想が生んだ暴虐だった。

左側の奥に見えるのは1917（大正6）年に完成した横浜市開港記念会館。その6年後に関東大震災で被災した（横浜市史資料室）

横浜の観光名所の一つ「山下公園」。ここの歴史を調べてみると面白いことがわかった。震災によって町中に溢れ返る焼け跡の瓦礫《がれき》を岸壁に集めて、山下公園が造られたというのだ。つまり公園の真下には、いまも震災時の瓦礫が埋まっていることになる。震災というマイナスを、復興という括りでは収まらないプラスに変える、当時の「ハマっ子」たちのエネルギーには感服してしまう。

また、この復興期にかけて、東京電力鶴見火力発電所、東洋埠頭、芝浦製作所、スタンダード石油、ライジングサン石油、富士電機、いすゞ自動車などの大工場が、鶴見から品川にかけて相次いで造られた。京浜工業地帯の誕生である。この重工業を中心とした工場群の影響により、横浜港は商業港から商工業港になっていく。震災からの復興は、横浜港の役割、そして貿易のスタイルまでも変えていったのだ。

7　大戦下――キスでも公然猥褻罪

一九二九（昭和四）年、世界大恐慌が起こる。アメリカで株が大暴落し、世界経済がどん底に突き落とさ

復興した伊勢佐木町1丁目(昭和6年頃)。
左手前は松屋(後に横浜松坂屋西館、現・エクセル伊勢佐木)、その奥は野澤屋(後に横浜松坂屋)がある(横浜開港資料館)

れたのだ。それに呼応するように、京浜工業地帯も不況の波に巻き込まれていった。町には失業者が溢れ、横浜を去って故郷に帰る人たちが、後を絶たなかったという。

「ハマのドック」と呼ばれ、ハマっ子から親しまれてきた横浜船渠も、その余波を受けて経営難になると、一九三五（昭和十）年、三菱重工業が買収して三菱重工業横浜船渠となった。

そんな苦境の日本と横浜を救ったのが一九三一（昭和六）年に起こった満州事変、そして一九三三（昭和八）年の国際連盟脱退だった。日本が軍国主義へと突き進むなか、軍備拡張がスローガンとなり、京浜工業地帯をはじめ日本の重工業は息を吹き返していったのだ。そしてついに一九三七（昭和十二）年、日中戦争が勃発。この頃、山下公園でキスをしていた三組の若いカップルが公然猥褻罪として警察に捕まり、新聞沙汰となった。


〔……〕チョン髷《まげ》に二本差しの時代なら異論はないが、百千船去来する日本の玄関、特に異国情緒漂う処に唯一の誇りを持つハマ市、更に街の映画館でお馴染の「接吻」は公然猥褻罪にあらずと若人の春に凱歌が挙がった。

（『横浜貿易新聞』一九三七年六月十九日）


結局、起訴はされなかったが、横浜にとって暗黒の時代を告げる事件だった。一九三八（昭和十三）年、国家総動員法が公布されると、ほとんどの政党が相次いで解散し、首相を総裁とする大政翼賛会に合流した。労働組合は産業報国会にまとめられ、挙国一致の体制となった。時代を反映するように伊勢佐木町にあるデパート松屋ではスパイ防止の「防諜展」や「市民防空展覧会」、野澤屋（後の横浜松坂屋）で催された「代用品振興展」では大豆を科学処理して作った洋服が展示されたという。

また中国への侵略が始まると、京浜工場地帯の工場が活況を呈していく。満州国の成立によって資源の確保ができたことも、大きな要因だった。一九四〇（昭和十五）年には、ドイツ、イタリアとの三国軍事同盟を締結。翌年、国防保安法が施行されると、横浜市内では二十メートル以上からの俯瞰《ふかん》撮影が禁止となり、野毛山、外人墓地、根岸競馬場、ホテル・ニューグランドからの写真撮影ができなくなった。横浜を俯瞰した既存の写真と絵葉書は販売も禁止され、横浜の景観は戦争によって奪われてしまう。

一九四一（昭和十六）年十二月八日、日本はハワイ真珠湾にあるアメリカ軍基地を奇襲し、太平洋戦争が始まった。開戦と同時に、英米人などのいわゆる〈敵性外国人〉が連行され、根岸競馬場と新山下町の横浜ヨットクラブに設置された抑留所での生活を強いられることになる。外国映画の専門館だったオデヲン座は、「敵性横文字」を追放するという名目で、横浜東亜映画劇場と改称。伊勢佐木町通りの街灯は撤去され、野毛山不動尊（成田山横浜別院延命院）の真鍮製の仏像三十六体と香炉は、すべて兵器として生まれ変わった。

一九四四（昭和十九）年には野澤屋、松屋の両デパートが、軍需工場（東京芝浦電気　通信機器製造工場）となる。チャブ屋の洋妾たちは昼間はモンペ姿で防空演習し、お客は外国人から日本軍の幹部や軍需工場の経営者へと変わったという。だが、より戦況が悪化していくと、チャブ屋はすべて廃業の憂き目にあった。「ヨコハマ」のアイデンティティともいえる船舶もしかりだ。アジア諸国や太平洋の島々を占領していた日本は、戦場への輸送手段として一般の客船や貨物船を徴用し、横浜港から出航させた。しかしそれにより約二千五百隻の客船や貨物船、六万人の船員たちが、戦闘に巻き込まれて海の藻屑となった。そして米軍がサイパン、グアムを占領すると、そこから大量の焼夷弾を積んだB29爆撃機が日本上空を飛び回った。京浜工業地帯のある横浜はその標的とされ、連日にわたり爆弾が落とされていった。

一九四五（昭和二十）年になると、横浜は二十五回もの空襲に見舞われた。とくに被害が大きかったのは、五月二十九日の「横浜大空襲」。飛行機から落とされた爆弾、焼夷弾の数は約二十万七千発。その投下量は同年三月の東京大空襲を上回るものだった。負傷者一万六千人、死者は六千人。被災した戸数は横浜全域の五割近くにのぼり、度重なる空襲によって一面焼け野原と化した。

この町の歴史を見つめていくと、それがそのまま日本の近代史の縮図のように見えてくる。まさに開港によって、近代日本を背負わされた町こそが「横浜」なのかもしれない。そしてそれは戦後、現代日本になっても続いていく。

8 進駐軍がやってきた

横浜大空襲から三ヶ月後、広島（八月六日）と長崎（八月九日）に原爆が投下された。そして八月十五日、昭和天皇によるポツダム宣言受諾の「玉音放送」がラジオを通じて流された。無条件降伏、日本の敗戦だった。

八月三十日、連合軍総司令官ダグラス・マッカーサーは厚木飛行場に降り立ち、「メルボルンから東京へ、長い道のりだった」と語り、米第八軍第一、第十一、第二十七師団、五千六百人とともに横浜に進駐した。マッカーサーの宿舎となったのは、ホテル・ニューグランド。そして日本郵船ビルがGHQの一時的な拠点となり、九月十七日に東京・日比谷の第一生命ビルへと移っていった。

占領軍による接収は、関内全域、大桟橋、横浜公園、本牧、そして関外地区の福富町、若葉町、伊勢佐木町など広範囲にわたった。横浜公園球場（現・横浜スタジアム）は、米兵専用の野球場ゲーリック球場として利用された。伊勢佐木町では松屋、野澤屋が米第八軍PX（売店）、不二家は兵士用クラブ、吉田橋のたもとにあった旧松屋はアメリカ軍病院。オデヲン座（戦時中は横浜東亜映画劇場）はオクタゴン劇場として、米軍専門の劇場となった。

瓦礫と化した馬車道を歩く米兵たち。
ここはかつて関所があった吉田橋の「関内側」入口として栄えていた地域だった（横浜市史資料室）

市の中心部は、占領軍のカマボコ兵舎、米軍の補給物資資材置場、モーター・プール（自動車置場）に占拠され、横浜は都市としての機能を、完全に失ってしまった。

そういえば、柳屋の女将、福長恵美子から、当時の伊勢佐木町の様子を聞いたことがあった。

「（柳屋の）店の裏は、ぜんぶカマボコ兵舎でした。夕方の三時頃になると（ゲートが）開くんです。すると兵隊さんが、いっぱい出てきましてね。うちの店は、（米兵が出てくるのを待つ）いっぱいの街娼婦の人で溢れていました」

娼婦たちの生態についても、福長は話を続けた。

「伊勢佐木町では、関内に行くことを上る、反対の阪東橋《ばんどう》に行くことを下がるっていうんです。街娼婦さんたちの言葉でいうとね。ですから『下がろうか』とか、『上ろうか』とか、おっしゃるんですね。『あんまりお客が拾えないから、上ろうか』とか、そういうのを聞いていましたね」

ようやく、メリーさんが活動していた時代に入ってきた。しかし開港から終戦までの横浜を駆け足でたどっていくと、メリーさんがこの横浜という町にいた必然も見えてきた気

兵士用のヨコハマ・サービス・クラブ
（現・不二家横浜センター店）（横浜市史資料室）

がする。開港地として外国人を受け入れ、どの時代でも娼婦たちが存在し、共存できる町こそが〈ヨコハマ〉だったのだ。そしてそれは戦後も同様であった。

一九五二（昭和二十七）年から（占領軍による）接収の解除が進められたが、すぐに家屋や店舗を再建できる人は少なかった。解除された空地には雑草が生い茂り、関内牧場と揶揄《やゆ》されたという。また横浜の中でも、最大の接収面積を誇ったのが本牧地区だった。戦前は漁業で栄えたという穏やかな町にも、戦後の混乱が押し寄せてきたのだ。ここには、「横浜海浜住宅地区（yokohama beach DH-Area）」が作られ、横浜と横須賀の米軍基地で働く軍人・軍属とその家族たち、約九百十世帯が暮らしていた。地区内には、発電所、学校、郵便局、銀行、スーパー、ボウリング場、映画館、野球場などが設けられ、「日本人立入禁止」の看板と、外部（日本）と遮断する金網のために「フェンス越しのアメリカ」と呼ばれた。

終戦直後、市井《しせい》の人たちはどうだったのか。日本の占領下だった国々から、横浜に十五万三千人もの軍人軍属が復員、四万一千余人もの民間人が帰国したため、町中に失業者が溢れ返っていた。野宿するホームレスは三千人以上、戦災で親を失った子供は千百人を数えたという。GHQが食料品、物資の売買を規制すると、ヤミ市が生まれ、衣食住に関するものが非合法に取引された。そんな中、中華街だけは食料品が自由に売買できたという。横浜の中国人たちは、戦勝国（連合国軍）の一員と見なされ、GHQの法律に従う必要がなかったのだ。中華街（山下町）の賑わいは、当時の新聞に載るほどだった。

——横浜山下町の支那街は焼跡に最近はトタン張りのバラックが軒を並べ、さすがに素早い復興色を見せているが、店先きに並べたり、或いは立売りの林檎《りんご》、蜜柑《みかん》などの果物、様々の揚物類、色等々の食料品やバラック食堂のどんぶりものなどが市民の足を引寄せて、このところ新風景を現出している。品物の値段をみると、林檎が大きさによって四つ乃至《ないし》二つ十円、揚物類が四つ十円、ドーナッツ（砂糖がついている）一個五円乃至三個十円、栗が十五、六個で五円、ぶどう二房十円、甘藷《かんしょ》の揚げたもの十片ぐらいで五円、蜜柑十個ぐらいで十円、といった調子、純白の米の飯が人眼を驚かす。

（『毎日新聞』一九四五年十一月四日）

桜木町のクジラ横丁。カストリ横丁とも呼ばれていた（五十嵐英壽撮影）

桜木町駅と三菱重工業横浜船渠（旧・横浜船渠）によって賑わった野毛町《のげちょう》は、市内最大のヤミ市となった。野毛通りには、日用品、雑貨を扱うマーケット。桜木町駅近くには、クジラ横丁という露天マーケットが生まれ、多くの飲食屋台が立ち並んだ。鯨肉を焼く煙が立ち込めていたことが、その名の由来だという。その後、クジラ横丁が取り壊されると、その跡地に木造二階建て、百三十八の店舗（一室三坪）がひしめき合う桜木デパートが作られ、横丁の露天商たちが入居した。そして野毛のヤミ市は、戦後の混乱が収束していくと、いつの間にか姿を消していった。

現在、野毛はハマの飲み屋街として毎夜、サラリーマンや学生たちで賑わいを見せている。くじら料理を出す店が多くあるのが、かつてのヤミ市の名残りのようだ。

9　大和撫子の純血を守るべし

「メリーさんは、神戸の慰安施設にいた」という噂を聞いたことがある。事実かどうかはわからないが、神戸の慰安施設とは特殊慰安施設（RAA）を指しているようだ。メリーさんと同じ背景かもしれない娼婦たちのルーツを探ってみた。

戦争が終結し、連合国軍が日本に進駐することになった時、もっとも大きな問題となったのは、「いかにして善良な婦女子を守るか」ということだった。政府は具体策として、進駐軍専用の特殊慰安施設を設けることを決定し、八月十八日「警保局長通達」（無電）をもって、全国都道府県に対し「進駐軍特殊慰安施設整備について用意されたし」と打電した。敗戦日本を象徴する措置であったが、治安維持のためにやむをえない判断だった。

本県においてはRAA傘下の組織はなく、警察部保安課が全機能をあげてこの問題に取り組んだ。しかし設置に与えられた時間は僅かで、その上、建物は焼かれ、肝心の従業員が四散していたため、この慰安所設置は容易ならぬ仕事であった。県下でも横須賀方面は戦災から免れていたため、比較的順調に設置がすすめられた。急遽《きゅうきょ》集めた女は約四〇〇名、これが元海軍工廠工員宿舎ほか数ヵ所に分けられ、占領軍の上陸を待った。（『神奈川県警察史』進駐軍特殊慰安施設の準備指令、一九八五年）

敗戦から三日目の八月十八日、政府の指示によって慰安所設置の指示がすでに下っていた。当時、大蔵省主税局長だった池田勇人《いけだはやと》（のちの首相）は「たとえ一億円かかっても、それで大和撫子《やまとなでしこ》の純潔が守れれば、安いもんだ」と豪語し、大蔵省を通じて日本勧業銀行が、五千万円を限度に必要に応じて業者らに貸し付けることになった。工場労働者の平均月収が百六十円（昭和二十年厚生省調査）だった時代にである。八月二十八日、RAAの発足にあたって皇居前広場で宣誓式が行われ、以下の声明文が読み上げられた。

時あり、命下《くだ》りて、予《かね》ての我等が職域を通じ、戦後処理の国家的緊急施設の一端として、駐屯軍慰安の難事業を課せらる。〔……〕ただ同志結盟して信念の命ずる処に直往し、〝昭和のお吉《きち》〟幾千人かの人柱の上に、狂瀾《きょうらん》を阻《はば》む防波堤を築き、民族の純潔を百年の彼方に護持培養すると共に、戦後社会秩序の根本に、見えざる地下の柱たらんとす。〔……〕我等は断じて進駐軍に媚《こ》びるものに非《あら》ず、節を枉《ま》げ、心を売るものに非ず。〔……〕社会の安寧に寄与し、以《もっ》て大にして之を言えば国体護持に挺身《ていしん》せんとするに他ならざることを、重ねて直言し、以て声明となす。

（猪野健治「白奴隷トラスト・RAA」、『創』所収、一九七四年八月号）

昭和のお吉とは、「唐人お吉」を喩《たと》えにしたのだ。また銀座の街頭には、警視庁の特例（売春婦公募の黙認）によって「新日本女性に告ぐ。戦後処理の国家的一端として進駐軍慰安の大事業に参加する新日本女性を求む。女事務員、年齢十八歳―二十五歳。宿舎、衣服、食料すべて支給」という募集看板が、大々的に貼り出された。東京で最初に開設されたのは、大井町の小町園《こまちえん》。料亭だった建物を使い、十畳、二十畳の大部屋に針金を引いてカーテンで仕切り、簡易の小部屋を多く作った。ベッドはなく、日本式の布団を敷いて接客したという。

屏風《びょうぶ》仕切りの割り部屋に足を運んだ彼女たちを含めて、慰安婦たちが一日に相手とした客、兵隊たちは、十五人から最高六十人にも及んだ……。小町園は、まるで砂漠の中のオアシスで、殺到する兵隊たちが列をなして女に迫っていったのは、むしろ壮観であった。

（橋本嘉夫『百億円の売春市場』彩光新社、一九五八年）

小町園の入口から六百人近くが行列を作っていたと語るのは、当時、RAA情報課長だった鏑木清一《かぶらぎせいいち》。砂漠のオアシスの実情は、目を覆いたくなるほどに常軌を逸していたという。そしてついに、ある慰安婦の悲劇が起こってしまった。

まあ、なかにはですね、待ちきれずウイスキーをラッパのみでのりこんで来るのもいますし、土足で上りこんで来るものもございましてね。酔っぱらっている悪質なのはですね、女をさかさつりにしましてね、まるでオモチャですね。ところが、日本人はそれに対して手出しができないわけです。ですから、そういう時はしようがないですから、二、三名ずつ常駐しているMPに頼みこみました。

——ずい分ショックだったでしょうね、女性にとっては。

はじめて外人に接した、その処女の女性ですがね、以前は会社員だった方ですがね、三月十日の空襲でご両親をなくした娘さんでしたが、このショックでですね、その晩に裏の京浜電車に飛びこみましてね、自殺しました。この事件は、従業員にひどく影響しますものですから、極《ご》く内密に葬式を済ませました。

（東京12チャンネル社会教養部『新篇 私の昭和史4 世相を追って』より
鏑木清一「進駐軍慰安作戦」學藝書林、一九七四年）

横浜では警察官たちが市郊外にまで足を延ばし、慰安婦の確保に当たった。また同時に真金町遊郭や、本牧チャブ屋などの関係業者に声をかけて、女性を集めたという。まさに国を挙げて、国営慰安施設を作ろうとしていたのだ。慰安所は、戦災を免れた山下町の賃貸アパート互楽荘にも設置され、占領軍の到着を待った。

警察はいなかに出かけて、経験者の婦人八十人をかき集め、中区山下町の古いアパート互楽荘で待機させた。警察部の考えでは、一般の婦女子を将兵の乱暴から守るための緩衝地帯としたわけだ。八月二十九日に米軍が上陸、翌三十日には互楽荘は何千人という兵が列をなした。ところが互楽荘は一週間で閉鎖となる。女の奪い合いで兵隊同士のけんかが絶えず、無力な日本の警官の手ではとても収拾がつかなかったからだ。

（『反骨七十七年　内山岩太郎の人生』神奈川新聞社、一九六八年）

わずか一週間で互楽荘が閉鎖した後も、慰安施設が減ることはなかった。昭和二十年末、横浜市の指定地域内に、百七十四の業者が営業をしていたという。

真金町《まがねちょう》にいた女たちが、こういうよごれた体で国の役に立つのなら、よろこんでやりましょうと言って、白百合会というのをつくって本当によくやってくれました。最初の二ヵ月位は涙の出るほど献身的にやってくれました。ところがそのうち、もうかるというのでだんだんパンパンというのが出てきた。それですっかり評判も悪くなりイメージがかわってしまったわけです。

（『神奈川県警察史』慰安所の実施状況、一九八五年）

そして翌年、一九四六（昭和二十一）年三月二十六日に「進駐軍ノ淫売窟立入禁止ニ関スル件」が通達され、すべてのＲＡＡが閉鎖されることになった。

一九四六年の一月には、米軍の罹病率はひどい部隊では六十八％におよんだ。ＧＨＱのＶ大佐はある日、日本政府の係官をよびつけて「日本の女は性病の巣だ、不潔だ、悪魔である」とののしった。〔……〕この事件は来るべき慰安所閉鎖命令の前ぶれであった。二月、ＧＨＱは軍医部と衛生局が提出した「ＲＡＡに従属する日本人慰安婦の九十％は保菌者であり、また海兵隊の一コ師団を調べてみたところ、その七十％が保菌者であった」という報告を見て戦慄し、三月にはついにすべての慰所所への将兵の立入りを禁止するにいたった。

（五島勉編『続・日本の貞操』「外国兵に犯された日本女性の手記」蒼樹社、一九五三年）

「性の防波堤」や「特別挺身隊」と呼ばれ、最盛期には七万人、閉鎖時にも五万五千人の慰安婦がいた国営慰安施設（RAA）は、こうして約半年間の短い幕を閉じた。職を失った慰安婦たちは町へと放り出され、街娼に転じた女性も多かったという。

この頃から、街娼を「パンパン」と呼ぶようになった。パンパンとは、戦後の占領期に生まれた蔑称で、その語源は諸説ある。インドネシア語の「プロムパン」（女性の意）の訛《なま》ったもので、米兵が言い伝えたという説や、また中国語で遊女を指す「伴々（パンパン）」から来たという説もある。占領軍兵士を相手にするパンパンは「洋パン」とも呼ばれ、白人専門の「白パン」、黒人専門の「黒パン」、特定の相手とつきあう「オンリー」と細分化されていた。その中でもヒエラルキーがあり、黒人を相手にする「黒パン」がもっとも蔑まれていたという。メリーさんは「白パン」で、将校クラスしか相手にしなかったというが、ある時期は「オンリー」だったこともあるそうだ。

一九四六（昭和二十一）年には、GHQにより公娼制度廃止の命令が下された。その内容とは「日本の公娼存続はデモクラシーの理想に反する」、「日本政府はただちに従来公娼を許容したいっさいの法律および命令を廃棄して、その諸法律の下に売春を業務に契約したいっさいを放棄せしめよ」というものだった。これによって、身売りされてきた遊女たちが自由の身となり、桃山時代から数えて三百五十年間も続いた公娼制度が終焉を迎えた。

だが遊郭では、「特殊喫茶」「貸座敷」という名で、公然と売春が続けられることになる。警察当局は、遊郭のある地域を特殊飲食店として地図上に赤い線で囲み、特殊飲食店に指定されなかった売春地域を青い線で囲んでいった。赤線、青線という呼称は、警察用語だったのだ。横浜の赤線は、「永真遊郭」のあった永楽町と真金町。これらの店ではカウンターやホールなどが設けられ、飲食店として営業を行い、男性客は女給との自由恋愛という形でサービスを行った。

横浜の青線は、京急線日ノ出町駅と黄金町《こがねちょう》駅間の高架下沿いにあった「黄金町ガード下」である。「横浜中区史」には、当時の黄金町の様子が記されている。

　この地区の一部が売春と麻薬の巣となったことであった。これより先、この辺の裏通り、京浜急行のガードに沿う一帯には、ぼつぼつとバラックが建てられ、そこにはバーもどきの一杯飲屋、簡易な宿泊所などが発生していた。特にガード下は、一時的に戦災者の仮住居となってはいたものの、こうした飲屋や簡易の宿泊所ができるのに都合のよい場所となっていた。そこでは、進駐軍兵士を相手とする売春が行われていた。いわゆる青線の地区であった。〔……〕
　パンパンガールといわれたこの街娼は、うす暗い黄金町駅ガード下などで盛んに暗躍したのであった。駅がある黄金町あたりはその中心地点となった。「この界隈には一時『青線』がありましたね。黄金町から白金町の川っぷちにかけてです。それに青

──線は曙町、日ノ出町とか、黄金町のガード下といったところもそうでしたね。その頃のまず、いやな名物だったんです」と町の人はいう。（『横浜中区史』第五章──野毛地区）

その頃、「ふうてんお時」と呼ばれた女性が、パンパンたちを標的にした悪行の末に、ついに逮捕される。まさに弱肉強食のような、混乱の時代を象徴した事件だった。

終戦以来敗鬱の姿そのままを表象するパンパンガールの横行はこころある人から排斥されているが、しかし、彼女らにはまた彼女らしい弁解もある。彼女らの多くが転落して身を売らねばならなくなったのは、生きるための糧《かて》を稼ぐことである。ところが彼女らが身体もこころも売って稼いだ涙のしずくを恐喝し、頭をハネていた女親分こそ、パンパンガールの恐怖の的であった〝ふうてんお時〟本名海老原民子（二八）である。断髪に黒眼鏡、紺襟のYシャツの袖をまくりあげて男装、ふっくらとした左の腕には「ジャズのお勝 二代目 風癲《ふうてん》お時」と刺青《いれずみ》を彫っている。

（『神奈川新聞』一九四六年七月二十五日）

お時自身は身を売ることもせずに、「彼女たちから強請《ゆす》ったお金で、闇市で天丼を食べて、お酒を飲んでいた」という。被害を受けたパンパンは数百人。それでも自身が恐喝した女性が検挙されると、わざわざ警察まで面会に赴き、「何か食べたいものはないか？」「薬はいらないか」という人情を見せることもあったという。また記事に書かれている「ジャズのお勝」とは、横浜で名を馳せた女親分のことで、「ふうてんお時」の憧れの存在だったようだ。そして彼女もまた、地元のヤクザに殴り込みをかけようとして、同時期に逮捕されている。

一九四九（昭和二十四）年、日本経済の自立と安定を目的に実施された財政金融引き締め政策「ドッジライン」が実施されると、失業や倒産が相次ぎ、安定恐慌が引き起こされた。それにより横浜でも街頭に立つ娼婦たちが急増していく。神奈川県警の調査によると、同年八月には日本人相手千七十人、外国人相手が二千十八人だった娼婦の数は、それから四ヶ月後の十二月になると総数で五千人を超えるほどになった。年齢別に見ると最年少は十六歳、最年長は四十九歳で、子持ちの女性もいたという。この年、全国の街娼検挙数およそ五万六千人のうち約九千人が横浜で検挙されるほど、娼婦たちが町に溢れ返っていた、まさに凄まじい時代だった。

10 娼婦たちの戦後

敗戦直後の一九四五（昭和二十）年、約六十二万人まで落ち込んでいた横浜の人口は、五年後の一九五〇（昭和二十五）年には約九十五万人にまで増加する。そして同年六月二十五日、朝鮮戦争が勃発。米軍の前線基地となった日本には、米軍から物資などの発注が大量に舞い込んだ。厚木、横須賀の米兵たちは、日本から（朝鮮の）戦場へと向かい、横浜は出征する米兵や、帰還した米兵などで溢れ返ったという。横浜港には、米軍の物資や食料を積み込むため、日本中から多くの港湾労働者が集まることになる。奇しくも朝鮮戦争による軍需景気によって横浜は敗戦から復興し、経済成長の波に乗る足がかりをつかんだのだ。メリーさんが横須賀、そして横浜に〈仕事場〉を求めたのも、こうした時代背景があった。また本牧ではチャブ屋街も復活した。だが戦前のチャブ屋の面影はなく、米兵たちのたまり場といった風情で、日本人はほとんど立ち寄らなかったという。そんななか、本牧のチャブ屋「スターホテル」に通っていた日本人がいた。風俗ライターの広岡敬一《ひろおかけいいち》で、昭和二十五年頃の体験談である。

横浜の〝チャブ屋〟が裏特需で賑わっているという噂が私の耳にも届いた。当時の本牧は海側にカマボコ屋根の兵舎が並び、国道沿いの反対側は二階建てのホテル街だった。「スター」「レインボー」など、カタカナの屋号がずらり。ホテル街への出入りは制服の外国兵ばかりで、洋娼に馴れた私でも気後れがする。勇気を奮ってドアを開けると、「いらっしゃい！」。意外にも明るい声で迎えられた。玄関を入った先が広いホール、一方の壁際にバーカウンターがある。色とりどりのドレス姿をした女性たちが客のＧＩとグラスを交わし、ダンスを楽しんでいる。さきほどの明るい声の主が白いイブニングドレスのミツコだった。少し憂いを感じさせる美人。「私でも客になれるの？」。遠慮しながら彼女に聞く。「いいわよ。クロとシロ以外に、人種の差別はしないから……」。

カウンターの中年女性は、吉原で言えば、やり手婆さんに当たるらしい。「ミツコはロングタイムで二千円よ」と私に言った。ロングタイムとは二時間を指すが、この料金は吉原の中級の店の泊まり代だ。高いが、ミツコを気に入ったので指名する。ベッドで裸の体を並べたとき、「日本の男の人は初めてなの」とミツコが告白したのだ。彼女がいじらしく感じられ、それ以上の詮索はやめた。〝ホンキ〟に耐える様子にも心を打たれた。それで彼女のもとに通う決心をする。

二回目からは〝泊り〟にした。五千円の支出は大きいが、夕方の六時ごろから外出して恋人気分を楽しめる。ミツコは自ら打明け話を始めた。神奈川県で生まれ、三年前の二十歳の夏、近所の海岸でGIに犯され、蕾《つぼみ》を摘まれる。「それから二日して家を出た。死のうかと考えたけど、やはり〝アメ公（米兵）〟にヤラれた友達を頼って本牧に来たの」。チャブ屋には、売春の経験者よりも、ミツコと同じような動機で入る女性のほうが多いという。

（広岡敬一『戦後性風俗大系――我が女神たち』朝日出版社、二〇〇〇年）

チャブ屋「スターホテル」のミツコ（1950年当時）（広岡敬一撮影）

この時は、まだ広岡と面識はなかった。実際に会ってインタビューすることになるのは、四年後の二〇〇三年のことである。

そして昭和三十年代に入ると、「もはや戦後ではない」（一九五六年「経済白書」序文）というように、関外の中心地・伊勢佐木町通りでも昼夜を問わず、かつての賑わいを取り戻すことになる。

伊勢佐木町は、早い速度で高度成長期の波に乗った感があった。三十一年の伊勢佐木町（表通り）の店舗数は、各業種四〇一店舗を数えた。このうち最も多いのは、和洋服の仕立の一四・四パーセント、洋品、小間物が一三・七パーセントで、飲食業がこれについだ。また野毛と対比をすれば、野毛では飲食店が最も多く二〇・九パーセントで、この比較で伊勢佐木町の特徴は、衣類の店が多いことがいえる。〔……〕地区の発展をもたらすものに、飲食店はもとよりだが、映画館もまたそのための大きな要素である。この地区の映画館は館数一三、席（シート）数は七万七、九八〇席と野毛を抜いていた。

（『横浜中区史』第四章―関外地区）

一九五一（昭和二十六）年九月、サンフランシスコでの対日講和条約が締結されると、横浜港の管理権がアメリカから返還された。一九五七（昭和三十二）年には大桟橋《おおさんばし》の接収も解除され、多くの外国航路の船が入港し、港湾労働者の数は増加の一途をたどっていく。一九五八（昭和三十三）年五月、米軍兵士用クラブとして使われていた不二家ビルが返還され、伊勢佐木町での接収がすべて解除された。

そしてその一ヶ月前の四月には、売春防止法が施行され、戦後も特殊飲食店（赤線）として営業を続けた永真遊郭、そして本牧のチャブ屋も暖簾《のれん》をおろした。施行の一ヶ月前、『神奈川新聞』には赤線業者の廃業を伝える記事が掲載された。

■きょうかぎり赤線の灯消える——

売春防止法は四月一日から施行されるが、業者の転業や、従業婦の更生準備などで、きょう二十八日を最後に赤線の灯は消える。県下十七地区八百十四軒の業者、二千九百五十四人といわれる従業婦は、それぞれ新しい世界に一歩を踏みだすわけだが、転業といい、更生といっても、実際にはまだ緒についたばかりで、県売春対策本部でもあと一ヶ月間に全力をあげ指導する。この最後の日を前にして横浜永真カフェー街の特飲店従業婦で結成している横浜愛志会では二十七日永真カフェー組合で解散式を行った。……

解散式には約百名が出席、相沢永真カフェー組合理事長、和田寿署長、高橋県公安委員長か

横浜大桟橋の接収解除。右側の海に面した山下公園にはまだ米兵用住宅が点在する（横浜市史資料室）

ら激励のあいさつがあった。相沢組合長は「いままで同じカマの飯をくってきたので別れるのはしのびないが、更生のよい機会だから幸福を求めてほしい」といい、高橋氏は「さきごろ国会へ行って話を聞かれたが、防止法をつくった人たちも事情をよく知らずに法律をつくったことがわかった。赤線がなくなったあと、問題がおきればこれらの人たちの責任である。防止法より先に貧困を救う対策を作るべきであった。港をもつ船員たちの性の問題もあるので、なかなか難しいものをもっている。皆さんはこれまで親元へ送金を続けてきた孝行娘ともいえないことはない。これを誇りと考えてもよい。これからは生活も苦しくなるだろうが、日本女性としての誇りをもち、過去は過去として忘れて本当の幸せを築いてほしい」とのべた。

同特飲街はきょういっせいに廃業する。八十年の伝統をもつマガネチョウのフィナーレである。

（『神奈川新聞』一九五八年二月二十八日）

県の公安委員長が売春防止法への批判を口にし、娼婦（従業婦）を褒め称えているのが興味深い。売春は「必要悪」だという意識が、まだ残っていたのだろう。一方、非認可の特殊飲食店だった青線（黄金町ガード下）は、取り締りも緩かったようだ。その後は「ちょんの間」として売春が続く一方で、麻薬銀座と呼ばれ、一般人が立ち寄れない危険地帯となる。

昭和三十三年（一九五八）四月一日売春防止法施行。きわだったものは無くなったものの、ガード下を中心として、徘徊する女性はまだあとを絶たなかった。あやしげなバーや飲み屋は、「明朗会計の店」とはいうものの、あるときは、麻薬の取引き場であったり、秘かな売春の中継ともなった。三十七年頃になっても、たび重なる警察当局の取締にかかわらず、この地区の麻薬は依然としてはびこり、世のひんしゅくを買って、週刊誌のルポルタージュは麻薬専売地帯として、書きたてた。まさに戦後を象徴する社会問題となった。（『横浜中区史』第四章―野毛地区）

『横浜中区史』に記されている黄金町の週刊誌のルポルタージュを探すため、大宅壮一文庫へ赴いた。「雑誌記事索引総目録」という分厚い本を見ながら、目当ての記事を探っていくと、『週刊毎日グラフ』（一九六二年八月十二日）にたどり着いた。誌面には麻薬を打つ男女が活写され、とても生々しい雰囲気が伝わってくる。

私は麻薬の町を見た《横浜の密売地帯》青野義一カメラ・ルポ

私は全国一の麻薬密売地帯、横浜市中区初音町《はつねちょう》の京浜急行ガード下へカメラを向けた。

――よオ、まだかよー、三便はまだつかねえのかよー
――二十分たったから、もうくんだろうよ。あんたいくつ乗ったの？
――ふたつ。
――チェッ、たいしたことねえじゃねえかよ。ガタガタいわないでよ、おとなしくすわってなよ。

そんな会話が耳にとびこむ。ヨレヨレのGパンにゴムぞうりをはいた若い麻薬中毒者に私は化ける。午後七時、やみのおちかかるガード下の一画をさまよってみた。線路にそって流れる大岡川からたちのぼる腐臭。バラック建てのおでん屋や氷屋がひしめく家並み。彼ら、避難民のようにたむろした五、六十人の中毒患者たちはその一画にたたずんで動こうとしない。薬を待っているのだ。私には予備知識があった。だから彼らの会話がわかった。

彼らの取引きは予約先払い制で行なわれる。一口（〇・〇五グラム入り一袋）六百円の予約を百口集めると、使いの者——彼は売子《うりこ》と呼ばれる——が、自動車で秘密の場所へ薬をとりに出かける。その往復、それが〝便〟だ。金を払って予約を申し込むこと、それが〝乗る〟ことだ。

シルクセンター。ル=コルビュジエの影響を受けた建築家・坂倉準三が設計。彼はそのほかにも神奈川県立美術館、神奈川県庁新庁舎を手がけた

ここに麻薬が蔓延したのは、京急線の高架が大岡川沿いにあったのが一因だという。警察の手入れの時に部屋の窓を開ければ、すぐ下には川が流れているので証拠となる麻薬を

破棄できるなどの利便性があったのだ。

一九五九（昭和三十四）年、横浜開港百年の記念事業としてシルクセンター国際貿易観光会館（山下町一番地）が建てられ、時代の先端を行くビルとして話題を集めた。同年、横浜駅西口では、高島屋が開店すると、一九六四（昭和三十九）年にダイヤモンド地下街、一九七三（昭和四十八）年には横浜三越、相鉄ジョイナスも相次いで開業し、伊勢佐木町にとってかわる繁華街となった。

一九六〇（昭和三十五）年、米軍住宅が並んでいた山下公園の接収が全面的に解除となり、翌一九六一（昭和三十六）年には、クジラ横丁の受け皿だった桜木デパートが区画整理のため解体され、道路となった。東京オリンピックの三年前、日本は高度経済成長期の真っ只中だった。

11 町の変貌

一九六〇（昭和三十五）年七月、新港埠頭が全面的に接収解除されると、その翌年一九六一（昭和三十六）年八月には在港船が最高百四十八隻を記録し、開港以来、

この橋の下の新吉田川が埋め立てられ、大通り公園となった。奥は横浜橋通商店街の入口（横浜市史資料室）

商工業港としていちばんの賑わいを見せて絶頂期を迎える。

その後、海上貨物輸送が荷揚げ式からコンテナ船方式になると、大黒《だいこく》埠頭、本牧《ほんもく》埠頭が新たに造られた。そしてコンテナを船から運び出すガントリークレーンが設けられ、港湾労働者たちの多くが職を失った。

町も急速に変化していった。遊郭のあった永楽町、真金町と伊勢佐木町の間を流れる新吉田川（を含む周辺の運河）が、一九七二（昭和四十七）年に埋め立てられ、地下は市営地下鉄の線路、地上は大通り公園になった。

それから六年後の一九七八（昭和五十三）年、関所があった吉田橋の下を流れていた派大岡《はおおか》川の川床も埋め立てられ、首都高速横羽線となる。はかなくも開港当時の横浜の風景が、たった百年あまりという時間の中でもろくも消えていった。

また、かつて日本有数の繁華街として戦前は一日最高三十万人が行き交ったという伊勢佐木町も、横浜駅西口の発展に押され、客足が落ち込んでいく。一九七八（昭和五十三）年、「もう一度、活気のある町にしよう」と、伊勢佐木通りがモール（歩行者専用道）化されると、

派大岡川は埋め立てられて首都高速道路になった。右端に京浜東北線の高架、左端に伊勢佐木通りの入口にあるイセビルの看板「沖正宗」の一部が見える（横浜市史資料室）

街娼たちは客引きをする場を失ってしまう。その中にメリーさんがいたことはいうまでもない。町の発展とともに、彼女たちは〈仕事場〉をなくしていったのだ。

一九八〇（昭和五十五）年には三菱重工業横浜造船所が、石油ショック（昭和四十八年）に端を発した造船不況によって造船業から撤退。現在、その跡地は横浜ランドマークタワー、パシフィコ横浜、横浜美術館、クイーンズスクエア横浜や横浜ワールドポーターズなどの商業施設が立ち並ぶ「みなとみらい21」地区となった。

一九八二（昭和五十七）年、本牧の接収が解除されると、その後、「フェンス越しのアメリカ」はマイカル本牧などの商業施設や、日本人住宅として生まれ変わった。

一九八九（平成元）年、コンテナ車などによる交通渋滞の緩和のため、大黒埠頭と山下埠頭を結ぶ横浜ベイブリッジが開通した。それはかつて港湾労働者の人力に頼っていた横浜港が、近代的なコンテナ船方式となって時代に適応していった象徴ともいえるのかもしれない。

ここまで調べてきて改めて思うのは、横浜の歴史が日本の近代史だけでなく、現代史とも重なりあってくるということだ。そして、それは娼婦たちとともに歩んできた歴史でもあったはずだ。また昭和という時代の終焉こそが、メリーさんがこの町からいなくなった理由につながるのではないだろうか？　私の頭の中で点と点だけが無数に散らばっていた。ここから先は、町に出ていき自分の足で、それを一つずつ線につなげていくしかない。ようやくスタート地点に立った。ここからが本番である。

第3章 〈メリーさん〉の記憶

1 メリーさんからの花束

一九九九年七月中旬、アマノスタジオに赴き、森日出夫からメリーさんと関わった人たちを紹介してもらうことになった。「まずは山崎洋子さんとか、常盤《ときわ》とよ子さん、元次郎《がんじろう》さんかなあ」と森が手帳をめくっていく。そのほか、多数の名前が挙がったが、そのほとんどは初めて聞いた名前だった。まずは森が電話をして、映画への協力を呼びかけてもらった。その後、私が連絡をして順次、撮影する段取りである。私が用意したものは、企画書らしきものだけである。どういう形式で書けばいいのかわからずに散文に近いものになった。

〔仮題〕「白い娼婦　ハマのメリーさん」

〔企画〕ハマのメリーさん・白いメリーさん、横浜・神奈川で生まれ育った、あるいは住んでいる人ならば名前だけは聞いたことがあるのではないだろうか。

実際に見た人も少なくない。聞くと、その証言のほとんどが「背中の曲がった白塗りのお婆さん」「伊勢佐木町にいるけどフランス人形だと思った」「今はああだけど、実は華族出身らしいよ」など、表面的でつかみどころがなく、実際のメリーさん、本当のメリーさんを知っている人はあまりいない。証言のすべてが現実感がなく、噂の延長の域を出ない。例えていうなら、まるで横浜という街の風景を語るかのごとく、みんなが話し始める。しかし彼女の存在自体が明らかな現実であり、風景になることなどできない。第一、この近代都市として肥大化した横浜に、日本の戦後を引きずったメリーさんがいたというこの事実は、痛烈な風刺以外の何物でもない。どこから来て、どこに消えたのか？　メリーさんって本当は、何者なのか？　それはわからない……。では、これから作る映画のテーマとは？　私の興味、関心とは何なのか？　それは、今までメリーさんと関わった人たちである。それぞれが持つ自分の中のメリーさん。自身の人生の中でどういう関わりを持ったのかを話してもらうことで、横浜という町、そこで暮らす人々を記録できないか、残すことはできないだろうか。

「戦後史」「横浜」、あまりに漠然としたキーワードである。学校で習った記憶は、なくはない。しかし机上では感じることのできないこと。そして、いま確実に失われつつある戦中・戦後世代の言葉。声高に訴えるつもりは毛頭ないが、それはこの作品を制作していく上で必ず突き当たる問題だと思う。横浜という町、いやこの日本に、男たちを相手にして、たくましく生き抜いてきた一人の娼婦がいた。その記録を私なり

——に、何かしらの形で残したいと思い、取り上げることにした。

撮影を担当するのは、中澤健介。二年前、彼に話したことから、この映画が始まったことを考えると、すでに感慨もひとしおだ。二人でヨドバシカメラに赴き、ソニーのデジタルカメラVX1000と、インタビュー用のマイク、三脚、収録用テープなどを購入する。録音マンも呼びたかったが、お金も人脈もないので諦めた。万全の体制とはいえないが、一九九九年七月二十一日、私と中澤の二人だけでクランクインした。

中華街の外れにある雑居ビルに、モーターサイクルクラブ「横浜ケンタウロス」があった。飯田繁男、昭和十七（一九四二）年生まれ。ケンタウロスのボス、通称は大将。上背はそれほどでもないが、巨漢といっていい体軀。長く伸びた髪はネイティブアメリカンの長老のようだ。一九六四年、飯田のほか三名で横浜ケンタウロスを結成した。このクラブを題材にした漫画『ケンタウロスの伝説』が発表されるなど、その世界では有名らしい。そんな飯田にもメリーさんとの思い出があるという。

「メリーさんには、京急の黄金町駅で、初めてばったり会ったんだ」

「会ったというのは、見かけたということですか？」

「いや、声をかけられたんだよ。『ねえ僕、遊んでいかない？』ってさ」

「で、どうしたんですか？」

「そりゃ、逃げたよ（笑）。その当時から全身が真っ白だからな。まだ俺も純情だったんだ」

　時代は昭和三十年代、黄金町には青線もあった。巷には、米兵、パンパン、町の不良たちが溢れ返っていた。その当時、飯田少年から見てパンパンに対する印象はどうだったのか。

「単純にうらやましかったね。こっちは、ロクなもの食べていないのに、向こうはいいもんばっかり食べている。いつもお腹がいっぱいだから『パンパン』って呼ばれているって、みんな言っていたよ。当時の横浜、戦後のイメージってさ、GI（アメリカ陸軍兵）からもらったハーシーズのチョコレート、米軍の飛行機が離陸する時の生暖かい風、それにパンパンだったよ。とくにパンパンは、キラキラして見えたなあ」

　飯田のインタビューはオフィスで二回、東西上屋倉庫前の埠頭でも行った。私がまだインタビューに慣れていなかったこともあり、何度も同じ質問に答えて、つき合ってくれた。

「で、今度は何を撮るんだい？」

「ボスの日常というか、イメージを撮りたいんです」

「日常って、俺はバイク乗りだぞ」

　そんなやり取りの中から、飯田がバイクに乗って、横浜の街を走るシーンを撮ることになった。山下公園から、本牧埠頭まで距離にして約五キロ。撮影クルーは軽トラックを借りて、その荷台に乗り込んだ。森日出夫も「面白そうなことやっているな」と荷台に便乗し、シャッターを切った。そしてその撮影が終わると、また性懲りもなく四回目となるインタビューを行った。

「バイク乗りでな。高速（道路）で、三百キロで転倒しても死なない奴もいれば、公道でちんたら走っていて、コケて死ぬ奴もいる。不思議なもんだよな？」

「はい……」

「こうやって話していくことが重要なんだ。それはメリーさんの話だって一緒だと思う。みんながメリーさんの話をしているだろ。噂話だってある、虚々実々だ。だけどまったく意味のないことだったら、誰も話さないよ。こうやって皆が話をしていく。そして語り継いでいくと、不純なものが取れて、核心だけが残っていくんだ。何が残るのかわからない、まず話すことが大切なんだよ。あとは時代が判断してくれる」

あたかも納得したように頷いていたが、その時の私にはまだ理解しきれない話だった、と思う。しかし、その流麗な語り口には、不思議な説得力があった。

「元次郎さんには、会っておいたほうがいい」

森日出夫いわく、メリーさんを語るうえでは欠かすことのできない人物だという。

永登《ながと》元次《がんじ》郎《ろう》。本名、永登昭治《しょうじ》。昭和十三年、台湾生まれ。シャンソン歌手として、ビクターより三枚のアルバムを発表。そのかたわら、京急日ノ出町駅の隣にあるマンションの一階でシャンソン・ライブハウス「シャノアール」を営んでいる。私はその店内で話を伺った。

元次郎は、女性らしい仕草、喋り方で話し始めた。ゲイであることを公言しており、容姿以外は、女性そのものだった。

「最初見た時は、びっくりしましたね。だってあの風体ですから。で、周りからいろいろと話を聞いて納得したというか、元次郎も戦後、台湾から引き揚げてきたんです。だからメリーさんみたいに、まだ苦労している人がいるんだなあって」

「それから、よく会ったんですか?」

「よく町では見かけていましたけど、話すきっかけもないですしね」

元次郎がメリーさんを初めて見たのは一九七二年頃のことだ。その場所は横浜髙島屋の家具売り場だった。


売り物のベッドに腰かけていた白ずくめの彼女を見た私は、マネキン人形かと思い、近づいて驚いた記憶がある。メリーさんはそこでコックリコックリ居眠りをしていた。それから時折、夜の街で何度か出会った。横浜に古くから住んでいる人々はみんな彼女を見知っていて、かなりの年齢ということだった。私はなぜか彼女が気になっていた。いつか話を聞いてみたいと思っていた。

(平岡正明編『ハマ野毛』第四号、永登元次郎「元次郎33年の夢」、野毛地区街づくり会、一九九二年)


「どういう経緯で、知り合いに?」

「馬車道に関内ホールっていうのがあるんですけど、そこでちょうどリサイタルをやる、その日でした。楽屋入りをするお昼の十二時頃に劇場の玄関の前でばったり出会ったんです。そして思いきって声をかけました。ちょうど、ポスターを見てくれていたんですね。『メリーさん、今日ここで歌うから、もしも時間があったらね、聞きに来てくれませんか』って声をかけまして、そして招待券を差し上げたんです」

一九九一年に開催したリサイタルは、元次郎にとって初めての大きな舞台であり、関内ホールの千百席がすべて埋まるほど盛況だった。歌ったのは全部で二十曲、中盤に差しかかった頃、奇跡は起きた。

「来てくれたらいいなあ、元次郎は娼婦の歌を唄いますので、メリーさんに聞いてもらいたいなあ。そういう願いがありました。来てくれるかなあ、なんて思いながら唄っていましたね。そしたら最後、アンコールの前に皆様からお祝いの花束をいただく時にですね。メリーさんがプレゼントを持って、舞台まで来て下さった。その時は、感激しました。お客さまの多くも、メリーさんのことは知っている。メリーさんが登場されましたらね、一斉に拍手が起こったんです」

メリーさんからの花束を受け取り、「ああ、メリーさん!」と、思わず叫んでいた。手を握り合う街角の老娼婦と、ゲイのシャンソン歌手。横浜のマイノリティのアイコンともいうべき二人の出会いに、大きな歓声が沸き起こっていた。それから一週間後、すぐに再会の機会は訪れた。それは偶然ではなく、必然だったのかもしれない。

「リサイタルが終わって、一週間くらいした頃でしょうか。以前、馬車道(のアートビル)にユーリンファボリっていうお店があったんです。そのエレベーターの前で、バッタリと会いましてね。それで『先日はありがとうございました。いろいろいただきまして。お食事でもいかがですか?』って言ったら、『ちょっと私、今日は忙しいから』って断られました。『じゃあ失礼だけど、何かお茶でもお飲みになって』ってお金を渡そうとしたら、『そんなことしないでください。みんなが見ていますから』って、受け取ろうとしないんですよ」

町の噂では、ホームレスと同じだと言われていたメリーさん。しかし元次郎は、お金を受け取らない彼女と接して、よりいっそう興味を抱くようになる。

よく会うようになったのは、それからしばらく経ってからだった。場所は、伊勢佐木モールの入口にあったハンバーガーショップの「森永ラブ」である。

「馬車道の明治屋の上に、日仏学院っていう学校があるんです。私は、シャンソンを歌っているもんですから、フランス語を習わなきゃと思ってそこへ通っていたんですね。ある日（通学途中に）ふっと見たら、森永ラブっていうお店にメリーさんが座っていらした。

それで、ついついメリーさんの隣の席に座りましてね。『しばらくでした』なんて挨拶をして、世間話をしました。それから週に一回は、そこで会うようになったんです。だからフランス語は、ずいぶんサボりましたね」

「どんな話をしていたのですか?」

「きょうは寒いですねとか、暑いですねとかっていう話から始まってですね。ちょうどその時、メリーさん、絵を描いていらした。筆ペンで源氏物語絵巻を模写していたんですね。

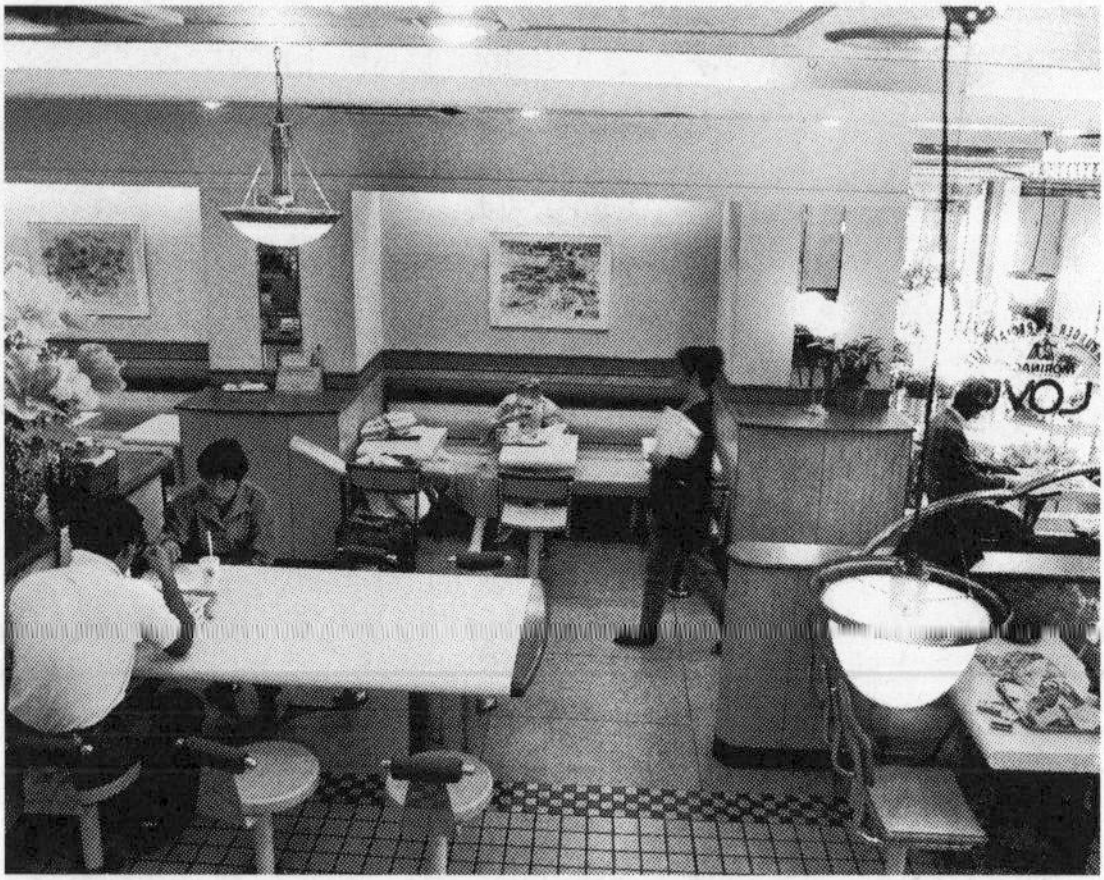
森永ラブのメリーさん（上下）（森日出夫撮影）
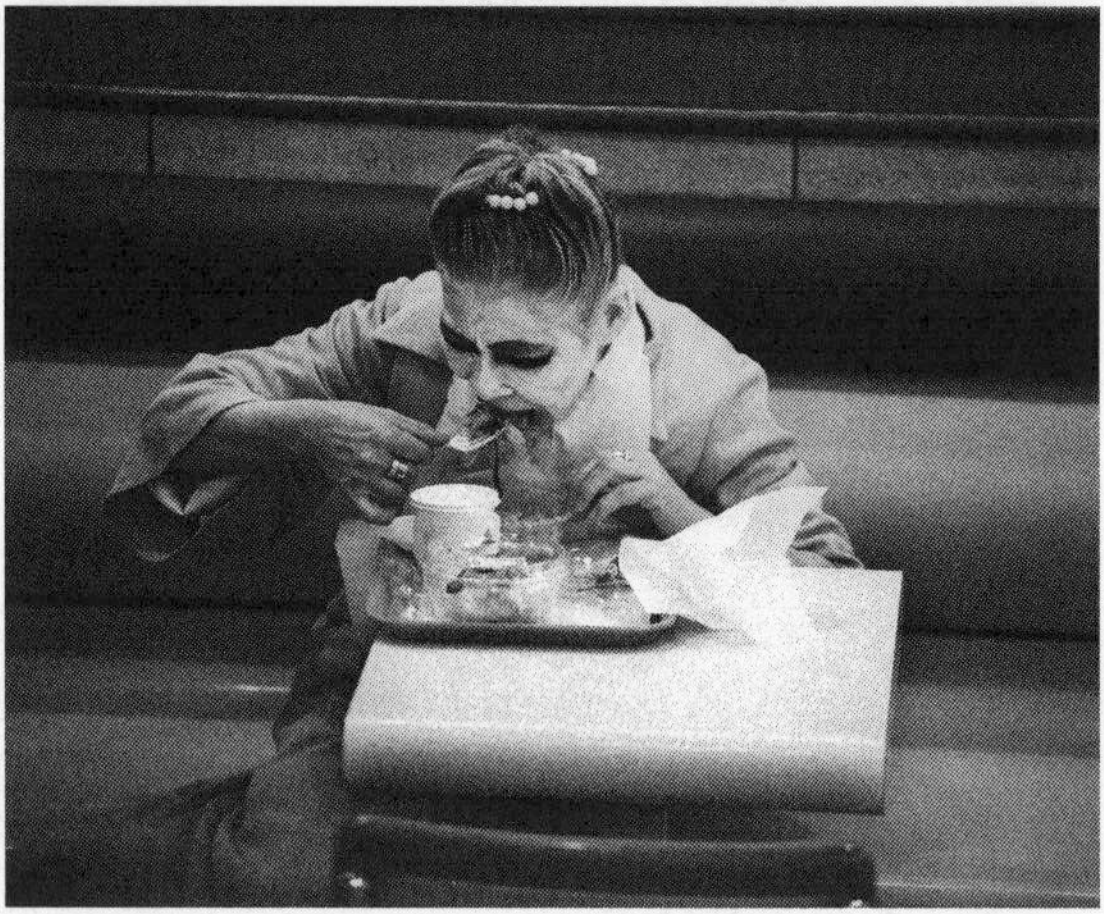

隣でずっと見ていましたけど、なかなか上手なんです。出来上がったら、一枚くれると約束していたんですけどね」

画廊や展覧会などにも、よく顔を出していたメリーさん。見るだけではなく、自分でも書道、絵画を嗜《たしな》んでいた。「将来、個展をやりたい。それが自分の夢」と語ったこともあったそうだ。

この時の二人の会話がテープに残されている。元次郎が、フランス語の発音練習のために持ち歩いていたテープレコーダーで録音したものだ。

元次郎「いいのができたら一枚ちょうだい」
メリー「描けましたらね」
元次郎「額に入れて、ちゃんとしてね」
メリー「難しいわ、わからなくなっちゃった」
元次郎「でもこのお人形さん、とてもきれいに」
メリー「昨日からやったの、これはねえ」
元次郎「上手に描けている」
メリー「あらら、はみ出しちゃったわ。オタフクみたい（笑）」
元次郎「でも良く描けている、大丈夫」

突然、お店から出ていったメリーさん、戻りを待つ元次郎。

それから数分後、メリーさんが両手に袋を抱えて帰ってきた。

元次郎「どこまで行ってきたの？」
メリー「待った？」

元次郎「何を買ってきたの？　何でそんなにいっぱい。何でそんなにお金使うの？」

メリー「これね、お土産よ」

フランス語が上達しないと悩む元次郎が、メリーさんに語学のことを聞いている。西岡はメリーさんの通称だった。

元次郎「西岡さん、英語なんかもう堪能なんでしょ？」

メリー「……」

元次郎「英語も難しいけどねえ」

メリー「ええ」

森永ラブでのメリーさんのお気に入りは、サケバーガー、コーンスープ。元次郎は、かならずメリーさんに差し入れをしていた。

元次郎「どうぞ熱いスープを」

メリー「サンキュ」

バーガーショップでの交流は、メリーさんが横浜からいなくなった一九九五年まで続いた。あの九一年のリサイタルから数えること四年が経っていた。一九九九年、私がこのテープを聞かせてもらった時、森永ラブは閉店し、バーガーキングになっていた。そして今は居酒屋になっており、メリーさんがいた頃の面影はもう残っていない。

また元次郎は、ただのお茶飲み友だちではなかった。「メリーさんの生活が少しでも楽になれば」との想いから、さまざまな行動を起こしていたのだ。

「お世話って言ったら、おこがましいことなんですけど、メリーさん、いわゆるホームレスをなさってますでしょ。それで『いま、いちばんほしいものは？』って聞いたら、『滞在するお部屋がほしいわ』なんて、ポツンとおっしゃったことがある。何とかそれを実現させてあげたいと思いましてね。だけどいろいろ法律の壁があって、元次郎は横浜の市民だと思うけども、そこに住民登録していないから住所不定になるんですね。そうしましたら生活保護を受けることはできない。横浜の市役所にもかけ合いましたよ。それでずいぶん、役所とは喧嘩したんですけどね」

「それで、どうしたんですか？」

「役所と話しても埒《らち》があかないから、まあ元次郎のポケットマネーをね。その日、何か好きなものをと思って、会うたびにね。でも裸じゃ受け取らないんですよね、ほんと気位が高いんです。で、ちゃんと祝儀袋に入れましてね、お花束って書いて。『メリーさんお花でも買ってね、飾ってね』って言ってね」

「メリーさんと一緒に暮らそうとは？」

「それはないんですけど、『遊びにいらっしゃいよ』って、ここ（シャノアール）に呼んで、食事を作って、お風呂にでも入れてあげたいって思って、誘ったことがある

森永ラブにて、元次郎と記念撮影（永登元次郎蔵）

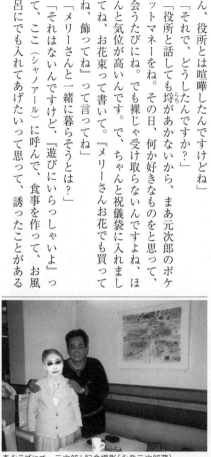

んですけど、『ありがとう。でも今日はお風呂に入っていないから、また今度ね』って色っぽく言われましたね。元次郎のこと、お客と勘違いしたのかなあって。ずいぶんと色っぽく言われたんですよ（笑）」

一九九〇年代になると、メリーさんの娼婦としての仕事は多くはなかったようだ。私が取材した限りでは、メリーさんに声をかけられた日本人の紳士が一緒にホテルに入り、世間話をしてホテル代とお金を置いて帰っていく。メリーさんに一晩、ベッドで安眠してほしいという紳士の心遣いだった。元次郎だけではない、ハマっ子たちに、メリーさんは支えられていた側面もあった。

2 元次郎三十三年の夢

元次郎から「興味があったら読んでみて」と、タウン誌『ハマ野毛』を手渡された。その中に、自らの半生を書き綴った「元次郎33年の夢」が掲載されているという。直接、メリーさんには関係ないが、私に読んでほしいようだった。

私は港町が好きだ。神戸で育ったせいでもあるが、とくに下町が好きで野毛地区日ノ出町に住んで二十年が過ぎてしまった。野毛は私の故郷だと思っている。今年五十四才だから、かれこれ三十年間、神奈川県に住まわせてもらってる計算だ。人間五十年も生きてくるといろんな過去が出来てくるものだ。消しゴムで消せるものなら消してしまいたい。隠せるものなら隠し通したい。でも自分自身に隠すことができない思い出がある。

子供の頃から唄が好きで、終戦後、毎日ひもじい思いをしていた時でも大きな声で唄を歌っていた。十代の半ば、神戸西ノ宮にあったレコード会社、日本マーキュリーの歌謡学校へ通い、スターになることを夢見ていた。十九才になった時、突然その会社が閉鎖されてしまった。もうレコード会社は東京にしかない（昔は歌手といえばレコード歌手のことで、歌手になるにはレコード会社に入らなければならなかった）。東京に行ってチャンスを見つけ、レコード会社に入りたい。東京に行けば何とかなるだろう。親に言えば反対されるのは分かりきったこと、家出するしかない。歌手を夢見て東京へ出て来たのは、たしか満二十才の春のことだった。

この時、元次郎にはつきあっている恋人（男性）がいた。互いに未熟ながらも真剣だった。しかし地元の神戸では、周囲の目もある。二人でどこかに行きたい。燃え上がる二人の気持ちは誰にも止められずに、駆け落ちのようにして上京した。寝台列車に乗っての逃避行だったという。

しかし、恋人との同棲生活は長くは続かなかった。相手の男性には、元次郎のように夢があったわけではない。昼間は理容室、夜はクラブでバーテンとして働く元次郎。目的もなく、だらだらと過ごす恋人。目的が違う二人の関係が壊れるまでに、そう時間はかからなかった。一人になった元次郎は、夢中で働いた。どうすれば歌手になれるのかもわからずに、ただ焦りだけが募っていったという。すでに、上京して数ヶ月経とうとしていた。

ある日（クラブの）マネージャーに自分の夢を話した。「作曲家の知り合いはいないけど、歌手になるんだったらいろいろな経験があった方が良いだろう。自分の友人が新宿松竹で劇団をやっている。とりあえず紹介してやろう」と、面接に連れて行かれた。ビルの地下に下りて楽屋を訪ねた。細長い部屋の奥に目のギョロッとした口の大きな男の人が白髪のおばあさんのかつらをかぶり支度中だった。その人が座長の石井《いしい》均《ひとし》さん、のちに西川きよしさんの師匠にもなる人だった。

「やあ、いらっしゃい」「初めまして永登です。よろしくお願い致します」

私はピョコンとお辞儀をした。

他に財津一郎さん、伊東四朗さん、先年亡くなったてんぷくトリオの戸塚睦夫さん、それに女優さん三名など、全部で十人ほどの喜劇の劇団「石井均一座」だった。

「いつからでもいいから来なさい」「ハイありがとうございます、さっそく昼間の仕事を整理して来させてもらいます。よろしくお願い致します」

さっそく昼間の仕事を断って一座に加えてもらった。あたり前のことだが座員の誰よりも早く楽屋入りし、化粧前の鏡を拭き、部屋の掃除をし、みんなの来るのを待ち、舞台の袖からみんなの芝居を観て自分で演技を見て憶えるという毎日だった。

一番困ったのは、関西弁がとれないこと。せりふをもらってもどうしても関東弁ができない。今のように関西弁が幅をきかせていない時代のことである。舞台に出してもらっても、セリフのない役、仕出しというのだが、これでは給金はもらえない。昼間の仕事はできないし、夜の仕事の給料は八千円、アパートの家賃が三畳で三千円、残り五千円で一か月生活しなければならなくなった。これではとうてい無理というものだ。もっと稼げる夜の仕事はないものかと、探すのだが見つからない。生活にもだんだん疲れてきた。春に、東京に行けばすぐに歌手としての道が開けるなどと、大きな夢を抱いて神戸を後にした自分だけの甘い考え。もう新宿の街にも木枯らしが吹いていた。街を歩く自分の体の中も風が舞っていた。そんな時、枯れ葉に混ざりふと足下に一枚の新聞紙が絡みついた。何気なくそれを拾い、目にした時、その活字だけが大きく目に入って来た。

「美少年求む、高給優遇」

私はその新聞に書いてあった電話番号を破り、番号をまわしてみた。

「新聞広告、見て電話しました」「すぐに面接に来て下さい」

面接に行き、仕事の内容の説明を受けた。その店は、男が男に体を売るという会員制の店だった。一晩つき合うと一万円にもなるという。大いに抵抗はあったが、もう質種《しちだね》もなく、乞食、泥棒はできない。自分の体を売るしかなかった。今のようにコンビニエンスストアなど深夜のアルバイトなどない頃のことであった。私は思い切って勤めることにした。えいままよ。「殺されてしまうわけでもないんだし」

ところがこれも甘い考えであった。自分の自由なんてまるでない世界。売れる日もあれば売れない日もある。売れれば売れたで朝まで眠らせてもらえないことが多い。当然劇場への出勤も遅刻ばかり。だんだん劇団にも行きづらくなり、そのままやめた形になってしまった。劇団の人たちにあんなに親切に優しくしてもらったのに申し訳ない気持ちでいっぱいだった。〔……〕一通りのお客とつき合うとだんだん売れなくなってくる。働けば働くほど腹もすく。着る物にもお金がかかる。お金など全然たまらなかった。お金ってそんなものかもしれない。

元次郎が上京してきたのは、一九五八（昭和三十三）年。前年には、「シスターボーイ」と呼ばれた丸山明宏《まるやまあきひろ》（美輪《みわ》明宏）が、フランスのシャンソン「メケメケ」（ジルベール・ベコー作曲）を日本語でカバーして大ヒットを記録していたが、ゲイに対する社会の偏見は、まだ厳しいものだったという。

ある年のクリスマスイブだった。その日もやはり売れないで（お茶をひく）、空腹を抱え家路に向かっていた。部屋は新宿百人町にあった。コマ劇場のずっと奥、新大久保に近いところで、帰りはいつもコマ劇場の正面を通って帰る。その日、歌舞伎町の裏通りを歩いていると、レストランの裏口のごみバケツの回りに何人かの乞食がたむろし、まだ湯気の出ている客の残した料理をおいしそうに食べている。ふと自分も仲間に入ろうかと気持ちが揺れた。おなかがグーッと返事をする。でもそれをやったらやめられなくなると聞いている。

「お前、頑張るんだ。何のためにすべてを捨てて、家出までして来たんだ」

もう一人の自分が叫んだ。ふと気づくとコマ劇場の前まで来ていた。そこは広場になっていてベンチと水飲み場がある。私は水を腹一杯のみ、ベンチに腰かけた。まだ街にはジングルベルが聞こえている。一人の男が声をかけてきて横に座った。目がギョロッとしてひげの濃いがっちりした、でも言葉つきは優しい人だった。私は今までのいきさつを話した。

「川崎においでよ、稼げるから」「どんな仕事？」「あんたが今やってることと変わりないけど女の格好をして客を引くの」〔……〕

私は川崎に行く決心をした。あくる日教えられた待ち合わせの場所を訪ねた。それは東京の西のはずれ京浜急行六郷土手《ろくごうどて》の駅だった。彼の後を歩いていった。踏切を渡り、線路沿いに少し蒲田《かまた》方向へ行ったところに、太陽荘という簡易宿泊所があった。そこの一部屋が今夜からの私の寝場所になった。かなり大きな建物だった。幾部屋もあり、いろんな職業の人が住んでいた。ほとんどの人がその日暮らしの人だった。社会の落ちこぼれの集合場所だった。でもみんな優しく人情家たちだった。

明日の晩から仕事に出ることになり、安物の衣装をそろえると、手元に残ったお金は二百円になってしまった。そろそろ消灯の時間だ。ここは午後九時に電源が切れてしまう。あとはローソクを使った。今夜はぐっすり寝よう。せんべいのような貸ふとんに横たわって、手足を思いきり伸ばし目を静かにつぶった。もうすぐ今年も終わる。

生まれて初めてのこんな一人の生活、これから自分はどうなって行くのか。今年一年を振り返り、どう考えてみても歌手になることは不可能のように思えた。涙がとめどなく流れ、枕をぐっしょりぬらし、眠れなかった。

明日から頑張っていこう。

当時の川崎は、高度経済成長を支える京浜工業地帯の中核であり、花街だった堀之内《ほりのうち》の夜は、工場で働く労働者で溢れ返っていた。元次郎は、その当時を振り返って、「日本鋼管（現・JFEホールディングス）の工場があってね。そこのお客が多かったわね。遊ぶ暇もなくて、みんな朝から晩まで働いているでしょ。休みや仕事帰りに堀之内に来るのよ。そこに立って待ち構えていたのが私ってことなのよ」

元次郎の源氏名は、ゆりこ。ゆりの花のように美しいという意味で名づけたそうだ。

あくる日リーダーから仲間を紹介された。七人いた。リーダーと自分を入れると九人になる。支度をして外に出た。寒い夜だった。リーダーを先頭に歩いて六郷橋を渡って川崎に入る。まるでカルガモの親子みたいだ。橋を渡り切ったところがかのソープで有名な堀ノ内だ。その頃はソープは一軒もなかった。この街は昔、赤線があった場所だった。小さな料理屋風の店が通りの両側に並んでいる。粋な円窓があって、赤い照明のなか、女の人たちが通りを通る男たちに愛嬌をふりまいている。そんな通りが縦横とずいぶんあった。若い人も年増の人もみんな美人に見えた。ずいぶんにぎやかな街だった。

私は一通りの教えを受け、街角に立った。（当時、夜の女たちも五十人くらいは外に立ち客を引いた。時には喧嘩もするけどみんな仲良しで、兄弟姉妹のようだった）。

私はできるだけ暗い場所に立った。向こうから男が歩いてきた。だけど声を掛けようと思っても声が出ない。何人もの男が目の前を通り過ぎて行く。とうとう一人もお客にすることができなかった。うっすらと空が明るくなってきた頃、みんなの集合場所のおにぎり屋に集まる。

「だめでした」

リーダーは、「しようがないね、しっかりおしよ、明日から頑張るのよ」

おにぎりをごちそうになり、また一列に並んで六郷橋を渡り、ねぐらの太陽荘に、

しかし私には暗やみ荘に思えた。

「出会った時が勝負なの」。元次郎は、そう言っていた。女装をして街角に立ち、男の人たちに声をかける。相手はゲイでもなんでもないノンケ、異性愛者である。どうやって、相手に女性だと信じ込ませるか？　それは、すれ違うときに相手の目を見る、その一瞬で決まるという。一度、信じると、たい

川崎・堀之内時代の元次郎（永登元次郎蔵）

ていの男たちは疑うことをしなかったという。

「男性だってバレたことはなかったんですか？　だって、裸になればわかりますよね？　おちんちんもついているんだし」

「昔の男性は、純情だったのよ。部屋を真っ暗にして、『恥ずかしいから、下（半身）は駄目』って言うと、誰も触らなかったわ」

手に桃の花クリームを塗って、後ろから股を通して女性のアソコを作り、男性のモノを導く。手は緩急自在だから、男性をコントロールするのも容易だった。

「それでもね、時どき、タイプの男性が来ると、仕事を忘れて燃えちゃってね。相手も興奮してきて、私もちょっと気持ちが緩んだのかしら、大きくなっちゃったの。それで向こうが私のおちんちんを触っちゃったら、ないはずのものがあるんで、飛び上がって驚いていたわね」


あれから三年を迎えようとしていた。仲間に励まされながらだんだん一人前になってゆく。今ではアパートも借り、お金も少しは貯まり、人並みの生活ができるようになっていた。東京オリンピックの前年、昭和三十八年の春だった。街にも活気が出てきて、東京では高速道路の工事が進み、あちらこちらに工事中の高層ビルが建ち並んでいた。

オリンピックには、全世界から人々が集まってくる。あの終戦後の時代を思い返した時、考えもつかないほどすばらしい日本国になっていた。しかし我々には困った問題が起きた。男が女の恰好をしてうろつかれては日本の恥だとばかりに、誰が作ったか知らないが、法律ができた。市条例売春類似行為の禁止。

もう街には立てなくなる。


元次郎にとっては、この条例が分岐点となった。

「市の条例ができるまではね、警察の人たちとも仲良くやっていたのよ。あんまりお客がつかない時なんて、顔見知りの若い警察官がね、パトカーに乗せてくれて、一緒にドライブに行ったりしてね」

警官が運転しているパトカーに男娼らが同乗して騒いでいるなんて、嘘みたいな情景である。今では考えられない、おおらかな時代だった。しかしそんな日々も風前の灯火となり、元次郎は途方に暮れるのだった。


そんな時、ある人の紹介で段ボール会社の女社長という人と知り合った。

彼女は言った。「そう困ったわね、ところでいくらぐらい持っているの」「三十万貯めたんだけど」「それじゃ私に投資すれば月五分の利息あげるわ」

私は考えた。これから新しい仕事をするにしてもアパートの家賃は一万五千円はかかる。利息は五分で一万五千円、元金は減らないし家賃分だけでも確保すれば食っていくのも楽だ。

「それじゃ、投資します」

彼女に三十万渡すと、「これ来月分の利息、先に渡しとくわ」彼女は三十万の中から私に一万五千円くれた。私は何だか儲かったような気分になった。

私は新しい仕事に就くことにした。今まで使っていたポーラ化粧品のセールスマンに相談し、セールスの仲間に入れてもらい、知り合いのところからセールスを始めた。これもまた大変な仕事だった。知り合いを全部ひと回りしたら、知らない人に訪問販売しなければならなくなる。そうなると安定した収入は期待できない。それだけに利息の収入は支えになった。

次の利息の受け取り日、七月二十五日が来ても彼女は利息を持ってこなかった。次の日、私が工場を訪ねると、そこはもぬけの殻だった。目の前が真っ暗になった。夏だというのに体がガクガク震えて止まらなかった。もう生きて行く気持ちがなくなってしまった。死んだ方がずっと楽に思えた。その頃、仲間たちの何人かは、北海道、東北と条例の敷かれていない街へ商売しに出かけていた。私はもうその気になれなかった。八月一日から法律が施行される。明日だ。私は生きて行く力がもう失せていた。

今夜死のう。どうやって死ぬか、その方法は後で考えよう。私は今まで家族との生活をほとんど味わっていない。仲間たちを兄弟、リーダーを親と感じ仲良くやって来た。淋しかった。死ぬ前に残った仲間たちに会って、それから死のう。私は残った仲間を訪ねて、みんなに感謝した。この二年間ありがとう、心の中でそう言い、別れを告げ、アパートに戻った。

「大変よ、どこへ行ってたの」「友達のところ」「お父さんが危篤なのよ」

同じアパートの住人のおかみさんたちがあわてている。私は電報を見せられた。

「チチキトクスグカエレ」

なんてことだ。今から自分が死のうと思っているのに。

おかみさんたちは、「とにかく帰ってあげなさいよ」と口々に言う。

「でも帰る旅費もないいんです」「私たちが貸してあげるから帰んなさい」「すみません」


元次郎の父は戦前、台湾で建設業を営んでいた。終戦と同時に家族と一緒に引き揚げてきたが、台湾で築き上げた財産はすべて没収されてしまい、日本での生活は困窮を極めたという。なにより妾《めかけ》だった実母は、父とは別々の生活を余儀なくされた。しばらくして元次郎少年は、実父の元に行くことになる。本妻に男の子がいなかったため、跡継ぎとして迎えられたのだ。「その時からかしらね。相手の顔色を窺うようになったのは……。いまでもその癖は抜けないわね。だって永登の家からしてみたら、私は妾の子でしょ。ちょっとでもみんなから気に入られようと思って、子供ながらに必死だったわ」

しかし、そんな生活も長くは続かなかった。ある日、実母に会いたくて家を出たのだ。母と妹の二人がいれば、あとは何も要らない。それが元次郎少年の唯一の願いだったという。

父とは生まれて三年間だけ一緒に暮らした。訳があって母とは別れて生活していた。広島の人だった。父はゴウコウいびきをかいて寝ていた。何を言っても返事がないのは、脳溢血だった〔からだ〕。一週間たった八月六日午前八時十五分、息を引き取った。

この日のこの時間は広島市民全員が黙禱《もくとう》を捧げる時間、原子爆弾が世界で初めて広島に投下された時間だ。父も私も原爆に遭っていなかった。台湾に住んでいたためで、父の兄弟たちは全滅だった。私は父の兄弟たちが迎えに来たんだと思った。暑い暑い日だった。アブラゼミの灼けつくような鳴き声の中、父の遺体を火葬場で焼いた。なぜか涙も出なかった。骨を拾う時、一瞬涼しい風がスーと吹いた。灰が飛んだ。長い六日間だった。私はその時、死のうという気持ちはなくなっていた。父は私に親らしい事はしてくれなかったけど、死んだらこうなると教えてくれたような気がした。

――「おまえはもっと生きて幸せをつかむんだよ」と。

もう一度頑張ろうと私は心に誓った。いくらかのお金をもらい、私は川崎に戻った。だまされたお金はあきらめよう。だまされた自分にも非があったことに、この時初めて気がついた。一生懸命働こう。お金は後からついてくるものだ。利息で儲けようなどと思った自分が悪かったと。

九月に入ったころ、小さな店を出した。広島からもらってきたお金と幾人かの人達の援助で、三坪ほどの小さな店だった。時間など関係なく、お客様がいる限り何時までも働いた。十月になると初めて日本でオリンピックが開催された。街はオリンピック一色だった。オリンピックが終わっても街には活気があった。景気が良く、私の店にもお客があふれていた。店も手狭になり、隣の空き店も借りて広げていった。従業員も一人増え、二人増えで、十三人にもなっていた。客層は、若い子から年配まで（十八〜七十歳）バラエティに富んだ楽しい店だった。運が向くという言葉があるが、どんどん商売の方は良くなってゆく。だけどこのままでは飽きられる時が来るのではと、私は稽古事を始めた。店の者全員にまず、日本舞踊を習わせ、自分でもお手前に始まり、長唄、小唄、手習い、日本画と、技だけでなくお稽古に来ている先輩たちの立ち居振る舞いすべてを学んだ。中学しか出ていない私にとって、とても助けになった。またお客様からもいろいろ学ばせてもらった。銀行、取引他もろもろ、私の回りには本当に素晴らしい人達が私を囲んでくれた。自分の家も手に入れ、また事業も増やしていった。

十一年経った時、私はこの店を、右腕となって働いてくれた者に譲り、横浜に進出してきた。

元次郎のお店「かっぱ」は、現在も営業を続けている。店を仕切っているのは、〈右腕〉だった増田《ますだ》毅《たけし》。元次郎の長女だ。

「長女といっても、血のつながりはないのよ。この（ゲイの）世界での話。お店をお母さん（元次郎）が作って、最初に入ってきたのが私だったの」

当時の元次郎について増田に聞くと、「とにかく厳しかったし、短気だった。ある時なんて、店の子を二階から突き落としたこともあったくらい」

そして男関係は、とくにうるさかった。元次郎のお気に入りやボーイフレンドと仲良くしようものなら、容赦なく怒られたという。

「もう困っちゃうわよね。盛りがついているんだから、あの人（笑）。横取りなんかしないって。趣味が違うんだからね」

増田はそう言って、元次郎との思い出を懐かしんだ。

横浜には以前からたびたび遊びに来ていた。友人も多くいたし、何よりも横浜に憧れていた。そして特に好きだった野毛界隈に、シャンソンライブハウス「さろん童安《どうあん》寺《じ》」を開いた。「童安寺」という名は、どんなお金持ちも貧しい人も、童のような心を持ち続けて安らぎを求めて集まってほしいという願いからだった。私はこの店を中心に、長年の夢だった歌手としての活動をスタートさせた。

そして四年前（昭和六三年）、私はこの大好きな街で歌手としてデビューコンサートを開いた。ホールを借り、これまで練習を繰り返してきたレパートリーの数々を初めて五百名以上のお客様の前で披露した。五十歳になって初めてのコンサートだった。

――真っ暗な会場のスポットライトが一筋舞台を照らす。私はその中に立って歌っている。曲が終了、会場の割れんばかりの拍手。私は足が宙に浮いて来ようとするのを力一杯踏んばって深呼吸した。少年の頃の夢をやっと三十三年かかって実現する事ができたのだ。あれから淡谷のり子さんとの四回のジョイントコンサート、そして昨年はビクターからアルバム『心のシャンソン』とオリジナルの横浜の歌、『ヨコハマタンゴ』、『ヨコハマベイブリッジ』（オリジナルは山上路夫作詞、鈴木庸一作曲。作曲者は昔『伊勢佐木町ブルース』をヒットさせた人だ）を発売することができた。

淡谷のり子と元次郎との出会い。それは「さろん童安寺」（シャノアールの前身）で、淡谷がライブをしたことがきっかけだった。最初、淡谷は店の前まで来て、入店するのを断り続けたという。

「あんなゲイのいるところで歌いたくないわ」

それでもスタッフの説得でライブは無事に終了。また元次郎と会って、その人柄に惚れ込んだ淡谷は、その後、ジョイントコンサートするほどまで、親密になっていった。

「元次郎の、この大根を食べないと新年が迎えられない」

毎年暮れになると、淡谷は、元次郎お手製のふろふき大根を自宅まで届けさせていたという。その交友は一九九九年九月、淡谷がこの世を去るまで続いた。

——私は毎年、野毛の大道芸に出演させて頂いて

淡谷のり子・元次郎ジョイントコンサートの様子（永登元次郎蔵）

いる。大道芸は私にとってもっとも勉強になる場である。シャンソンは大衆芸能であり、貧しい庶民の心を歌にしたもの。かのエディット・ピアフも貧しい大道芸人の家庭に生まれ育ち、自らも街角に立ち歌っていた少女時代があり、それをキャバレーの経営者がスカウトしてのちに大スターになったという。シャンソン歌手といって気取ってなんかいられない。どんな偉そうな批評家たちより大道芸を見に来て来れるお客様の目や耳は確かであると思う。何度か出演しているうちに、私はお客様の目がスポットライトだと思うようになった。その目に映る自分が輝いていなければ、わざわざ立ち止まって唄を聞いてくれないからだ。

これからも命ある限り、大道芸に出演して歌います。みなさん、ありがとうございます。

（平岡正明編『ハマ野毛』第四号、永登元次郎「元次郎33年の夢」、野毛地区街づくり会、一九九二年）

野毛大道芸は、一九八六年から始まった大道芸の祭典である。もともと野毛は戦後、ヤミ市として賑わい、桜木町駅が国鉄の終点であった頃までは、活気ある飲食・商店街だったが、（三菱重工業）横浜船渠の閉鎖、京浜東北線の路線拡大などにより、次第に町が寂れていったという。その打開策の一つとして始まったのが、大道芸だった。一九九四年までは春と秋の年二回の開催。九五年からは年一回となった。

年々、観客動員も増えていき、二〇〇四年には来場者百二十八万人を記録。日本では最大級の大道芸イベントとなった。野毛の最寄り駅のひとつ、京急線日ノ出町駅の近くに店

〈シャノアール〉を構えていた元次郎は、一九八八年から十五年間、一度も休むことなく出演していた。

この資料を読み終えると、なぜ元次郎がメリーさんに惹かれたのかが腑に落ちた気がした。戦後の混乱期を生き抜いてきた街娼という境遇が重なり、共感したのだろう。しかし、もっと深く痛切な想いがあったことを、その後に私は知ることになる。この時から私の映画は静かに胎動し始めていた。

気がつけば、もう八月の中旬だった。撮影のペースは悪くないし、お盆明けの撮影スケジュールもギッシリと詰まっている。そんな矢先のことだった。

「あのさ、俺、仕事が入っちゃったよ」

撮影を担当していた中澤が、とんでもないことを言い出した。(劇映画の)撮影助手の仕事が入ったというのだ。そんなことを急に言われても困る。必死に説得を続けたが、中澤の意思は変わらなかった。

一旦、撮影を中断すべきか？と逡巡するも、これから撮影する対象者たちの顔が次から次へと浮かんでくる。今さら、途中で放り出すことなどできなかった。次の撮影が数日後に迫っていた時、知人の紹介で代役が決まった。

山本直史。松竹大船撮影所の撮影部で働いた後、今はケーブルテレビなどで、ドキュメンタリー番組のキャメラマンをしているという。

「ギャラは今は出ません。アゴアシ代(食費、交通費)も出ません。だけど興味があれば、参加してください」

初対面にもかかわらず、ひどいお願いだったが、実際、お金は底をついていた。当初、用意していた資金は、撮影を始めて半月ほどで消えていった。目論見があまかった。ドキュメンタリーだから、お金がかからないと、高をくくっていたのだが、日ごとに万札が消えていく。これはヤバいと思った時には、もう手遅れだった。

3 メリーさんのライバル

馬車道にあるアートビル。この一階のベンチは、メリーさんの指定席でもあり、私がメリーさんと、初めて遭遇した場所でもある。『PASSハマのメリーさん』の中でも、ここで撮られた写真は多い。洗面台に向かって化粧をするメリーさんの写真は、二階にあった文具店ユーリンファボリのトイレで撮られたものだ。その時のことを、森日出夫に聞いてみた。

「うちの娘から、電話があってね。『お父さん、いまメリーさんがユーリンファボリのトイレで寝ているよ』って。それで急いで行って。まず娘に、ほかの女性がいないか見てもらってね。それから撮ったんだよね」

アートビルのオーナーであり、ビル一階に店舗を構える「アート宝飾」の代表、六川勝仁《ろくかわかつひと》。町での聞き込み取材によると、彼は「メリーさんにとって恩人の一人」のようだ。その理由について、アートビルの最上階にある六川のオフィスでインタビューをした。

「じつはメリーさんから、お中元とお歳暮の時期に、いつも届けものがあったんですね」

メリーさんは律儀に年二回、贈り物をしていた。しかし、あの全身真っ白の老婆から届く品物に、最初は抵抗感もあったという。

「風体がああいう方なんで、やっぱり気持ち悪いと思っている方もいらっしゃるんです。で、うちの社員の中にも『また届いたぞ』という感じで、二、三年分くらい溜まっていたのかな？　まとめて開けたことがあって、中味はタオルだったんですけどね」

なぜ、メリーさんはアートビル一階のベンチを好んだのか。メリーさんの指定席に座ってみると、それがわかった。後ろを向くと「アート宝飾」のショーウィンドウがある。煌《きら》びやかな宝石を背景にベンチに座るメリーさん。自己演出として、この場所を選んだのだろう。しかし、それだけではない。関内センタービルにあった毛皮屋の店員から、こんな話を聞いたことがある。

「メリーさんには、『商品には触らないでください』って言っていました。すごい香水がきつくて、匂いがついちゃうんです。通っただけでも、しばらく匂いが残っていたくらいだから」

時代とともに、出入り禁止になったビルが多かったというが、六川はメリーさんを拒むことはしなかった。

「いろいろなビルから追い出されている中で、うちのビルがそういうことをしなかったと

アートビル1階のベンチで。
メリーさんの指定席だった（森日出夫撮影）

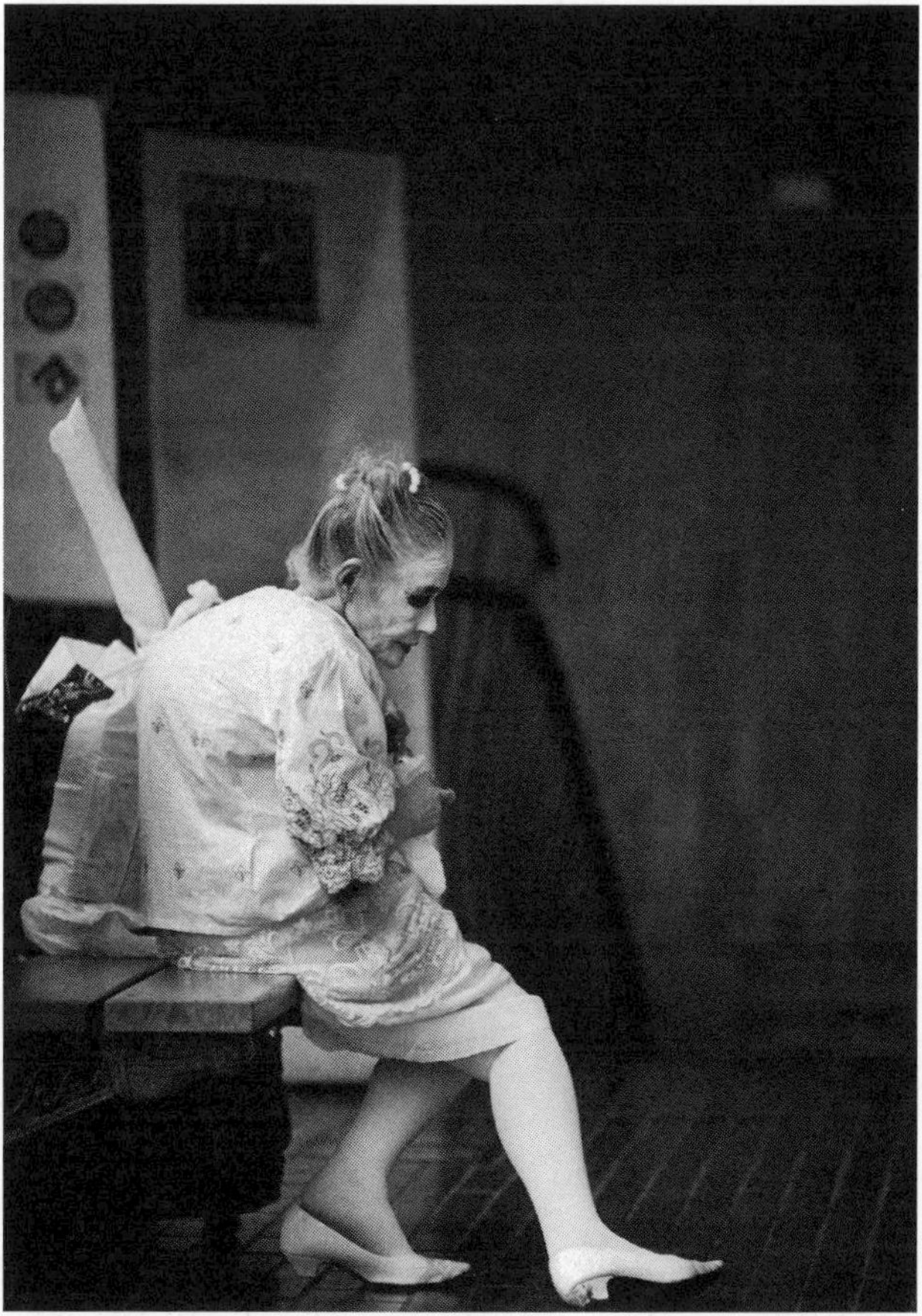

メリーさんが座っていたベンチはすでに撤去されたが、
アート宝飾によって保存されている（森日出夫撮影）

いうこともあって、メリーさんの気持ちの中ではね、ありがとう、ということだったと思いますけどね」

「それでお中元、お歳暮を？」

「そうですね、ええ。最初は驚きましたよ」

もし、ずっとメリーさんが横浜にとどまり続けたら、どうなっていただろうか？　すでにアートビルの指定席だったベンチは取り外され、一階の「アート宝飾」の店舗は「スターバックス　コーヒー」へと変わった。その答えは火を見るより明らかだろう。時代が、そして町が、メリーさんの居場所を奪っていったのだ。

八月二十三日。元次郎にある女性を紹介してもらった。三浦八重子、昭和三年生まれ。伊勢佐木町の街角に立ち、メリーさんのライバルだった人だ。三浦は十七歳の時、福岡市で終戦を迎えた。その時のことは、いまでも忘れることができないという。

「力が抜けたっていうか、終わったっていう感じかな。生活の苦しさもあったからかもしんないな。終戦の日、女学校の時の先生に手紙を出したんですよ。『新しい日本を築くために頑張ります』っていうのを書いた覚えがあるんですよね」

家の事情で父親はいなかった。母親と弟二人のために、三浦が一家の生活を支えることになる。そして高等女学校時代の友人の伝手《つて》を頼って働き始めたのが、福岡市から約七十キロ離れた小倉の進駐軍専用のキャバレーだった。

「そのキャバレーは厳しかった。(テーブルの)下に手を入れちゃダメなの。兵隊も、女も、手は(テーブルの)上に出して置かなきゃダメなのよ。で、(ホールに行って)ダンスする時だけ組んでいいのよ。それほど厳しいところだった。そこで寮に入ってね、働いたんです」

「じゃあ、ホステスみたいな?」

「いや、ダンサーっていうかね。楽団が入って、広い食堂みたいなところでね」

「そこは稼げるところだったんですか?」

「稼げませんよ。ダンスを一回、踊っていくらだったかな? 二十円だったかな。仕事が終わって、(日本円に)替えてもらって、次の日に郵便局に行って、お蕎麦代の二十円だけを残して、(家に)お金を送りに行ってね」

昭和二十一年当時、公務員の給与が五百四十円。三浦の月給は四千円ほどだった。「オンリーになる」と言って、上客だった米兵の給料の半分近くを騙し取ったこともある。それを繰り返しているうちに、米兵たちの間で「あいつは、オンリーに付くって言って、逃げるからダメだ」という噂が広まってしまったという。次第に離れていくお客たち。そして決断の時を迎える。〈女〉にならないと、つまり身体を売らないと、仕事にもお金にもならなかった。

「でも、相手は選んだわよ。そりゃ若い良い男がいいじゃない。その時は、私だって若かったんだからさ。イングルソン、スウェーデン系って言っていたわ。金髪の良い男。『これはいい男だなあ』と思って。そしたら『自分は一人息子だから、家の面倒を見なきゃいけない』と。だから『あなたには二十ドルか、三十ドルしか使えない。あとは家に送らないといけない』って言うわけよ」

当時の円相場は一ドル十五円。三十ドルで四百五十円にしかならない。それでも考えあぐねたすえ、三十ドルでもいいからとオンリーに付くことにした。処女を破らないと、お金を手にできない。三人の家族を養っていくことができなかった。ほかの方法はない、苦渋の決断だったという。当日、リヤカーに布団をのせて、イングルソンが借りてくれた一軒家へと向かった。

「（寮の友達に）じゃあ行ってくるからねって言ってね。リヤカーに布団をのっけていったのよ」

「それでいわゆる、その失ったと……」

「チェリーブロークンではなくて、ブロークンチェリー。ブロークンハートって知っているでしょ。それと同じで、ブロークンが先。破れる恋、破れる処女とくるわけ。これはイングリッシュじゃなくて、パングリッシュだからね」

「ずっとスウェーデン人のオンリーを？」

「いや、その人は三ケ月くらいで帰国命令が下って、帰ったわけね。それでしばらくして朝鮮戦争が始まったの」

意を決して〈女〉になった三浦だったが、イングルソンが帰国した後、キャバレー勤めに戻った。朝鮮（釜山）と目と鼻の先にあった小倉は米軍の前線基地となり、戦争特需に湧いていた。もうオンリーなどやる必要はなかった。ダンスチケットだけで充分に稼げるようになったのだ。

「ダンスチケットでじゅうぶん。『表で待っていてね』って言ったら、三、四人くらい回っているわけよ、（女子寮のビルの）裏と表に。で、十二時を過ぎると門限だから、ＭＰが回ってきて、みんな乗っけられて帰っていっちゃうから」

「そういうことをやっていると、また……」

「兵隊は移動しているから、朝鮮戦争に行くために本国から来ているでしょ。ちょっとの間しかいないんだから（騙されたらすぐに戦地に行く）」

「かなり稼いだ？」

「うん、稼ぎましたね」

しばらくしてダンスチケットだけじゃ満足できなくなった。「カラダを売れば、金目が大きい」と、だんだん欲が出てきたのだ。街頭に立つようにもなったのは、もっとお金を稼ぎたい、その一心だった。

「外に行きだすようになったのはね。朝鮮戦争が始まって、その兵隊たちが莫大なお金を持ってくるわけよ。何万じゃないのよ、何十万って持ってくるわけ。休暇が五日間って、休暇が終わると、弾の飛んでくるところ（朝鮮）に行くんだから、（日本で）いっぱい遊んで、いっぱい使うわけよ。それを全部いただくには、やっぱりカラダを張らなきゃならない」

しかし、そんな栄華も永くは続かない。朝鮮戦争が停戦すると、上得意だった休暇中の米兵は福岡の基地へと移っていった。

「ところが私は福岡には行けないわけよ。私の出身校とかあるし、知っている人がいっぱいいるから。それで福岡には行けなかったから、横浜に来たわけ」

友人の伝手を頼って横浜に来たのが昭和二十八年。二十五歳のときだった。土地勘もなくて往生したが、パイラー（客引き）には頼りたくなかった。そしてようやく見つけた場所が、二十四時間営業で賑わっていた大衆酒場、根岸家《ねぎしや》の前だったという。

「そこがね、いちばん近かったからね。（町の）ど真ん中でね」

「だいたい、伊勢佐木町界隈で？」

「伊勢佐木町一本ね。二丁目から、三丁目、四丁目までぐらいね」

「すぐに慣れました？」

「最初は喧嘩しましたよ」

「やっぱり、ヨソ者だから？」

「そうそう」

「喧嘩というのは、殴り合いもあったんですか？」

「殴り合いだと、『あなた、こっちにいらっしゃい』って言ってね。そんなお店の前でやることないから。『文句あったら、こっちにいらっしゃい。こっちで話そう』って」

徒党は組まない一匹狼だったが、そのうちほかの娼婦たちに慕われるようになり、リーダー的な存在となっていった。三浦の定位置は、根岸家の入口が見えやすい、伊勢佐木通りの角だった。

「でも、あそこは目立つからね。警察にも目を付けられやすいしね、危険地帯よ」

「その時のお客って米兵が多かったんですよね。恋愛感情を持った人は？」

「そんな余裕はないって。ハングリーだけよ、本当にハングリー。お金の対象だから」

「向こうから言われることは？」

「結婚はできないから。やっぱりお金が先にきたんだろうね」

「やっぱり、『家族にお金を』っていう」

「ずっと引きずっているんじゃないかな。本当のビジネスライクよ。だから恋愛感情を押し殺す性格になっちゃったかな……」

「じゃあ、恋愛っていうのは？」

「ないね。感情が高ぶるとか、今まで、そういうのはなかったわね」

一九七五（昭和五十）年、ベトナム戦争が終結すると、横浜でも米兵が徐々に姿を消していった。やむをえず日本人を相手にすることになったが、「最初は慣れないし、抵抗があった」という。英語だったら、ビジネスの話ができる。だが、日本語だと言葉が出てこないし、声がかけられなかった。また街娼というのは、この種の商売の中でも最も危険だと言われている。お店が守ってくれるわけではなく、一人で街角に立ち、お客を取ることの厳しさは容易に想像できる。

三浦も、生死に関わるトラブルに巻き込まれたことがあった。早朝、仕事が終わって、伊勢佐木町を歩いていると、後ろから若い男がぶつかってきた。その瞬間、腹部に痛みが走る。逃げていく男の顔を見ながら、脇腹に目を向けると、ドス（短刀）が刺さっていた。三浦は当時のことを振り返って、「その男はね、前の晩に私が叱責したんだよ。金もロクにないのに、虚勢を張って女を買いに来るなって。まあ見たところ、チンピラだったけど、やっぱり面子《メンツ》が潰れたんだろうね」

そのままドスを抜くと、出血多量で命が危ないと知人から聞いたことがあった。三浦は、ドスを刺したまま歩いて病院に行き、一命をとりとめた。それでも仕事を辞めようとは思わなかった。「家族のために」。その思いだけが唯一の支えだったという。

「三浦さん自身もそうだったと思うんですけど、パンパンに対してはどう思っていますか？」

「パンパンっていうのは、戦争に負けた国の女がね、進駐軍の連中に媚《こび》を売って、糧《かて》を稼いだという人間に対する名称なのよ。だから独特な戦後の言葉でしょ。でも仕方ないでしょ、生きるために、仕方ないと。だからどういうつもりで言ったか知らないけど、まあそう言う人もいるんじゃない」

「当時も、そう言われていた？」

「まあ言われるのは、仕方ないわね。悔しいたって、仕方ないでしょ。生きていけないんだから。誰が（面倒を）見てくれる。誰が養ってくれる、ね。まあ、どうってことない。人に何を言われようと。まあいいや……。それこそ、ボロは着ていようと、何を言われようとね、心は錦でいればいいと思って、うん。それしかない」

　四時間にも及んだ三浦のインタビューの翌日、私はどん底へと突き落とされた。元次郎から呼び出され、叱責されたのだ。

「何であんな酷いことを聞いたのよ」。メリーさんのことを聞きたいというから紹介したのに、三浦の過去を根掘り葉掘り、しつこく聞いたことに憤っていた。メリーさんと同時代を生き、同じ生業《なりわい》をしていた女性の話はとても貴重な記録であり、三浦の半生を見つめることによってメリーさんの生き様が見えてくる、はずだ。だからこそどうしても必要だったと釈明するが、その憤りは収まりそうもない。

　元次郎は、収入源がなくなった三浦に生活保護の手続きをしてやり、身元保証人にもなっていた。一人暮らしの三浦を気遣って、定期的に電話をしたり、また自身のライブには必ず招待しているという。元次郎にとって、メリーさんだけでなく三浦も同じ辛苦を味わった同志なのだろう。私は「いい映画にしたい」という一心で、周りが見えなくなっていたのだ。もう取り返しはつかないが、挽回しなければならない。

　そして一九九九年の夏は終わった。約一ヶ月半に及ぶ撮影で、制作資金は底をつくどころか真っ赤だった。しぶとく鳴く蟬の声が、まだ終わりたくないという私の気持ちと重なった。

第4章 ローザとメリー

1 幻の映画を探せ！

二〇〇〇年二月、夏の撮影から半年が過ぎた。その間、取材対象者やお世話になった人たちに手紙を送った。どうやって相手との関係を作っていくべきか、まだ答えは出ていなかった。一方通行かもしれないが、ただ無心に筆を走らせた。

以前、クリーニング店の白新舎を訪ねた時、店員から門前払いされたことがあった。アポも取らずに押しかけたのだから、断られて当然だ。不躾《ぶしつけ》にもほどがある。その後、気がつくと、白新舎は閉店。私はシャッターの閉じた店の郵便ポストに、企画書を同封した手紙を差し込んだ。相手の手に渡るのかわからないが、わずかでも可能性がある限りはアプローチしたかった。それから半年後、一通の封筒が届いた。白新舎の女将《おかみ》、山崎きみ子からだった。

——寒中お見舞申上げます。度々のお便りを頂き恐縮致しております。はたして、貴方

様の御期待に添える様なお答えができるかどうか、幾分にも月日がかなり過ぎており
ますので、それでも何とか記憶を呼び戻しておきます。私もこの様な手紙を書きなが
ら、戦中、戦後を生きていた者として、いかに色々な面で犠牲になった方々が多くい
るものか、私の主人も、長い軍隊生活の末、シベリヤの奥地へ捕虜として四年間の重
労働をさせられ、かろうじて復員出来ただけでも、幸せと思っております。〔……〕
山崎きみ子　一月二十一日

撮影当初、昨夏一ヶ月半の撮影だけで充分と思っていたのは、とてつもなく甘い考えだった。いつまでに完成させるとかは、もう決めない。納得いくまで撮り続けると腹をくって、第二期の撮影が始まった。

三浦八重子への取材以降、私はなるべくシャノアールに通っていた。贖罪感に苛まれたうえでの行動だったが、元次郎とより親密な関係になり、インタビューでは聞けなかった、自身の家族や母親への想いなども吐露してくれるようになっていた……。

こうして再開してすぐに元次郎を訪ねたのは、ある人を紹介してもらうためだった。

テレフォンセックスの女王、清水節子《しみずせつこ》。一九九三年にメリーさんのドキュメント映画を作っていたが、撮影途中で頓挫してしまったという。この未完の映画は、メリーさん自身以上に噂が噂を呼び、「完成して横浜日劇で公開された」「テレビのドキュメンタリー番組でダイジェストが放送された」などの誤報が飛び交った。制作時、『スポーツニッポン』に掲載された記事が一人歩きしてしまったことが原因だったらしい。以前、中澤から聞い

た「メリーさんの映画がある」とは、このドキュメント映画のことだった。

〝横浜のメリーさん〟と呼ばれる八十三歳の〝自称・現役娼婦〟がドキュメンタリー映画になることが十七日分かった。メガホンをとるのは、テレホン・セックスの元祖として知られ、性風俗ライターとしても活躍中の清水節子さん（四四）。もちろん本人の了解を得ての撮影だが、清水監督は「戦前、戦中、戦後を娼婦として生きてきた一女性の、その強烈な生きざまを通してひとつの昭和女性史が描ければ」と熱く語っている。

（『スポーツニッポン』一九九三年八月十八日）

元次郎はこの記事を読んで、すぐに清水の連絡先を調べたという。

「嬉しかったわ。映画が完成して公開されれば、メリーさんにもお金が入る。できることは何でも協力したいと思ってね」

清水とは会って、すぐに意気投合した。メリーさんを通じた仲間という気持ちがあったのだろう。

元次郎は「イクイクって、節ちゃんらしい電話番号よね」と、私に目配せしながら、電話番号の下四桁の一九一九を押した。

「私よ、元次郎、何年振りになるのかしら。ちょっと紹介したい人がいるのよ」

シャノアールがある京急線日ノ出町駅から伊勢佐木町方面へと向かう横浜駅根岸道路。この通りをひたすら直進し、打越《うちこし》坂を上りきれば、富裕層が住む高台、山手界隈だ。清水邸はこの地区のはずれにあった。

清水は横浜市金沢区生まれ。昭和四十七年、二十二歳の若さで、福富町でスナック「のんのん」を開店。昭和五十年にはテレフォンセックスを発明し、社会現象を巻き起こした。

自宅のマンションの電話番号はテレフォン・セックス愛好の青年、中年には有名で、店が終わってマンションに帰ってくる夜零時頃から、ピンクの電話は鳴りっぱなし。

〔中略〕

次は氏名年齢不詳の若者――。

「いま、なに着てるの。パジャマ、ネグリジェ？」

「黄色のネグリジェ、薄いの」

「その下は？」

「つけてるわョ。ちゃんと」

「どんなパンティ？」

「まっしろよォ」

「とっちゃってよ」

「ウーン、寒いもの……」

「とって」

「あなた、恋人いないの」

「ハーハー」

「いくつなの？」

「ハーハー。とった?」

「ウン。淋しいの? トルコにでも行きなさいよ」

「トルコは不潔だもの。ぼくは節子さんとイキたいの」

こんな電話が一時間に約六十本。で、午前二時になると、節子さんはグッタリして、受話器をはずしてしまう。ところがまた次の夜は、午前零時から約二時間、テレフォン・セックスや、まじめな人生相談をうけつける。もちろん無料のうえに、節子さんの声は「藤圭子を連想させるハスキー・ボイス」で、テレフォン・セックスの電話をかける男性のイメージのためにつけくわえるなら「顔は緑魔子ふうでセクシー」である。

(中略)「私がテレフォン・セックスやテレフォン相談をするようになったのも、お店のお客さんが、ある悩みに弱気になって、人生に負けそうなのを見て、私が勇気づけてあげてからなんです」。それが口コミで広まって、半年前から深夜の電話がひっきりなしの状態になった。(『週刊ポスト』一九七六年二月二十七日)

テレフォンセックスのブームの後も、清水は深夜TV番組「11PM」(日本テレビ系列)で風俗レポーターをするなど、セクシータレントの先駆けとして活躍してきた。今は主婦業のかたわら、熟年女性を相手にセックスカウンセラーをしているという。清水邸の二十畳以上もある応接間で待つこと数分、かつての女王が現れた。御年五十を過ぎたとは思えない若さと妖艶さが漂っていて、思わず見とれていると、私の隣に座り、話しかけてきた。

「『ぱど』に、広告出していたでしょ?」

「はい」

「あれ見ていたの。で、電話しようと思ったのよ」

「そうなんですか? (電話)してくれれば良かったのに」

「だって、どういう人かわかんないし。迷っていたら、忘れちゃった」

すぐに本題に入らずに、まずテレフォンセックスについて聞いてみた。

「もう残念なのよ、特許をとっておけばね。あのクリントン(米大統領)だってやっていたんだから、今ごろ億万長者よ」と言うと、清水は舌を出して笑った。その仕草がチャーミングで、思わずドキッとしてしまう。まさにこの色気と才覚で、一財産築き上げたのだろう。


そんな清水が初めてメリーさんと遭遇したのは、八〇年代のことだった。

「最初にメリーさんを見たときは、もう驚いたわよ」

スナックを経営していた清水は、お客や知り合いなどにメリーさんの話を聞いてまわった。福富町でヤクザに因縁をつけられ、公衆の面前で引きずりまわされたり、ホテルニューグランドでは、従業員からひどい仕打ちを受けていたという。

「ニューグランドのトイレって、外人仕様で、足が見えるくらいに囲いの下が空いていたのよ。そこからメリーさんの足が見えたみたい。それで意地の悪い従業員が、たっぷりと入ったバケツの水をトイレの上から流し込んだって」

メリーさんは文句の一つも言わずに、ずぶ濡れのままでホテルを後にした。何をしたわけではない。ただホテルにいただけである。だがメリーさんにも問題はあった。何といっても臭いがひどかった。

「メリーさんに誘われて、一緒にホテルに行った人がいてね。それでベッドに入ったんだけど、化粧の臭いがすごいんですって。香水と化粧の臭いが入り混じって、『臭くて、臭くて一緒にいられねえよ』って出てきちゃったって」

メリーさんについてのいくつものエピソードを聞いた清水は、「面白い、これはビジネスになる」と閃いたという。テレフォンセックスしかり、ビジネスチャンスを嗅ぎ分ける類稀なる才能があった。

その後、メリーさんへ取材交渉を始める。あの「森永ラブ」に通いつめたのだ。

「最初は挨拶しても、もう相手にしないわよって感じなの。それで通って、通って、心の交流をしなきゃいけないと思って。その時はうちの子供をからめてやっていたんですよ。幼稚園をサボらせて連れて行ったりね。それで一ヶ月近くかかったかな、話してくれるようになるまでに」

「それから、どうしたんですか？」

「やっぱりどうしても作りたいと思って、メリーさんに『ねえ、メリーさん、映画作ろう。お金、儲けようよ』と言ったら、『うん、いいわよ』って」

「なぜ映画だったんですか？」

「活字っていうのは読んですぐ終わりだけど、映画っていうのは後にも残るし、観てくれる人にインパクトとか、生きざまを教えたかった」

清水が考える映画と活字（本）の違いについては同意しづらいが、メリーさんの容姿は映像だからこそ描けるものだというのは理解できる。

早速、清水は知り合いに声をかけて、スタッフを集めていった。プロデューサーは野上真果、シナリオは『旅の重さ』（斎藤耕一監督）、『同棲時代』（山根成之監督）などで知られる石森史郎《いしもりふみお》、劇場公開に関しては「横浜日劇」の支配人である福寿祁久雄《きくお》が関わることになった。そして五人のビデオクルーとともに、清水は密着取材を敢行する。テーマは、メリーさんの日常を追うことだった。

「森永ラブを出たところから、メリーさんがどういう行動をするのか。一日を撮ってみたいと思って、フィルムを回したんですよ。まずは関内まで歩いていって、富士銀行（現・みずほ銀行）に行ったんですよ。通帳記入していましたね。私たち（クルー）はドアの外にいたんだけど、もう三十分以上も出てこないんですよ。それで、そーっと開けたら、いないんです。トイレの中で寝てたみたいね」

メリーさんの寝床は、GMビルの廊下以外にもいくつかあった。クリーニング店・白新舎の更衣室でも、着替えるついでに二、三時間の睡眠をとっていたという。アートビルの二階にあった文具店ユーリンファボリの化粧室も、その一つだった。

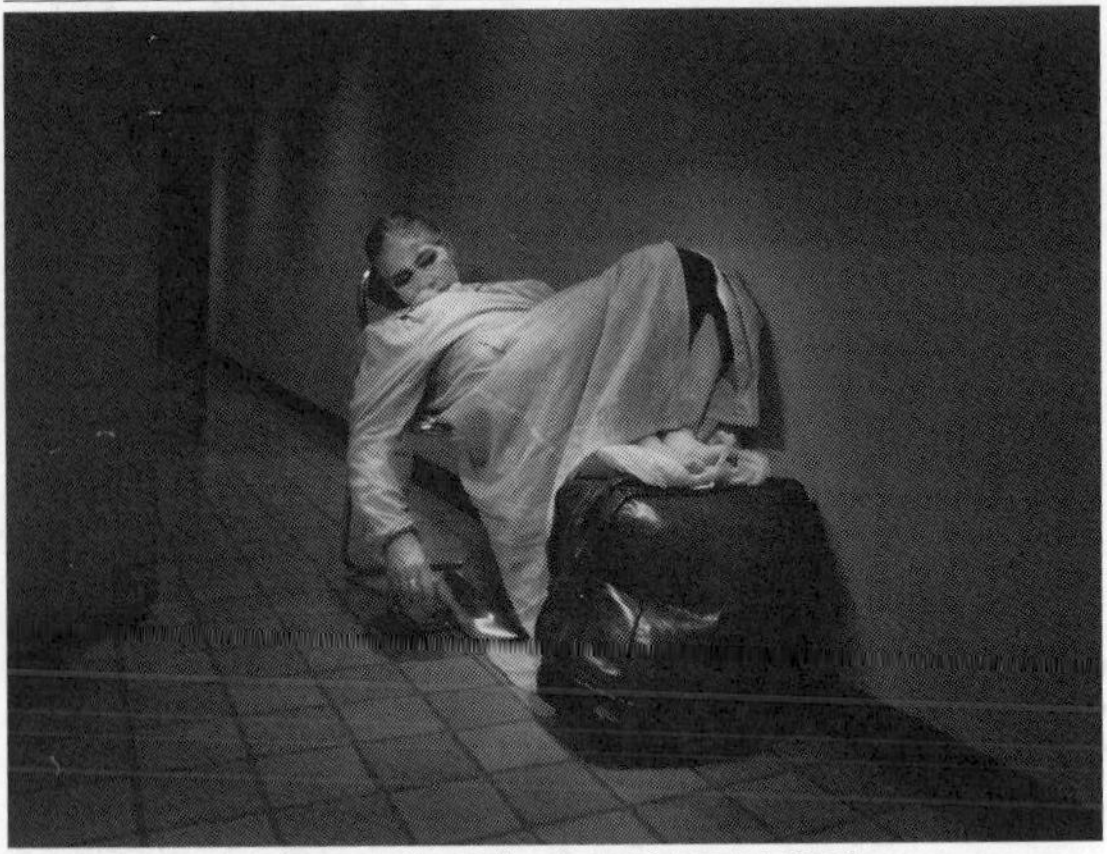
GMビルの最上階、折り畳み椅子を使った寝床（森日出夫撮影）

ユーリンファボリの化粧室・洗面台にて（森日出夫撮影）
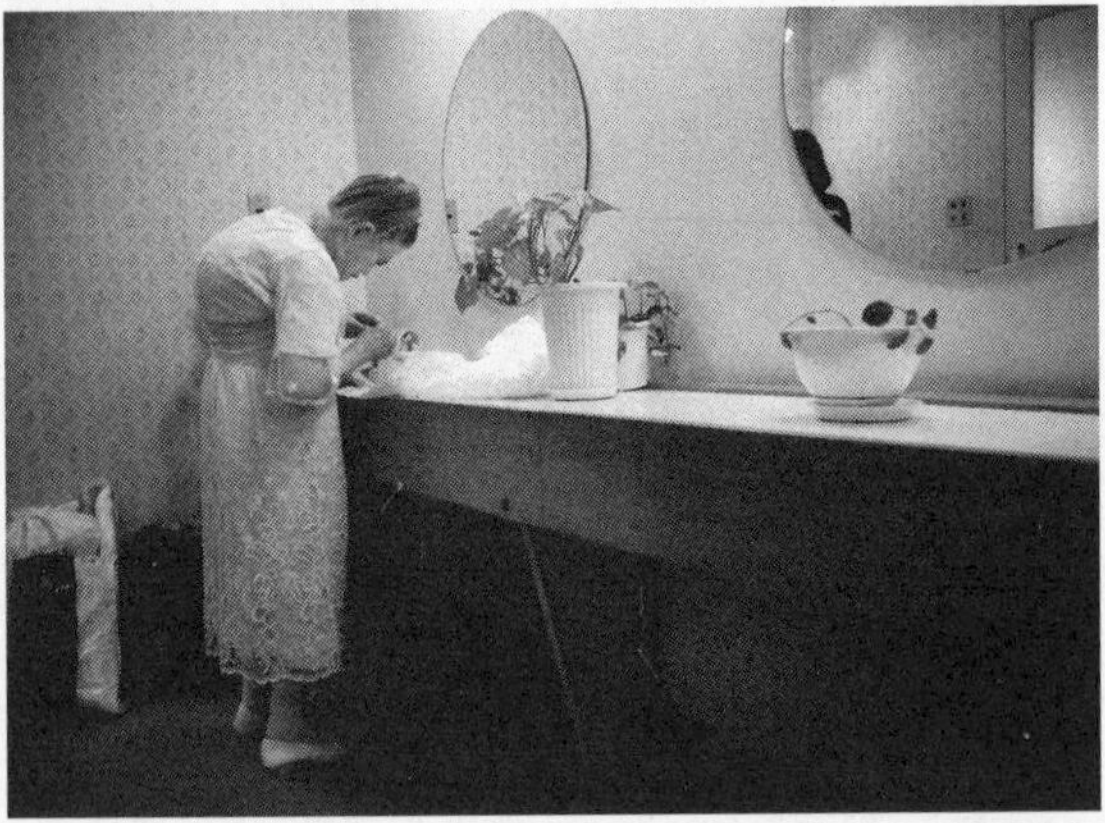

清水らビデオクルーの前で、メリーさんは洗面所の鏡の前に向かった。そして、ゆっくりと丁寧に口紅を塗っていき、洋服の隙間から見える、シワが刻まれた肌を白粉で隠して

いった。清水は、この時ほど〈女の業〉を感じたことはないと言う。同じ女性だからこそわかる、女としての執着、凄まじさだった。その後、メリーさんは横浜市営地下鉄の関内駅へと向かい、ホームのベンチに腰かけると、ウィスキーのミニボトルを取り出しておもむろに口に運んだ。飲み終わると、小さくため息をついた。それから電車に乗り込み、横浜駅へと向かった。

横浜駅西口も行動範囲に入っていたメリーさん。なかでも一番のお気に入りは、横浜髙島屋だった。向かった先は楽器売場。展示されたピアノを楽しげに弾き始めた。レパートリーは「さくらさくら」、そして「海は広いな大きいな」（作詞：林柳波　作曲：井上武士）だった。

海は広いな　大きいな
月がのぼるし　日がしずむ
海はおおなみ　青いなみ
ゆれてどこまで　つづくやら
海におふね　うかばせて
行ってみたいな　よそのくに

JASRAC 出 2005525-001

清水は、メリーさんがこの歌を唄った意味をこう分析してくれた。

「『メリーさんも、いろいろ好きになったり、苦しんだり、男の人のことで苦しんだりしたことあるの？』って聞いたら『うん、ある』って言ったのね」

メリーさんが嫌がらせやひどい目に遭いながらも、横浜から離れなかった理由が、まさにここにあった。

「『それで誰がいちばん好きだった?』って聞いたら、『その、将校』って言ったんですよ。結局、横浜から離れられなかったっていうのは、自分の中で一番愛した人だと思うのね、その将校のことが忘れられなくて、いつか戻ってくると、そういう気持ちでずっと横浜に何十年もいたと」

どんな思いで「海は広いな大きな」を歌っていたのか? メリーさんが大桟橋から海をよく見ていたのは、事前取材時に何度となく聞いていた話だった。恋人だった将校を思い、遠く彼方のアメリカを見ていたのだろうか。

髙島屋でのメリーさんに話を戻すと、ピアノを弾き終えると、洋酒売場に赴いて棚に並べられたウィスキーの瓶を整理しはじめた。ラベルが曲がっているのが気に入らないらしく、キッチリとまっすぐ並べ替えていった。従業員によると、よく来店しては購入せずにラベルをきっちりとそろえるのがルーティンだという。

「メリーさんって几帳面というか、血液型は絶対にA型かなとか、思っちゃった(笑)」

撮影は二週間近くも続いた。そして清水が最も時間を費やしたのが、メリーさんへのインタビューだった。

「私ね、インタビュー上手いの。コツは、まず自分のことを喋るってこと。『私も昔、離婚したことがあって、つらい思いをしたこともあるんだけど、メリーさんはどう、そういうことってある？』みたいな感じにね」

　当時の資料を探してもらうと、インタビューのメモ書きなどが残っていた。清水にはそれを読み返してもらい、話を聞いていった。

「（メリーさんが）どこで生まれたのかって聞いても全然言ってくれないのね。ただ田舎っていう感じで、『小さい頃のメリーさんってどんな感じだった？』って聞いても、『忘れた』って。とにかく小さい頃のことに関しては、一切教えてくれない」

　故郷の話題になると、ただ目を伏せていた。清水がしつこく食い下がると「もう嫌っ、聞かないで」と拒絶したという。話題を変えようと、どうして将校、それも白人専門だったのかを聞いてみたが、要領を得ない。ただメリーさんの話の素振りから感じ取ったことがあったという。

「プライドが人一倍高くてね。言葉の端々で『普通の男はダメよ』って。『どうしてダメなの』って聞いても、メリーさん本人は言わないわけ。そうすると、私なりに解釈するしかないのよ」

　そこから清水なりの独自の解釈が生まれていく。なぜ、普通の男ではダメなのだろうか？　なぜ米兵、それも白人で将校だけだったのだろうか？

「それはプライドよ。私は普通の女と違うのよ、将校以上じゃなきゃ、つき合わないのよっていうね」

　あながち間違いではないだろう。米兵の中でも黒人には目もくれずに「私は（黒人は）

嫌いなの」と、毛嫌いしていたようだ。客を選り好みしても、まだ進駐軍がいた時代は生活は充分に潤っていたという。

しかし清水が撮影を始めた一九九三年当時の生活はどうだったのか？　娼婦といっても、全身真っ白のお化けにしか見えない。そんな老娼婦を買う男はいたのか、気になった。

「当時でも、お客さんはいたって。尺八専門って言っていた。総入れ歯らしいんだけど、これを外してしてもらうフェラチオが堪らないんだって。若い時は、潤うからピストン運動もしやすいしね。だけど五十、六十になって更年期やら、生理があがっちゃうと、女の人の身体って濡れないじゃない。それは本人もわかっているから。もう総入れ歯を取って、歯茎でしごくのが、男性には堪らないんだって」

それは一部の客に限ったことだろう。だが老いてなお、娼婦を続けようとした女の生き様は凄まじさすら感じさせる。

「若い頃は外人専門だったんだけど、だんだん外国人が少なくなったでしょ。それで日本人のお客を相手にするようになって、最後はそういうこともしていたみたいね」

しかし日々の生活に困窮するようになっても、メリーさんは慈悲の心だけは忘れなかったという。

「可哀想な人とか、お金を持っていない人には、逆にお金をあげていたんですって」

「お客さんにお金を？」

「そう、それで付いたあだ名が、仏のメリーだって」

撮影も佳境に入った頃、あるトラブルが起こった。その顚末を書き綴った元次郎のメモが残っている。

清水監督、プロデューサーの野上真果と会う。私はコンサートのビデオ〔これにメリーさんが映っている〕、一緒に撮った写真等の資料を持っていき、ぜひ協力したいと申し出た。お二人共喜んでくれ、参加する事になった。

「すばらしい映画を作りましょう」

私は「店は昼間、事務所として使って下さい。ファックスもコピー機も自由にお使い下さい。電話も二台有ります。一度、店の方へ下見にいらして下さい」。それから二、三日して監督とプロデューサーがたずねてきた。台本も出来、あとは撮影に入るばかり。

それが予定の日になっても、何も連絡が来ない。そしてある日の事、プロデューサーの野上真果なる男から電話が有った。「ちょっとした手違いが有って、撮影は来週から始めます」「もう九月も十日しかないのに、大丈夫ですか？　店〔シャノアール〕の方も、事務所として使えるように支度して待っていたんですよ」

「元次郎さん、お願いが有るんですが、今夜にはお返しします。信用問題になる事が出来まして、困っています。銀行も時間的に間に合わないし、何とか二十一万ばかり用立ててくれませんか」

私は、疑うすべもなく店のお金の中から用立ててしまった。「一応、借用書を書いておきます」「今夜返してもらうんだから、借用書などいいです」彼は借用書なるものを置いて出て行った。

約束の夜になっても、彼は持って来なかった。それからも来るには来るが返してくれず、同じ借用書を日付を書き直し、四枚も書いている。

だんだんと不審を感じるけど、八月十八日のスポーツニッポンの記事が頭にうかぶ。いくら二流紙といえども新聞である。いいかげんな事を記事にすることなど無いはずだ。とうとう十月も半ばになっていた。〔中略〕

街路樹もずい分、色付いて来た。メリーさんは知らないけれど、貴女の事、喰い物にする奴がいたんです。〔……〕メリーさんの映画の話は絵に書いた餅だったのです。我々メリーさんを愛する会の会員、清水監督、作家石森史郎、〔……〕元次郎、大の大人達がすっかりだまされました。

この元次郎の事件は、清水が撮休を利用してハワイ旅行に行っていた時に起こっていた。

「ちょっとねえ、スタッフの間で、いろいろトラブルがありまして、ボツになったんです」

「それは中断してしまったという？」

「二週間くらい撮影をした後に、息抜きで海外旅行に行ったのね。その時にプロデューサーの野上真果が、私の旦那に金の無心に来たんだって。お金は貸さなかったんだけど。やる気なくなっちゃったんですよね、私が。ちょっとゴタゴタがあって、もう嫌だとか思ってやめちゃったんですね。本当は最後までやりたかったんですけど、あともうちょっとで完成だったんですけども……」

呆気ない幕切れだった。では、撮影された二週間分のテープはどこにあるのか？　清水の記憶は曖昧なままで、今も行方不明だという。

私は、清水から当時の資料を借り受けて、ビデオクルーの技術会社に連絡を取った。

「一九九三年頃、横浜のメリーさんっていう白いお婆ちゃんの撮影に関わりませんでしたか？」

「それ覚えているよ。あれは私が撮影したんですよ」

受話器をとったのは、偶然にもその時のキャメラマンだった。話が早い。当時のことを聞いてみた。

「その撮影は、どのような経緯でやることになったんですか？」

「プロデューサーからの依頼だったかな……。なにせ昔のことだから（覚えてないなあ）」

「野上真果っていうプロデューサーですか？」

「ああ、そうそう。たしかそうだよ、あれギャラもらってないんだよね」

二週間の撮影が終わった後、野上真果とは連絡が取れなくなったという。野上の足取りを追っていくと、自身が関わった映画を持ち出し、相手を信用させてお金を出させた後にドロンする。関係者から何度も、その手の話を聞かされていた。

「あいつには、関わらないほうがいい」

私のような若僧が、太刀打ちできる相手ではないという。関わるつもりなどは毛頭ない。私が知りたいのは野上の消息ではなく、テープの行方だ。収録されたテープは、撮影が終わるまで技術（ビデオクルー）が管理することもある。もしかしたら、まだ保管されているのではないか。キャメラマンに一縷《いちる》の望みをかけて食いさがると、「当時、関わった他のスタッフに聞いてみるよ」と言って、電話から離れた。そして保留のメロディが一巡する頃に、再び電話口に出てきた。

「やっぱり、野上っていうプロデューサーが持っていったみたいだね」

執拗に粘ってみる。どんな映像でも、画質が悪くてもいいから見たかった。動くメリーさん、話しているメリーさん、どれも貴重な資料に違いない。

「（編集用にコピーした）ワークテープとかも残っていないですか？」

「それも含めて、ぜんぶ持っていったって」

その後、民放のテレビ局に、収録テープとシナリオを送って売り込みをしていたことが判明したが、野上の風評によってどこにも相手にされなかったようだ。野上が配っていた資料も見つかった。まずはフジテレビのCMフォーマット連絡表。番組名「NONFIX」。放送日が一九九三年十月十二日、編成時間は火二十五時十五―二十六時十、五十五分番組。連絡メモには「現行継続」と書かれている。フジテレビに問い合わせると、この時の放送はメリーさんに関する番組ではなかった。

そして石森史郎によって書き下ろされた幻の構成案の抜粋が見つかったので、私がその内容を次に要約する。

〈娼婦メリー（仮題）――構成案――〉

夕映えの（横浜）港、外国船の出航の船笛が響きわたると、停泊している船や波止場のガス灯に電光が煌《きら》めき、ベイブリッジをはじめ、21世紀みなと未来のモダンな建造物が鮮やかな色彩の中に浮き立つ。そして街（中華街、伊勢佐木町、本牧など）もカラフルなネオンで煌めく。数々の表情をした人の群で賑う……。貴族達や仲の好い若いカップルもいる。

汚れた黒い河――廃船の他に自転車やこうもり傘が投げ捨てられている。そして壁には黒い貝（黒色のガラス）がへばりつき、その中には名もない花が咲いている……。昔からある掘立小屋のような飲み屋が並んでいる情景が、川面に妖しく揺れている。この黒い河は、昔から娼婦たちの悲しい涙が、雨が降っても消えないで海にも流れないでよどんでいる河、情念と怨念の河である。

飲み屋の店内――、客を迎えるために娼婦達が身支度をしている。入念なメークアップ。なぜか日本の女より外国の女の方が多い。

多数のソープランド。そしてラブホテル群――アベックの出入りは多い。ストリップ劇場――セクシアルな踊り子のポーズ、好奇な目で見つめる客達。河岸で客をキャッチしている立ちんぼ――警察の監視の目を逃れながら、店もない娼婦。共同便所やビルの階段や河につないである船内が商売の舞台。そんな所でも、チンピラに見つかれば所場代を要求される。

そして横文字の看板が多いビル内の酒場群、そこで働く夜の蝶たち。GMビルという名のエレベーター前。白装束、白い顔の老いたる娼婦。メリーの定まった仕事場——誰一人としてホテルに誘う客はいない。でも自分の好みの男（紳士）を見つけると、まるで舞姫のようなしなやかな動作で客を迎える。嫌な顔をしたり白い目で見る客はいない。なじみの客が温かい眼差を送りながら、「メリーさん元気かい」とチップ（千円札）を渡す。メリーは可愛い少女のような声でコケティッシュに「ありがとう、今晩よろしいでしょうか」と誘う。

横浜のさまざまな情景とイメージから、メリーさんのいる夜の町が活写されていく。山下公園、みなとみらい、そして中華街、伊勢佐木町、本牧のネオンの灯。そこから一転して、黄金町、福富町、メリーさんの居るGMビル。横浜の光と影が対比されていく。そして「この格好で、〇〇年も娼婦を続けるメリーと呼ばれる女。どこに住み、どこに帰るのか……。そしてどんな女の一生を送ってきたのか……。謎に包まれたまま、誰も知る人はいない」というモノローグとともに、映画のタイトルが浮かぶ。

本編が始まると、ニュースフィルムを使い、メリーさんの生きた時代、歴史的背景がひも解かれる。始まりは、太平洋戦争の真っ只中からだ。

ふるさと、素朴な風景、出征する兵士たち。貧農のために大阪に奉公に出る（遊郭）。出征する若き勇士たち。戦争、敗色濃い日本軍。大空襲で焦土と化す。敗戦の貧困〔闇市、買出し〕。進駐軍を相手に肉体を売る娼婦たち。

戦後に流行った曲「こんな女に誰がした」が流れてくる……。

伊勢佐木町、午下り。群衆の中に、右手に車のついた大きな鞄を引きずり、左手に紙袋などを持ったメリーがやってくる。……人々の視線が一斉にメリーに集まる。

森永ラブ――まるで伯爵夫人のような上品なしぐさで食事をする。いつも決まった献立〔サラダ……〕。次に歌舞伎の隈取りのような独特のメークアップをする。

タイミングよく、メリーにインタビュア〔清水節子〕が聞く。だが拒否をつづけ、貝のように口を開かない。

〔例〕☆横浜、どうして好きなのか、その理由は？　住みついたのは、いつ頃か――

☆生い立ち、家族は？

☆どうして娼婦になったのか？

☆いつから娼婦を続けているのか？

☆今どこに住んでいるのか

☆白ずくめのファッションの理由――など

☆横須賀にいたことある？　どんな商売を……

☆恋をしたことは？　結婚をしたことは？　子供は？

横須賀の今昔――横須賀港、米軍基地、ＥＭクラブ跡、ドブ板通り。今でも米国軍将校等を相手にしている娼婦たち。――横須賀当時、メリーと娼婦仲間だった木元という女の話。「私達が進駐軍の性処理をしなかったら、嫁入り前の娘さん達が犯される危険があった」「貧困で子供を育てるために、普通の主婦（未亡人）が肉体を売った」「メリーは可哀想な男と出逢うとお金をあげたりした」

メリーさんについての思い出は、「当時、伯爵夫人と名づけられ、アメリカ将校に人気があって、順番を待って並んでいた」「メリーは将校と恋仲になり、船で帰国する彼を横浜に追っていった……」そして横浜高島屋でピアノを弾くメリーさん。ニュースフィルム（日米の海戦や、敗色濃い日本、焦土と化した都市）、そしてメリーと出会った男たち（日本や米国）の微笑む顔が、ゆっくり浮かんでは消える。音階をはずしてはいるが、次第にそのメロディが、「君が代」であることがわかる。泪ぐんでいるメリー。ピアノを弾く白い手が激しくふるえる。

清水の撮影したパート――。

銀行で通帳を見る姿、画廊で熱心に絵を鑑賞。トイレで仮眠をとり、入念なメークアップ。地下鉄に乗り、デパートへ。洋酒売場で、酒瓶を並べる。家具売場では、高級応接セットに貴婦人のように座ってポーズ。通りすぎようとした子供が「あっ、白いお人形がいる」という。洋菓子売場では、「伯爵夫人」という品名の洋菓子を買う。

こうしたシーンが映し出されていき、映画は佳境に入る。メリーが花束を渡すシーン。

元次郎のリサイタルに招かれたメリーが花束を渡すシーン。団鬼六《だんおにろく》によって語られる娼婦論。

……その後に、メリーさんのさまざまな風景がモンタージュされる。港で海を見ているメリー。夜の町を、仕事場に向かうメリー。GMビルのメリー。北風吹く公園のベンチで眠っているメリー。雨の日、ビルの踊り場で眠るメリー。老紳士とホテルに行くメリー。最後、モノローグとともに映画は終幕となる。

「感動を憶える。メリーの心と肉体こそ、理屈ぬきに昭和の真実の歴史を知っている……。私はメリーの人生哲学にはとても近づけない……」


清水に確認したところ、髙島屋でメリーさんが「君が代」を弾いていた事実はない。石森史郎の創作なのだろう。メリーさんと出会った男たち、実際に関わった人たちの写真もないというので、イメージシーンにするつもりだったようだ。そもそもこれは完成したシナリオではなく、構成案の抜粋なので、評価はしづらい。完成していたら、どんな反響だったのだろうか。しかし「たら、れば」の話をしても無意味だ。この世の中に、完成しなかった映画、陽の目を見なかった映画は、星の数ほどある。

『娼婦メリー（仮題）』も、その中の一つに過ぎない。ただ〈戦争の落とし子〉、メリーさんを通して、戦後史を描こうというスタイルに、既視感を覚えずにはいられなかった。こうした旧来のものから脱却しないと、私の目指す映画は生まれない。

2 立ちはだかる壁

敗戦の混乱期、横浜に生きる人々を写した写真集がある。『横浜再現』(奥村泰宏・常盤とよ子共著、平凡社、一九九六年)。撮影者の一人である常盤とよ子は、昭和五年生まれの写真家だ。写真を始めたのは昭和二十九年、二十四歳の時だった。占領軍の街と化した横浜の庶民、とくに娼婦をテーマに、数々の写真を発表していった。自著『危険な毒花』(三笠書房、一九五七年)のなかで、彼女たちを撮ることになった理由について、こう語っている。

わたしの意識下には進駐軍に対する反感めいた憎しみが、くすぶっていることに、再び気づいたのは、それから間もなくであった。——父の悲惨な死の記憶とともに、また、あの憎しみが、外人を対象に、うごめいてきたのである。カメラを手に、近くの横浜港へ、アメリカ人を狙って撮影に出かけるようになったのも、駐留軍の人々にカメラを向けることで、自分の憎悪感を慰めていたような気がする。その気持は、さらに妙な方向へふくれあがり、傍若無人な駐留軍の兵隊たちに、なんのてらいもなく媚《こび》を売る女たちをも対象にするようになった。

俗に洋パンといわれている女たちが、わたしの対象物に大きな位置を占め、わたしの目は外人たちよりも、彼女たちの真実のあり方を、えぐり出したい欲求を覚えるようになった。

森日出夫によると、常盤はメリーさんも撮ったことがあるという。メリーさん、そして当時の娼婦たちを捉えようとした同世代の女性写真家。食指が動かないわけがない。森の紹介で、彼女にすぐに会えることになった。

空を見上げると真っ青な、まだ肌寒い日曜日の午後。関内駅前にあるセルテ（旧関内センタービル）一階にある喫茶店の屋外テラス席で待っていると、品のある初老の婦人が現れた。眼鏡の奥にのぞく鋭い眼光、それが常盤に対する第一印象だった。私が自己紹介をすませたあと、常盤は開口一番こう言った。

「私は（メリーさんを）撮ったことは、撮ったけど、そこまでちゃんと撮っていないの。写真を撮ることって、相手との関係が重要でしょ。それなのに（あなたの）映画に出演して、インタビューに答えることはできないわ」

まだ映画の話すらしていないのに、断られてしまった。一瞬、頭が真っ白になって言葉が見つからない。そして追い打ちをかけるように、私に対して、メリーさんを撮ることの意味を問うてきた。

「あなた、中村さんっていいましたっけ？　何でメリーさんなの。もうあの人は昔の人。私たちの時代の人よ。あなたのような年齢だと、彼女のことは何も知らないでしょ」

「いや、それは」

「あなた若いんだから、もっと取り上げなきゃいけないことなんて、いっぱいあるでしょ。今の時代を描きなさいよ。それなら協力するわ」

私のような若僧には、メリーさんは描けない。常盤はそう言いたいようだ。たしかに戦後の混乱期、その時代を生きた人たちを理解できるとは言えない。そんなこと言われても……と思ったが、返す言葉がなかったのも事実である。もうこれ以上、話しても不毛なだけだ。出演してもらうのを諦めるにしても、最後に一つだけ、勝手なお願いを申し出た。

「できれば、『横浜再現』の中で使われている戦後の横浜の写真を、私の映画の中に使わせていただきたいんです」

常盤は、間髪をいれずに言い放った。

「それは無理です。あの写真に写っている人たちは、すべて私の責任において撮影しているんです。あなたにその責任が負えるの？　負えるわけないわよね？　この間も、五大路子さんっているでしょ、テレビ神奈川でやっているあの人の番組で、私の写真を勝手に使おうとしたの。だから私が『誰に断ってそんなことしているの？　誰が責任持つの！』って電話したら、私の写真にモザイクをかけて使っていたわ」

常盤は笑いながら、コーヒーを手に取った。つられて私もコーヒーを口に運んだ。ほろ苦い味がした。勝ち負けではないが、コテンパンにやられて、丸二日間、自宅に閉じこもって寝床から出られなかった。

だが、どうしようもない挫折感から、しばらくすると沸々と怒りがわいてきた。初対面なのに、なぜ、あそこまで言われなければならないのか。そもそもその時代を体験してないと描けないというのでは、その当事者が鬼籍に入ってしまえば歴史は風化し、形骸化していくだけだ。実際に体験していない、私の世代だからこそ描ける歴史があるはずではないか。そう考え直すと、怒りは、再び創作へのエネルギーへと転化されていった。
気を取り直して早速、次の取材先に向かった。平岡正明《ひらおかまさあき》。昭和十六年、東京生まれ。ジャズ評論家であり、かつて全共闘世代に多大な影響を与えた文筆家でもある。『野毛的』（解放出版社、一九九七年）を読んでみると、この中に「馬車道のメリー」という文章があった。もともとは『ハマ野毛』（二号、一九九二年六月所収「馬車道のメリー」（本稿は愚妻との共作と但書））に寄稿されたエッセイである。

「雪子」から賀状をもらう実業家や大商店の人に港のメリーを老いぼれ娼婦と呼んで嫌悪感をあらわにする人がいることも私は知っている。その嫌悪感は、昼すぎに馬車道に現われ、夕刻には吉田橋から去る、馬車道ではけっして商売をしない老いたる街娼の正味実体への嫌悪感ではなく、娼婦がなまいきにも伝説を持ってしまったことへの実務家《リアリスト》の嫌悪だ。〔中略〕
ある日、私の友人が港のメリーになにげなく、「クリーニングはどこに出すの？」とたずねると、ぴたりと口をとざしたそうだ。クリーニング店がわかると住所がわかる。自分の過去や、生活実体にふれることを避ける。伝説が彼女を生かしてくれるのだ。赤い靴は本居長世《もとおりながよ》の「赤い靴の少女」以来のイメージ。白髪、白塗りの顔、白い服は「雪子」の体化。こうして、赤い靴をはき、白い服を着、日傘を持って馬車道を散歩する港のメリーは、古き佳き客船時代、男がステッキを持ち女は日傘をさしてメリケン波止場に船客をでむかえ、そぞろ歩いてニューグランドホテルの舞踏会に行っ

―たそのころのスタイルを伝える最後の洋妾《らしやめん》というイメージが彼女を守る。

あの元次郎とも、野毛大道芸の前夜祭イベント「野毛大道芝居」の芝居仲間だというし、話が早そうだ。例のごとく森日出夫に仲介してもらい、平岡の自宅に電話をかけた。

一週間前、すでに企画書は送っていたので、そのことについて話そうとすると、

「読みましたが、協力できませんね」

会話して、まだ数秒しか経っていないのに、断られてしまった。

「なぜですか？　何か問題でもありますか？」

「君さ、メリーさんは街の風景だとか（企画書に）書いているけどさ。私は足立正生《あだちまさお》や松田政男《まつだまさお》に協力して、昔にやっているんだよ。『略称・連続射殺魔』って知っている？」

もちろん、知っている。死刑囚・永山則夫《ながやまのりお》の犯行現場とその軌跡を、その彼が見たであろう風景だけを写し撮っていく実験的なドキュメンタリーである。当然、永山は獄中なので画面には出てない、対象者は不在である。メリーさんという対象不在のドキュメンタリーを撮っていく中で、私が影響を受けた映画の一本だった。

平岡の強い口調から、明らかに私に対する反発を感じ取った。それに乗らないように、冷静な対応に努める。

「知っています。永山則夫ですよね」

「ふーん、知っているのか。だから君のやっていることは、何十年も前に私たちがやって

いるんだよ。だいたい君はどのくらいドキュメンタリーを知っているの？　亀井文夫の戦時中に撮ったあれとか、知らないだろ」

「『戦う兵隊』ですか？　それとも『上海』？」

この映画を作り始めてから、私は古今東西、ありとあらゆるドキュメンタリー映画を観ては研究し、関連書籍なども読み漁っていた。好きで観るというより、観なければならないという強迫観念に取り憑かれていたのだ。平岡に何を聞かれても、答えられる気がした。

「……一応、勉強しているようだな。だけど、協力はできない。君のこの企画に協力したくない」

「なぜですか？」

「賛同できないんだよ、ただそれだけ」

ここまで言われると、受話器を置くしかない。明確な理由があるなら納得もできるが、これでは理不尽極まりない。だが常盤しかり、これも予想された反発ではあった。以前、事前取材をしている時に、ある人に言われたことがある。

「メリーさんは聖域、つまりサンクチュアリなんだよ。だから、むやみやたらに手を出してはいけない」

度重なる仕打ちは、その洗礼なのか。私だって手を出したことに若干、後悔の念はあった。撮影を始めた時には、こんなに厄介な題材だとは思ってもみなかったからだ。しかし今、愚痴を言っても後の祭りだった。この時は「ふざけるな、負けてたまるか！」という感情が、私の原動力になっていた。

3 横浜ローザが語るもの

当時、私は日本で最初の洋式競馬場があった根岸森林公園の近くに住んでいた。実家暮らしだった。その日、最寄り駅である京浜東北線根岸駅から、電車を乗り継いで調布駅まで足を延ばした。『横浜ローザ』の生みの親、劇作家の杉山義法《すぎやまぎほう》に会うためだ。

相撲取りのような体軀に恵比寿様のような笑顔。それが杉山の第一印象だった。常盤や平岡とは違い、明らかに友好的で胸をなで下ろすが、彼のキャリアをみると、私が気軽に話せる人物ではない。舞台だけでなく、テレビではNHK大河ドラマ『天と地と』、『春の坂道』、『宮本武蔵』などを執筆する一方で、ドキュメンタリー映画『彫る 棟方志功の世界』(一九七五年製作)、劇映画『極道戦争武闘派』(一九九一年公開)といった脚本も手がけており、まさに同業の大先輩である。緊張した面持ちでいると、杉山が「君のことは聞いていたよ。メリーさんのドキュメンタリーを撮っているんだって?」と口火を切った。

撮影を始めて、すでに半年。メリーさんと関係する人たちには、片っ端から連絡をしていたので、どこかで私のことが耳に入ったのだろう。

「このあいだ、五大くんのために新しいホン(『横浜行進曲』〈横浜夢座旗揚げ公演〉)を書いたんだ。また横浜がテーマでね。ただ僕は、横浜には縁もゆかりもないし、思い入れもない。

だから横浜だけじゃなく、ちゃんと日本（全国）で通じるものにしなきゃ意味がないと思うんだよね」と話し、『横浜ローザ』を含めて、横浜を題材にすることの意義を提起した。

「ただ五大くんは横浜生まれだし、劇団も立ち上げたくらいだから、どうしても横浜にこだわりたいんだよね」

　ふと『横浜ローザ』のチラシの中に書いてあった、杉山のコメントを思い出した。

〈メリーさんの話ではなく、戦後を生きた娼婦の話にしたい〉

『横浜ローザ』とは何だったのか？　杉山から詳しく聞きたくなり、その場で取材交渉した。そして後日、インタビューを行った。

「僕は、新潟県の片田舎で生まれたんですね。田舎ではパンパンという人たちは、話題にはなるけど、どんなものかわからないんですよ。それで昭和二十三年頃かなあ、溝口健二さんの『夜の女たち』って映画を、僕の家が映画館だったから、ロードショーしたんです。そしたら満員になってね」

　銀幕に映り、躍動する娼婦たち。十九歳の杉山青年は、昭和二十六年に大学入学と同時に上京すると、真っ先に有楽町のガード下に行った。もちろん、本物のパンパンに会うためだった。

「そしたらいっぱいいるんですよね。勇ましいんですよ。ショルダーを肩から下げてね、短いスカートに。それでもう颯爽《さっそう》と歩いているしね。湯上がりスタイルっていって、ネッカチーフを巻いてね。それでアメリカの兵隊さんをつかまえて、『ヘイ・ジョー』とかね、

『馬鹿タレ』とかね。もう果敢に闘っているんですよ」

その光景を目の当たりにした杉山には、ある想いが芽生えてきた。

「戦争に負けてから、男っていうのは、どうしても意識的に負けちゃうんですよね、旗がなくなっちゃうと。それでもうケチョンとなっている時に、女たちは闘っているなあと。日本の女は凄いなあと思ったの」

そこに女性が生来もっている強さ、男性との本質的な違いを垣間見た気がしたという。

「男は戦争に負けて、手を挙げちゃったらお終いだけど、女の戦いってそうじゃないんですよね。家に帰れば、どんな時だってご飯を炊かなきゃいけないし、子供の世話をしなきゃならない、姑の世話もしなきゃならない。エンドレスでしょ。そういう意味では、やっぱり女っていうのは、凄いなあと思いましたよ」

あのメリーさんのライバル、三浦八重子が頭に浮かんだ。まさに杉山の感じ取った〈女の逞《たくま》しさ〉を体現していると思ったのだが、それは間違いではなかった。杉山は戯曲を書く前の事前取材で、三浦に会っていた。では『横浜ローザ』の出発点は、メリーさんというよりも、その当時、杉山が目の当たりにしたパンパンの記憶だったのだろうか？

「戦争が終わったのが、僕が中学生の時ですからね。まざまざと大人たちの変貌を見ていますよ。その時の感覚からいうと、こういう人はいっぱいいたんです。だから必ずしも横浜に限ったことじゃなくてね、日本全国どこでもいたと。それと同じような年代の人たちが、みんな同じような思いをしているんだよね」

杉山の見つめる先にあったのは、やはりメリーさんだけではなかった。自身が体験した時代を、現在という地平から描きたかったのだろう。杉山にとっての戦後の決着が、一つの舞台を作っていった。

「いまだにメリーさんが、あの姿でね、横浜の町に立っているというのは、それ自体が痛烈な現代の風刺に思えたんでね。映画で言えば、歩くだけでも絵になるなと。それで自分なりの女の戦後史を書いてみようと思ったんですよ」

メリーさんをモチーフにしながら、同じ時代を生きた女性も取り込んで描いていった『横浜ローザ』は、最大公約数を目指した作品なのだろう。だからこそ、多くの人たちが共感し、支持されているのだ。メリーさん一人の特異な人生に、みんなが共感するとは思えない。逆に『ヨコハマメリー』は、最小公倍数を目指さなければならなかった。メリーさんにこだわり、その細部を追っていくことで、彼女が生きてきた時代と歴史、そして日本という社会とそのメンタリティが浮かび上がってくる。それこそが、私の狙いである。最初に『横浜ローザ』を観た時の違和感が、ようやく理解できた気がした。そのどちらも正解なのだし、だからこそ、その時代の当事者ではない、私の世代にしか描けないものを突きつめる必要があった。それが、常盤や平岡への回答になるはずだ。

話に戻ると、杉山がメリーさんに惹かれた部分はほかにもあった。それは、毎年必ず皇居へ一般参賀に訪れていたことだという。

「五大さんは『えっ、なんで？』って言いました。戦後の知識でいうと『あれだけ戦争の被害を受けた人たちが、なんで皇居に行くんだろう』という違和感があったんだろうね。でも僕からすると、彼女は大正生まれなので、いわゆる皇国史観の教育ですよ。だから年賀に行くのは、ぜんぜんおかしくない」

そして一般参賀に訪れることこそメリーさんのメンタリティを解く鍵になると、杉山は推論した。

「ああいう職業をしていて、生活保護はない、住民票も何もない生活、浮き草のような生活でしょ。だから彼女にとって昭和天皇はね、自分の父親のような存在であったんではないかと思うんですよ。僕はそこが、とっても面白かったの」

ローザ、とぼとぼと歩いて中央奥に立ち、正面を向く。

「昭和六十四年正月……天皇陛下がお亡くなりになった時、私、皇居前広場へ行きました……踏んだり蹴ったりの散々な時代だったけど、昭和と言う時代が終わったら、なんだか自分まで消えてしまいそうで、たまらなく心細かったんです。昭和八年に死んだあの厳格な父が無性に懐かしかったんです、父に会えそうな気がして、皇居前へ行ったら……人波に身を任せて砂利を踏んでたら、いつの間にか記帳をする天幕の中に立っていました」

ローザ、前面に進み出して深々と一礼して筆を取る。

「無意識に筆を取って本当の名前を書こうとしたら……」

ローザ、筆を持ったまま怯えたように震え出す。「私……書けなかったんですッ……本当の名前を書いたら、父に叱られそうで……どうしても書けなかったんです……」

（杉山義法、戯曲『横浜ローザ』）

父親のような存在であった昭和天皇。そして昭和という時代の終焉とともに、ローザは、自分の存在理由もなくなってしまうのではないか、そんな虚無感に襲われたのだろう。メリーさんもきっと同じ想いだったのかもしれないと、ふと頭をよぎる。インタビューを終えると、杉山は次の構想を明かしてくれた。

「じつはね、『横浜ローザ2』っていうのを考えているんだよ」

「いつ上演するんですか？」

「一人芝居っていってもね、結構、お金がかかるんだ」

「へえ、そうなんですね」

「プロットはあるんだけど。中村くん、それを映像でやってみる気ない？」

杉山は、そのストーリーを話し始めた。まだ文章にしていないらしく、私の手元には当時、聞き書きしたメモだけが残っている。

ローザは、未だに横浜の街を彷徨っていた。全身真っ白のドレスに、歌舞伎役者のような真白い顔は変わらない。しかし日に日に実感する老いという現実からは逃げられない。そんなとき、ある初老の男性と知り合う。身なり格好は、どうみてもホームレス。最初のうちはローザも相手にしなかったが、その男性の知性を感じさせる話し方に、次第に好感をもっていく。身の上話はしない。互いに聞かれたくないことだと、分かっているからだ。次第に、二人で過ごす時間が増えていく。老いらくの恋、最後の恋かもしれない。ある晩のこと、ローザは、その男性と会うため、約束の場所へと向かった。こんな日に限って、雨がふってくる。ネオンの灯が、道路の水溜りに、煌びやかに映し出された。そして町の喧騒とともに、どこからともなく聞こえてくる暴走族のサイレンの音。そのサイレンは約束の場所に近づくごとに大きくなっていった。何十台ものバイクの煌びやかなライト。その中心に、初老の男性が血だらけになって倒れこんでいた。それはローザの最後の恋人の、哀れな姿だった。ローザは、バイクのライトをかき分け、男性を抱きかかえると、ただただ泣き叫んだ。ローザの慟哭に呼応するかのように、雨も激しくなっていく。自分の涙と、雨で歌舞伎役者のようなメイクが流れはじめ、素顔が露わになっていく。暴走族たちが、二人を取り巻いて走り続ける。そこに流れくる一曲の唄「恋人よ」(作詞・作曲・歌唱：五輪真弓)。バイクのライトとサイレンの渦のなか、二人の淡い恋が終わっていった。

昭和五十八年、横浜で起こった「浮浪者連続襲撃事件」。連日、マスコミ各社がセンセーショナルに取り上げ、社会問題にもなった事件をベースにしたストーリーだった。

杉山は「どう、面白いでしょ?」と言って、ニコッと笑った。彼の中にはメリーさんに対する思い入れや過大評価などはない。ただメリーさんをモチーフにして、現実世界のなかでどう扱うべきかを考えていた。『横浜ローザ2』には惹かれないが、杉山の言葉には作り手としての矜持《きょうじ》があり、深く頷くことばかりだった。

「メリーさんのドキュメンタリーを撮っているなら、五大くんに挨拶したほうがいいよ」

杉山の思わぬ一言に、たじろいだ。いつかは挨拶に……とは思っていたが、どうにも気乗りせず、ずっと先延ばしにしていたからだ。五大のメリーさんに対する想いは、さまざまな媒体を通して知っていた。それゆえに私のドキュメンタリーをどう思うのか、不安だった。

「……会おうとは思っているのですが」

「じゃあ、いま僕が電話してあげよう」

やばい。私は心の中でそう呟いた。でも、もう手遅れだった。

「あっ、五大くん。いまメリーさんのドキュメンタリーを撮っている子がいてね。僕のところに取材に来ているんだ。君に会いたがっているんだけど」

ただずっとうつむいて、杉山の声を聞いていた。気づかれないようにため息を漏らすと、

「いま、中村くんに代わるね」と受話器を渡された。

しどろもどろだった。何を話したかは覚えていないが、とにかく自己紹介をした。

そして杉山の取材を終え、横浜に戻る途中、企画書をコンビニからファックスで送った。

すると数分後に、私の携帯が鳴った。

「中村さんですか？　私、五大路子と申します。ファックスありがとう」

「企画書、読みました。とても感動しました。私にできることがあったら何でも言って！」

予想外の反応に、拍子抜けしてしまった。そして五大は〈メリーさん〉への想いを語り続けてきた。私は受話器ごしに、彼女の話を聞きながら、安堵とともに、嬉しさがこみ上げてきた。ただ嬉しかった。映画への協力をお願いした全員が賛成してくれるとは、もちろん思っていない。ただ〈メリーさん〉を扱うことの難しさを、肌身で感じていた時期だけに、五大の声がエールに聞こえ、「まだまだやっていけるかも」と目頭が熱くなった。

五大には、まず『横浜ローザ』の舞台を撮影させてもらい、その後、楽屋でインタビューを行った。

「メリーさんと出会ったのは、横浜開港記念みなと祭のときだったんです。山下公園前のいちょう並木のところに、大きな荷物を持って、顔は真っ白、背骨は曲がっているんだけど、こう前を見据えて立っている女性がいたんです。その存在と、凛《りん》とした目の輝きに吸い寄せられて、それが『あなた、私をどう思うの。私がどうやって生きてきたと思うの。答えてちょうだい』っていう問いかけに感じたんです。もうまさに襟首をつかまれたような思いだったんですね。それで隣にいた方にお聞きしたら『あの方は、メリーさんといってね、横浜の大事な財産なんですよ』って。それで何なんだろうと思ったのが始まりです」

「いえ、そんな」

「最初は漠然としたところから始まったんですね。具体的にメリーさんのここに興味があるとかではなくて」

「ああ、それは違う。やっぱり彼女の眼差しが、私に『答えてちょうだい』っていう問いかけがあったように感じたんです」

一九九一年の「みなと祭」で出会った後、五大はメリーさんに関する本や雑誌、噂話を調べ尽くし、関係者に会っていった。そして次第に、ある想いが生まれてきたという。

「そうだ、この人のことを、私がいま感じたこの肌触りを、自分の身体を通して語りたい、演じたい、そう思い始めていったんですね」

五大が調べ上げた資料は、日ごと膨れ上がっていった。それを親交のあった杉山義法にファックスで送っていった。戯曲を執筆してくれる保証などない。当初は、五大の執念だけだったという。

「そしたら杉山先生の中で（イメージが）どんどん湧きあがってきて、自分が生きてきた戦中戦後という時代がオーバーラップしてきて、とうとう筆を執ってくれたんです」

しかし、そこまでメリーさんにこだわりながら、なぜローザという名前にしたのだろうか？　五大に、愚直な問いをぶつけてみた。

「それは、杉山先生とも話したんですけど、メリーさん一人だけの人生じゃなくて、その後ろには、何十万というメリーさんがいる。一人の特定の個人史を描くんじゃない。ローザは、同じ境遇の女性の総称であって、彼女たちの想いや生き様を、戦後史として描いてみようとしたんです」

ローザは、メリーさんをモチーフとして使った架空の娼婦の話ということだ。それもアプローチとして間違いじゃない・では口ーザの名前の由来は何だったのか？　単純だがメリーさんをもじって、マリーでもいいはずだ。

「杉山先生へのファックスに、バラの花を描いていたんですね。それに加えて、私が（絵とともに）『ローザより』って書いて送るようになって、杉山先生が（主人公を）ローザって名前にしたんです」

そして五大が繰り返し言っていたことは、こういうことだった。

「メリーさんの個人史を描こうとしたわけじゃないんです。メリーさんの後ろにも、横にもたくさんの人たちがいる。私は、そのすべての想いを総称した〈横浜ローザ〉を描きたかった」

五大の実直な思いが、今もなお上演を続けるモチベーションになっているのだろう。実際に一九九六年の初演から現在まで上演を続けており、今でも年五回の公演で、約千七百人近くを動員するという。

上演を重ねるにつれ、五大自身も驚くほど観客からの反響が寄せられたという。たくさんの手紙、ファックスが送られてきた中で、その一つを見せてもらった。

私は現在、ソープランドに勤めています。よく仕事帰りに、コンビニでメリーさんを見かけました。夜中のコンビニは、とても明るくて、メリーさんの顔のアップは、少々、たえがたいものがありました。彼女の顔や手に刻まれた、シワの中に、どんな思いがあったか、知るよしもありませんが、「昼と夜の顔を分ければいいのに」と、当時はよく思いました。そしてあの年齢で、どうしてあんなに高音がでるのか、今も不思議でなりません。昭和天皇が亡くなったときに、本名を書けなかった気持ちは、よくわかります。

すでにこの世にいない両親に対する後ろめたさは、私とて同じです。親の前では、何年経っても、たとえ天国にいってからでも、娘には違いないのですからね。

このソープ嬢の告白に感化された私は、過去のみらず娼婦たちの「現在」へと興味が向かっていった。私の取材にはこういう脱線や回り道が数限りない、ゆえに時間がかかってしまう。わかっていても止められない。興味の赴くまま、後先考えずに突き進んでいた。

4　黄金町アンダーグラウンド

京浜急行線日ノ出町と黄金町《こがねちよう》駅の間に連なる五百メートルほどの通りは、売春ストリート「ちょんの間《ま》」として知られ、娼婦たちが道行く男の袖を引っ張っている。

時代とともに日本人の姿をめっきり見かけなくなり、今では中国、台湾、東南アジアや南米などの女性が立ち並ぶようになった。

私がここへ来るのは、初めてではない。すでに何度も足を踏み入れていた。目的は現代のメリーさんを探すことである。今の横浜で身体を売っている女性に取材したかった。いわゆる街娼だったメリーさんと、ちょんの間の女性たちとでは、置かれている状況は違うが、何かしらの共通項があるはずだ。

ここで出会った女性の中に、こんな娘がいた。名前は張媛媛《ちょうえんえん》、本名かどうかはわからない。この界隈にしてはケバい化粧ではないのが気に入り、お客として馴染みになると、自分の生い立ちを話してくれた。媛媛は残留孤児だった両親に連れられて、六歳の時に来日したという。日本の義務教育を受けているだけあって、日本語の発音はネイティブだった。

「（残留孤児の）私の両親は、日本にはいないんだよね」

「どうして？　やっと帰国できたのに」

「日本の生活が合わないんだって。中国に帰ったの」

「媛媛は帰らないの？」

黄金町のちょんの間（1980年代前半）。この頃は日本人の娼婦たちが多くいた（上下）（森日出夫撮影）

「だって私、日本で育っているし、向こうよりこっちのほうがいいから」

いま両親は中国・黒龍江省に暮らしており、媛媛も年に数回は帰るという。この黄金町に来たのも、不思議な巡り合わせからだった。もともと都内のデートクラブに出入りしていたのだが、あまりお金にならない。そんな時、店に同じ境遇の残留孤児がいた。意気投合した二人は共に生活をするようになり、彼女に誘われるままこの町にやってきたという。媛媛の両親はこの仕事のことは知らないし、いつまで続けるかも決めていないという。いつも私とはたわいもない話をして、時間が過ぎていった。

「どんな音楽を聴くの？」

「張学友（ジャッキー・チュン）」。香港の人気スターの名前を言って、媛媛は嬉しそうに笑った。

見かけや容姿は日本の同年代の子と変わらないのに、彼女の頭の中では二つの国を抱え、彷徨っているようだ。しかし媛媛のような子は少数で特殊な例だ。この黄金町界隈でいちばん多いのは、自国で日本への渡航費や借金を背負わされてきた女性たちである。

ちょんの間のシステムは、一日分の部屋代を家主に払う契約なので、一人でも多くの客を取れば稼ぎも増える。部屋のローテーションは、ほぼ二交代制。朝（もしくは昼）から夕方まで働く女性たちと、入れ替わりで夕方から深夜まで働く女性たちだ。

ある日、私は馴染みの子たちに声をかけながら、通りを徘徊していった。そんななか、川沿いのある店の貼り紙が目に入った。「日本人居ます」。ここで日本人（娼婦）を見つけるのは難しい。それだけでもアピールになるから、貼り紙をしたのだろう。店を覗くと、一昔前のボディコン姿の女性がカウンターに座っていたので、思い切って声をかけた。

「日本人なんですか？」

「そうですよ。遊んでいかない？」

「ここで日本人って珍しいですよね」

「お客さんから聞いたんだけど、私を含めて二、三人らしいですよ」

名前はマイ。もちろん源氏名だ。年齢は二十七歳。以前は、横浜の曙町にあるファッションヘルスで働いていたが、つい最近、ここに転職したという。

「ヘルスって、本番なしで、口と手でイカしたりする仕事でしょ。そのたびにシャワーを浴びなきゃいけないし、一日やると身体中がふやけて大変なのよ。冬場になると肌がカサカサになるし、それにコースがあるからいろいろと面倒だしね。こっちはシャワーもないし挿入するだけで、そんな時間もかからないし、効率もいいから」

実際に、ヘルスよりもちょんの間のほうが稼げるようだ。実働半日ほどで、ヘルスに比べると三倍近い収入になるらしい。日本人のマイには常連客も付いており、平日だったら七、八人。土日になると、十人近くのお客を相手にするという。

映画の制作費が足らなくて赤字がかさんでいるのに、「これも取材の一環」だと自分勝手な言い訳をして、マイの店に顔を出すようになった。年齢が近かったこともあり、打ち解けるまで時間はかからなかった。そして、意を決して打診してみた。

「インタビュー、撮影させてくれないかな？」

映画のことを話すと、メリーさんに興味を持ったようだった。

「へえ、面白いね。私でよかったら協力するよ」

拍子抜けするほど、簡単に了承してくれた。マイは、メリーさんに会ったことはない。直接の関係はないのだが、横浜の町、それも黄金町の「ちょんの間」で働く日本人女性の話を撮りたかった。

場所は、マイの仕事部屋。つまり、ちょんの間である。中に入ると、ピンクの蛍光灯が窓のない小部屋を照らしていた。キャミソール一枚だけの彼女を見ていると、胸の鼓動が速くなるのがわかった。もう完全な趣味ともいえる……。私は冷静を装い、まずはこの仕事を始めたきっかけを聞いた。

「それはお金のためですね。家賃を滞納していたんですよ、五、六ヶ月ほど……。その時、つき合っていた彼氏が自営をしていて、バブル経済がはじけたあとでお金がなくなっちゃって。それを助けるために飛び込みました」

「最初から、黄金町に？」

「いや、まず出張性感とかってわかります？　出張性感って、デリバリーヘルスみたいのを、地元（福岡）でやって。その後、ヘルス、ソープに行って、それで今の黄金町の仕事ですね」

「別の仕事で稼ごうとは？」

「ここを知る前だったら、まだヘルスで頑張っていたかもしれないけど、いまは、もうここがいちばんいいですね」

「いや、風俗ではなくて……」

「つい三ヶ月前まで普通の仕事で、お昼に働いていましたよ。OLをしながら、夜は風俗っていう、アルバイト感覚でやっていましたね」

「最初に抵抗っていうのは？」

「慣れですよ。いまはもう慣れで、まったく知らない男性とするわけですよね」

「どんなお客が来るんですか？」

「七十歳を越えたお爺ちゃんまで、いろいろいますよ。歳取ると、精子って白じゃなくて、透明になるんですよ（笑）」

「だけど、ヘルスと違って一人でやっているわけだから、危険もあるよね？」

「ありますけど、うん。用心棒みたいな、町を守ってくれる人たちがいるんで、その人に電話一本すれば守ってくれるし。あとは自分で見極めるしかないですよね。危なそうな人だったら……。お客さんに付くことを、『お客さんをあげる』って、こっちの用語でいうんです。もうヤバそうな人は、ぜったいに『あげない』って感じで、うん」

大げさではなく、命を張っている職業だ。用心棒だって、店に常駐しているわけではないので、接客の時に何があってもおかしくない、はずだ。

また、娼婦としてマイには、世間に対する負い目などは一切なかった。だからと言って、深い考えがあるわけではない。買うほうがいるから、売るほうもいる。ただそれだけのことらしい。

「親には言っていない。言う必要がないから」。でも罪悪感なんてないから、隠すつもりは毛頭ないという。あまりに明快で返す言葉が見つからない。では、いつまでこの商売を続けるつもりなのか。ふと、そんな疑問が頭をよぎる。

「あと最低二、三年かな……、続けても」

「長く続けられる商売ではないと？」

「いや長く続けられますよ。それこそ私が知っている人、七十ちょっとなんですけど、この町の中で、まだ現役でやっています。だから続けられる仕事だけど、うん。結婚とか出産を考えているんで。自分が身体を使って、この仕事をするんだったら、あと二、三年かなと思いますね」

「七十までやろうとは思わないの？」

「できるんだったら、やりたいですよ。でもあと十年が限度だと思いますね。身体のことを考えて、うん。（下半身の炎症を抑えるために）抗生物質を飲んでいるんで、このままだと子供も作れないですしね」

最後にメリーさんについて聞いてみた。今を生きる現役の娼婦が、どう思うのかを知りたかった。

「あの年齢でお客さんを取るって、すごいことですね。しかも私たちみたいに、（部屋がある）〈待ち〉じゃないでしょ。すごいですね。尊敬するとかじゃないけど、ただすごいですね」

インタビューをしてから三年後、マイは黄金町からいなくなった。当時つき合っていた彼氏と、地元の福岡に戻って結婚したという。有言実行。なんの躊躇《ためら》いもなく、きれいな引き際だった。

その後、黄金町のちょんの間は、二〇〇五年一月十一日、神奈川県警による摘発を受けて壊滅状態となった。

■売買春店　最後の一灯消えるまで

売買春店が半ば公然と軒を連ねる黄金町周辺（横浜市中区）の浄化作戦が、十一日から本格的にスタートした。〔……〕県警によると、黄金町周辺の歓楽街には約二百六十軒の「特殊飲食店」が立ち並ぶ。暴力団など犯罪組織の温床となっているほか、体感治安の悪化にも拍車を掛ける結果を招いている。昨年十一月に漆間巌警察庁長官が視察。同行した伊藤県警本部長は同十二月一日の記者会見で「開港百五十年を控えた国際都市として恥ずかしい」と述べ、撲滅への強い姿勢を示した。総合対策は「バイバイ（売春、買春、BYE BYE）作戦」と命名。

（『神奈川新聞』二〇〇五年一月十二日）

■浄化作戦の成果確認

松沢成文知事は十九日夜、横浜市中区の黄金町周辺地域を視察し、特殊飲食店の一掃に向けて取り組んでいる県警の「バイバイ作戦」の成果を見て回った。昨年四月にも視察した松沢知事は「具体的な街づくりが進みつつあり感動した。今後は地域住民や警察と協力して、大岡川を生かした街づくりを応援したい」と話した。

（『神奈川新聞』二〇〇六年四月二十日）

「あらゆる関係法令を駆使し徹底的、継続的な取り締まり」「最後の一灯が消え、街が生まれ変わるまで県警の威信を懸けて戦う」など、神奈川県警が本腰を入れて、黄金町の「ちょんの間」を潰しにかかったのだ。そしてその後、娼婦たちが消えた町は、ゴーストタウンとなった。かつて終戦直後、若葉町に米軍の飛行場を作ることになった際、立ち退きにあった住民たちが仮住まいとし、糊口をしのぐために飲食店をしたのが、このガード下の始まりだという。その始まりと終わりが、時の権力の意向が強く働いて決まるとは、何ともやるせない思いが募った。

第5章 港のメリー・ヨコハマ　ヨコスカ

1 「戦後」と寝た女たち

湿気のある生暖かい風と、耳をつんざく蟬の鳴き声。撮影を始めてから、二度目の夏を迎えた。これまでの撮影を通じてわかったことを整理するために、メリーさんの足跡を時代順に区切って追ってみた。

メリーさんの確かな目撃談があるのは、横須賀時代からだ。それまでの足どりについて、さまざまな噂がある。例えば「神戸の慰安施設で働いていた時に、米軍将校と恋に落ちた。その後、東京に転勤した将校を追いかけて上京。だがほどなくして、将校に本国への帰国命令が下る。一人取り残されたメリーさんは、失意のうちに横須賀へと流れてきた」などである。

しかし神戸、東京に関して、メリーさんの情報はほとんどない。ここでは確実な目撃情報がある横須賀から始めることにする。

旧日本海軍の軍港だった横須賀は、敗戦後の一九四五年九月二日、アメリカ海軍に接収され、朝鮮戦争、ベトナム戦争における前線基地となった。その頃、横須賀の繁華街である「どぶ板通り」は、三百メートルにおよぶ通り沿いにバー、キャバレー、土産物屋がひしめき合い、米兵たちで溢れ返っていたという。店の前に掲げられた「グレートA」の鑑札は、米兵が立ち入ってよいという印で、横須賀市長、警察署長、商工会議所会頭で構成された「A級店舗推薦委員会」に申請し、横須賀市衛生部とアメリカ海軍病院の係官の審査を受けなければ、この鑑札はもらえなかった。一九六〇（昭和三十五）年には、横須賀でA鑑札を持つ店は二百三十軒にのぼったという。

■バッジをつけた女を買え

では、まず、このA級のバーをのぞいてみよう。重い扉を押してバー〝N〟に入ると、ボックスに並んでずらっと座っているアメリカ水兵と、それに抱かれるようにまつわりつく女たちの姿がパッと目に入る。こっちのすみでは抱き合って長いキッス。そして、向こうのボックスの青い灯のかげでは大きな男の毛むくじゃらな手が女のスカートの下にかくれて見えない。「イヤーン、ノーモアタッチ」とブロークン米語で女の叫びがなまめかしくひびくが、誰も振り向こうともしない。毎夜のことだから、それよりも彼氏との今夜の取引の方が大事なのかもしれない。これは濃厚なフンイキといえよう。しかしここでは、それ以上ではない。ここでいわば前戯をすませた男と女とが、十一時半の看板からどこで何をしても、それは彼と彼女の自由意志による自由恋愛なのである。

（『週刊漫画サンデー』一九六〇年四月十一日号）

ここで米兵相手のホステスをしていた木元よし子に、当時の横須賀の様子について聞いた。

「昭和二十六年から三十七年頃まで知っていますね。横須賀が一番景気の良い、最盛期の頃ですね。もう航空母艦が、続けざまに入る時代でした。どぶ板通りは、もう水兵さんの白い帽子で埋め尽くされ、日本人は歩けないくらいの状態でした」

「当時は、どういう仕事をしていたんですか？」

「私は街娼っていうよりも、ホステスって感じでしたね。まあ外人バーばかりで、当時はドリンク制って言っていたんですよ」

ドリンク制とは、米兵たちにドリンクを売った数によって、収入が決まるシステムだった。また「グレートA」の鑑札同様に、ホステスたちも住所、氏名、生年月日を記入し、写真を貼った名簿をアメリカ軍、横須賀市立性病診療所、A級鑑札の店舗組合であるソシアルサロン協会、所属する店舗の四ヶ所に登録しないと働けなかったという。さらに十日に一度の血液検査、検便、レントゲン、性病検査を義務づけられるほど厳しく管理されていた。

「『ナンシー（木元さんの源氏名）、お前は検査に行っていないから、ドリンクはダメ』ってね、そういう厳しいお店もありました」

「ホステスさんは、どのくらいいたんですか？」

「何百人もの人がいましたね」

「ホステス同士のグループのようなものは？」

「やっぱりグループの派閥はあります。私らでもありました。けど、メリーさんは別ですよ。あの方はお店に束縛されるのが嫌で、本当の街娼ですよね。自由な時間に来て、艦隊が入れば、昼間から来てね。十七世紀のルイ何世みたいな素敵な格好で、すばらしいお帽子をかぶって、レースの手袋をして、柄の長い日傘を持っていました。フワッとしていて、ちょっとレトロでね。レコード屋さんとか、ウィンドウが綺麗な所をバックに、自分をいかに綺麗に見せるかをやっていましたよ」

「その時は、メリーさんと呼ばれていなかったんですか？」

「いいえ、皇后陛下と呼んでいました。とにかく、物を言わない方でね。その頃、女盛りだし、いちばん綺麗なときですよ。横浜の時とは違って、真っ白くは塗っていても肌は綺麗でした」

「アメリカ兵が多かったんですよね？」

「もうすごいです。スリーセクションって言って、三交代だから、艦隊が入ると、ものの見事。今世紀もふくめて、そういう時代は来ないでしょうね。その時、日本は貧乏でしょ、（固定相場制のレートで）一ドル三百六十円だから。まだ貞操観念が厳しい時代だったけど、お金が欲しい人は来ましたよ」

「メリーさんに対しては、どう思っていましたか？」

「あの人（メリーさん）は寝るからね、寝ての勝負だから。そこが私らとは違う。例えば私らは『May I spend time you？（ご一緒していいですか）』と口説かれますよね。そしたら『OK、OK』って言って、ガバガバ飲ませるわけ。そんでボーンと（店の外にお客の米兵を）出してね。『レコードショップのところで待っていてくれ』って、嘘八百を言うわけね。それで騙しこむ、そういう商売ですから」

「その後は大丈夫だったんですか？」

「騙した男が、そこら辺にたくさんいますからね。（店の）表で『Where is Nancy？（ナンシーはどこだ）』って言っていましたね。『（店の人が）いま、そこ通ったじゃないか』って、まさに私なんですよね。だけど男たちは『いや、こんなオカチメンコじゃない』って言うわけ。化粧落として、カツラを取っているから、わからないんですよ。ダマくらかさないと稼げませんよ。だから、ああいう時代は二度と来ないでしょう」

こういう女たちがヨコスカだけで二千人いる。そして、そのうち三分の一は売春しているともいわれている。相場はオールナイト二千円から五千円が標準だが、腕のいい女となると一万円。（中略）ソシアル・サロン協会の副会長は、外部に意見を発表するときは、理事会の承認を経てからでないと、と渋いながらこういっていた。「われわれは、市の収入の三分の一を負担しているのですから、市なり商工会議所なりがもっと力をいれてくれればと思うんです」。何に力をいれるのかはわからないが、ただA級店につとめる二千人の女たちがヨコスカの重要な産業になっているのは事実らしい。ある商人はこういっていた。「横須賀は、一軒のうちで誰か一人は必ず水商売に関係しているといっても過言ではないでしょう。昔から、海軍の基地だったんで、軍隊がなくては暮らせぬ街になってしまったんですね」（『週刊漫画サンデー』同前）

どぶ板通りで、バー「テネシー」を営む藤原晃《ふじわらあきら》。一九二九年、横須賀生まれ。一九五〇年、米海軍掃海艇に乗り込み、朝鮮戦争に参加する。その後、横須賀に戻り、「テネシー」を開業した。一九九一年、自身の体験をもとに『ヨコスカどぶ板物語』（現代書館）を上梓。そこにはお客を手玉に取っていたナンシーこと木元とは違う、米兵と日本人女性のロマンスと、その顚末が綴られている。もしメリーさんが海を渡っていたら、こんな結末だったのかもしれない。

「私の家はモーテルを三つ持っていて、牧場があり、景色もすばらしい。あなたを絶対幸せにするからついて来てほしい」ということばを信じて行ってみれば、モーテルはせいぜい二人が泊まれるぐらいのみすぼらしい小屋で、牧場は草ぼうぼうの原っぱ。牛や馬どころか、熊か猪でも出て来そう。こんな土地なら一坪を缶ジュース一本ぐらいの値段で買えるとのこと。だましたつもりはないにしてもこれではあんまりだと、毎日泣きの涙で暮らし、ついに日本に戻った女性もいた。兵隊のほうにしても、故国を遠く離れた淋しさから日本娘を連れて帰ったのはいいが、冷静になって考えてみると、まわりには自分と同じアメリカ人でもっとかわいい子がたくさんいる。そうなるとたんにうっとうしくなり、毎晩遊び歩いて、家にもよりつかなくなるというケースも多いようだ。

『ヨコスカどぶ板物語』には、横須賀時代のメリーさんについての記述もある。直接、藤原の店を訪ねて、当時のことを聞いてみた。

「日が暮れると、頭に変な帽子をかぶって、昔の皇后陛下のような格好して、角に立っているんですよね。それでなにか言っても返事しないんですよ。毎晩じゃないけど、黙って立っているんです。まあ有名な人だったですよね」

「声かけたことがあるんですか？」

「いや私はないですよ。気持ち悪いから、うん」

「その当時から真っ白だったんですか？」

「そうなんですよ。皇后陛下と同じ格好していたんですよ。だから（どぶ板通りがある）本町のバーの従業員がね、酔っ払って、彼女のそばに行って土下座するくらいに人気があったんです。まあ昼間は絶対、歩いてない。日が暮れる、八時、九時ですね。お化けみたいに立っているんですよ」

「毎回、同じ場所に立っていた？」

「そうなんですよ。一週間に二、三回ですね。毎日は来ていなかったです。私も三十何年前だから、あんまり憶えてないですよ。だけど幽霊みたいに立っていたのは、事実です。

なんか（下級の）兵隊とは絶対にモノ言わないで将校専門でひっかけた。ひっかけているらしかったねえ。それが一緒にね、（メリーさんと）手をつないで行ったとか、見た人いないのよ。だから、どこで待たせたのかはわからんなあ。本当に不思議だったね。一緒に歩いているのを見た人もいない。家がどこだか誰も知らないのよ」

「気がついたらいて、気がついたらいなくなって」

「それなのよ。（お店が）ちょうど、忙しくてガタガタしている時、たまたま皇后陛下の話が出たんですよ。そしたら『いやあ、俺一緒に行ったらチンチンが付いていた。びっくりして逃げてきた』って」

「それはアメリカ兵の話ですか？」

「そうそう。冗談だったんでしょうなあ。そんなもんですよ、私の知っているのは……」

その後、〈ナンシー〉こと木元よし子は、横須賀から横浜に移り住むことになった。基地の縮小によって上得意であった米兵の数が少なくなったことが、その理由だった。まだ横浜のほうが、米軍住宅などもあり、アメリカ人たちも多かったという。

「私は早いですよ。もう（昭和）三十七年には来ました。ベトナム（戦争）の頃で、私は『横須賀はダメだ、ハマに行こう』ってね。見切るのが早かったんでしょうね。メリーさんも景気が悪くなったから、移ってきたんでしょうね」

「横須賀から横浜に移ってきた人は？」

「多かったですね。みんなドリンク制から、キャッチバーに流れ込んで、〈334〉っていう商売があるんです。(取り分が)経営者が三、女の子が三、パイラーが四。パイラーって、客引きのことね。客引きがいないと、(店内を)薄暗くしておいて、ドリンクで叩けないからね(法外な値段で売れない)。私らの言葉で『ドリンクを叩く』って、騙くらかすっていう意味なんです」

その前年一九六二(昭和三十七)年頃に、メリーさんも横浜に「仕事」の拠点を移したようである。同業であった三浦八重子が遭遇したのは、友人と伊勢佐木町の松坂屋に入ろうとした時のことだった。

「お店の入口に、まあ真っ白、髪だけは真っ黒だったけど。背筋をのばして、直立不動で立っていらしたわけ。私もビックリしたわね」

友人から、横須賀を根城にする〈皇后陛下〉と呼ばれるパンパンだと耳打ちされたが、さして興味などなく素通りすると、背後から刺すような視線を感じた。

「ふっと振り返ったら、(メリーさんが)私を見ているわけよ。私が金髪に染めていたもんだから、異様に感じたんでしょ。私も彼女を異様に感じたけど、彼女も私を『えっ⁉』って、思ったんじゃないかな」

それから数日後、三浦の仕事場である伊勢佐木町・根岸家《ねぎしや》の前で、横須賀から流れてきた新参者と二度目の遭遇を果たした。

「その頃は非常に華々しいところだったから、夜の根岸家の周りというのはね。二十四時間、灯が付いていたところだから。そこで私も図々しくいたんだけど。ふっと横から声がね、キレイな声で『こんばんは』っておっしゃるわけ。見たら、『ああ、このあいだ見た、皇后陛下だな』って思った。相変わらず白い洋服はそのままだけど、お帽子がなかったわ。今度は金髪にしていた（笑）。そして『いつもおキレイだわねえ』っておっしゃるわけ」

三浦のスタイルをただ黙って凝視するメリーさん。営業中だったこともあり、三浦は「ちょっとアンタどいてくんないかねえ、向こうに」と追い払ったという。たった一回限りの短い接触だったというが、なぜメリーさんは三浦に興味を持ったのだろうか？

「後で考えたら、何でそんなに私を見ていらっしゃったかって言ったらね、メイキャップを見ていたわけよ。それまでの彼女はね、もう真っ白く塗って、眉毛を真っ黒くかいて、それだけだったわけ。それに眼鏡でしょ。皇后陛下だから、そうだったわけ」

現役時代の三浦八重子（三浦八重子蔵）

「メリーさんのメイキャップの見本になった？」

「彼女が、私をそういうふうに見て、盗ったんじゃないの」

しかし三浦にとっては面倒なことも起こった。その容姿がそっくりなことから、何度となくメリーさんに間違えられたのだ。

「遠くのほうから『メリーさん』って、手

を挙げるわけよ、私にね。また間違っているわ、と思って。で、もちろん見たことのない人だから、『どこでお会いになったの？』って聞いたら、『（横浜駅）西口』って。『悪いけど、私じゃないのよ』って言ったの。三十くらいかな、若い子だった」

メリーさんは一人じゃない、何人もいるらしい。複数の人から、そういう類の話を聞いたことがある。メリーさんの都市伝説の一つは、ここから始まったのかもしれない。

そして一九六四（昭和三十九）年、東京オリンピックが開催される前のメリーさんの情報も入ってきた。きっかけは『神奈川新聞』の白鳥明美記者だった。

「大野《おおの》一雄《かずお》さんの舞踏『わたしのお母さん』を観たときに、どうしてもメリーさんのことが頭に浮かんできたのよ。それで、どうしても直接、本人に伝えたいと思って」

白鳥は写真集『PASS』を携えて、上演後に会いに行った。そしてその想いを伝えると、大野はメリーさんの写真を凝視して、ただ深く頷いていたというのだ。

「これは面白い。それだけで画になる」。白鳥の話を聞いてすぐに、私は保土ケ谷区上星川にある大野一雄舞踏研究所を訪ねた。しかし大野は、数年前に身体を壊して療養の身で、とてもインタビューをできる状態ではないという。しかしどうしても諦めがつかない。言葉は出てこなくても、メリーさんの写真を見て、ただ頷いてくれるだけでもいい。そんな場面が撮りたいと、研究所通いが始まった。そのとき応対してくれたのが、息子の大野慶《よし》人《と》だった。一九三八（昭和十三）年生まれ。彼も舞踏家であり、動の「一雄」、静の「慶人」と言われるほどの実力者だ。一九五九年、土方巽《ひじかたたつみ》の『禁食』に少年役で出演。暗黒舞踏派公演のほか、父、大野一雄の公演にも参加している。

ある日、稽古が終わった後だった。しつこく食い下がる私を諭すように、大野（慶人）は赤ワインをあけた。そしてグラスをかたむけながら「じつは、私にもメリーさんへの想いがあるんです」と吐露し始めた。その話が面白く、酔った勢いで出演をお願いした。取材は、実際に動いてみないとわからない。もちろん、やみくもに動いても意味はないが、この時は予想外の収穫を得られた一例である。そしてその後、彼の稽古場でインタビューを行った。

「東京オリンピックが始まる少し前ですね。私の奥様が、シルクセンターというところで、ドラッグストアを経営していたんですね。そして僕もちょうど自分の舞踏に行き詰まって、過渡期だったので、そこを手伝うようになりましてね。そういうドラッグストアで仕事しているなかで、メリーさんにお会いしたんですよ」

若い頃のメリーさん。まだ充分に現役だったが、すでに町では目立つ存在だった（森日出夫撮影）

「その時の印象というのは？」

「僕たちは、その当時はメリーさんって言ってなくてね、〈きんきらさん〉って言っていたんですね。白く化粧しているでしょう、それで舞台衣装のようなものを着ていますからね。普通から見たら、ちょっと異様な方っていうふうに思われてたろうけども、僕から見ると、きんきらに輝いている〈きんきらさん〉でしたよ」

当時、大野が働いていたドラッグストアは、大桟橋の中にも支店があった。まだ埠頭や桟橋には多くの外国船が溢れている時代だった。そこで、大野はメリーさんのロマンスを目の当たりにしたこともあった。

「一番忘れられない思い出はですね。船が出航するんです。そうすると紙テープが投げられて、そういう中で『蛍の光』が鳴って、船が出ていくわけです。で、（乗船客が）お互いに手を振り合ってね、別れを惜しんでいるわけですね。ある時、メリーさんと、そこの乗船客（の一人が恋人）だったんでしょうね、そんなに若い方じゃないけど、二人が駆けて来たんですよ。もう今、来なければ船が出ていっちゃうというぎりぎりに来ましてね。二人は、抱き合ってキスしたんですよ」

「男性は、自分の本国へ帰ってしまったということですか？」

「そうですねえ。悲しい別れだったと思うんですけども。もう映画のシーンですよね」

本国へ帰ってしまったメリーさんの恋人。そして、その彼を待ち続けたメリーさん。それを裏づける証言もある。未完のドキュメント映画『娼婦メリー（仮題）』の監督、清水節子が撮影中に聞いていたメリーさんの心情がフラッシュバックする。

「結局、横浜から離れられなかったっていうのは、自分の中で一番愛した人だと思うのね、その将校のことが忘れられなくて、いつか戻ってくると、そういう気持ちでずっと横浜に何十年もいたと……」

ルナ美容室の湯田タツからは、指輪についてのエピソードを聞いたことがあった。

「指輪がなくなったんですって。いつもなさっていた翡翠《ひすい》の指輪だったと思うんですけど、彼にもらった指輪で、とても大事にしていた指輪なんだって。だからあれがなくなって悲しいわっていう、お話をなさったんですよ」

「恋人からもらったと？」

「はい、らしいですね。だから、今までお話らしい話はしなかったんです。ただ座ってたから。『結構よ』って感じで、それで帰る時に『センキュ』って言って、お帰りになるだけでしたから。だからよっぽど悲しかったんだなって。それでまた何ヶ月かして、指輪をなさっていたから、『ああ、指輪出てきたんですね』ってお話ししたら、『あったのよ！』って、すごい、その時に喜んでいらして」

いくつかの証言をつなぎ合わせていくと、〈本国に帰ってしまった恋人を待つメリーさん〉というのは、信憑性が高いことがわかってきた。もちろん、あくまでも状況証拠に過ぎないが……。

前述した藤原晃の『ヨコスカどぶ板物語』にも書かれていたように、戦後、恋人になった米兵に連れられてアメリカに渡った女性は少なくない。それでも海を渡れず、日本で待ち続けることになったのは、なぜなのか？　三浦のように「家族のために」仕事をした娼婦も多かったのだろう。それでもすべてを投げうって、米兵との愛に生きた娼婦もいたという。

保土ヶ谷区岩井町に住む山田秀子（二七）、和江さん（一九）、美子さん（一五）春夫君（一二）＝いずれも仮名＝の四姉弟は十年前建築請負業だった父と母が相次いで他界した後、秀子さんが三弟姉を養ってきたが、戦後の生活苦から弟妹の犠牲となって夜の女に転落、どうにか三人を養ってきたところ、今春以来知り合って結婚の約束までした米兵がその後帰国してしまったので、秀子さんは親の残した唯一の財産である家と家財道具を売りとばして船賃にあて、去る八月十二日横浜出港の米船で米兵のあとを追って渡米してしまった。残された三弟妹は住む家もなく、その日の食事にもこと欠く有様で、ようやく知人宅に身を寄せ、和江さんがいまダンサーとなって弟妹の面倒をみている。事情を知った保土ヶ谷民生安定所ではなんとか弟妹を援助したいと方法を協議している。（『読売新聞』神奈川版、一九五二年十一月十二日）

華やかなりし六〇年代から、メリーさんのエピソードは七〇年代では空白となる。目撃情報などはあるが、映画に使えそうな食指が動く話は出てこなかった。

そして一九八〇年八月、三浦、そしてメリーさんの仕事場でもあった、大衆酒場「根岸家」が倒産する。常連客だった米兵や外国人船員も、横浜の町の風景から消えてしまい、

〈パンパン〉であったメリーさんにとって受難の時代が始まった。根岸家は閉店から三ヶ月後の八〇年十一月、不審火により全焼。付近の住宅十棟までもが巻き添えとなって被災した。

メリーさんが荷物を抱えて町を歩くようになったのは、根岸家の終焉にも関係があるらしい。化粧品店・柳屋の福長恵美子によると、メリーさんは根岸家の近くに住んでいたという。

「その頃、うちでサービスカードがあったんです。それがいっぱいになると五パーセントの割引をするんですけど。（カードに）お名前と住所を書いてくださいって言ったら、達筆で西岡ってお書きになられてね（メリーさんの通称は西岡雪子）。それで根岸家の裏に住んでいるってわかったんです。で、根岸家が焼けたんです。ぜんぶ焼けましてね。彼女は『自分がいない時に、焼けちゃったら困る』と思って、荷物を持ち歩くようになったんです」

メリーさんが直接、言ったわけではない。福長がメリーさんとの会話の中で、そういうニュアンスを感じとったのだという。確かな事実は、メリーさんが荷物を抱えるようになったのは、根岸家の火災以降ということである。しかしある日、持ち歩くほどに大切だった荷物が盗まれてしまう。

「GMビル（の一階のエントランス）で、西岡さんはガラスを見るのが好きでね。そこに自分の姿を映すのが大好きなんです。それくらいキレイでしたけどね。それでGMビル（のガラス）で自分を見ていたら、茶色のバッグを盗られたって言って、私のところに『ママ』

って泣いてきたんです。もうアイライナーが涙で、顔中が真っ黒になっちゃいましてね」

じつは、彼女が転落していく予兆はすでにあった。遡ること根岸家が閉店する二年前、一九七八年十一月に伊勢佐木通りがモール化され、歩行者専用道となる。三浦八重子は「車も通れなくなって、路上で（お客を）待つことができなくなった。それで私たちの商売もあがったりで、すっぱりと足を洗ったのよ」。三浦は、これまでの蓄えを元手に親不孝通りでバーを始める。「ナンシー」こと木元よし子しかり、戦後という時代と寝てきた女たちは、静かにその舞台から降りていった。しかしそれでもなお立ち続けた女がいた。メリーさんだ。稼ぎ場所もなくなった。アメリカ人どころか、外国人客もいなくなり収入が激減し、その後、家賃も払えずに棲家も失うことになる。そしてついに戦後の亡霊のように、町を彷徨うようになったのだ。

GMビル1階エントランス、
荷物を携えて仮眠中（森日出夫撮影）

一九八二（昭和五十七）年、石黒ケイ「港のマリア」、ダ・カーポ「横浜マリー」、根本美鶴代「夜明けのマリア」、淡谷のり子「昨夜の男」、一九八三（昭和五十八）年にはデイヴ平尾「マリアンヌとよばれた女」など、メリーさんを題材とした歌が申し合わせたかのように連作されることになった。老いぼれた娼婦メリーさん、そして横浜の一時代の終焉に対して、誰しもが決着をつけたかったのかもしれない。また噂や都市伝説の対象とされ、好奇の目に晒されたのもこの頃からだった。

『週刊ポスト』（一九八二年一月二十九日号）の記事（「〝港のマリー〟を知っているか?」）ではマリーとなっているが、掲載されている写真をみると、メリーさんに間違いない。この当時のメリーさんは、年老いながらもまだ現役の娼婦といった雰囲気が感じられる。その内容は、メリーさんと一夜をともにした、ルポルタージュだった。

> ハマの夜の曙町でマリーを見つけた。「あら私を知っているの……うれしいわ」。厚化粧の顔に刻まれたいく筋もの皺《しわ》が一瞬若やいで消し忘れた街角のネオンに光った。ホテルにチェックインすると「遊んでいってもいいのよ」。ぬらりとした作り声でゾクッとさせるけれんは今日や昨日のものではない。

若葉町を歩くメリーさん。奥は長者町の清正公通り
（1980年代）（森日出夫撮影）

「私の体、見ていく？」脱ぐ所作にもうけれんは消えて可愛い気が漂う。全身に白粉をぬっている。「年でしょ。肌がアレて困るので白粉をこうして……」。小さな乳首がふるえていた——ひと頃の通称、〝港のマリー〟より、いまは「横浜皇后陛下《ヨコハマコウゴウヘイカ》」、「横浜クレオパトラ」等の尊称でハマッ子に知られるとか。誇り高いコールガールとして伊勢崎町界隈に落ちつくまでに、マリーは「横浜や横須賀を転々、相手は米軍将校。過去三十六年に補導歴二十三回。逮捕は少ない、売防法、シャブ、ヒモ犯罪には関係なかったから」（神奈川県警のある刑事）。現在は子供も身よりもいないという。「日本人と一度、米人と一度結婚したけど今は誰も……死ぬ時も一人だと思うわ」。短い身の上話に自分でうなずく目が銀縁眼鏡の奥で笑った。

ベッドの上で、初めての客に語る身の上話なので、その真偽は定かではない。しかし、この生々しいやり取りに、私は興ざめしてしまった。私が追いかけているのは、スキャンダラスな老娼婦では決してないからだ。しかし週刊誌にとって、メリーさんは格好のネタだったのだろう。当時、彼女を取り上げた記事はほかにもあった。

わが愛しのメリーさんは、中年・ヤング・ティーンなどの娼婦では絶対に太刀打ちできない〝特技〟を持っていらっしゃるのです。彼女は、もとより、すでに干上がって古い〝汚万古〟などという不浄の場所で男を受け入れたりはなさいません。総入れ歯をカパとはずすや、その適度に硬軟あわせ持つ歯ぐきにモノをシッカと挟み、舌先で絶妙の刺激を加えながら、男を恍惚境へと導くのでございます。

（『ズーム・イン』一九八四年九月号）

メリーさんの知られざる「性」を明らかにするというのは、ゴシップ誌らしいアプローチだ。清水節子が、メリーさんの特技に関して同様のことを語っていたと頭をよぎる。しかし前述した『週刊ポスト』もそうだが、私の映画にとってはやはり不必要な情報だった。同時期、三重県津市にもメリーさんがいて、赤いメリーさんと呼ばれていたという。私の興味の矛先は、明らかにこういう逸話にあった。

三重県津市の最大の名物としていま評判なのが、〝メリーさん〟である。なにしろ、スーツ、靴、ハンドバッグから髪の毛、口紅、マニキュアにいたるまで全身を真っ赤に統一して、毎日、中心街のバス発着所待合室に座り続けているのだから、人口十四万人余の地方都市で人目を引かないわけがない。きちんとした着こなし、どこか愛らしい表情から、いつからか市民は彼女を〝メリーさん〟と呼ぶようになったが、住所、名前、くわえて歳のころも厚化粧のためまったく不明。待合室で何をしているかといえば、どうやらひたすら人を待ち続けているようなのである。早朝の始発から最終便が発着するまで、出はいりする人々にジーッと視線を注ぐ。口を開かず、トイレにも食事にも席を立たず、座り続けることもう五、六年になる。〔……〕とにかく、いまや地元ラジオの深夜番組に「待人がはやく現われることを祈ってメリーさんにこの曲を

「プレゼント」というリクエストが殺到するほどの人気者になっているのだ。

（『週刊文春』一九八四年十二月八日号）

ところで八〇年代に入ってから、「メリーさん」と呼ばれる老婆の噂話はいくつもあった。全身緑色をした名古屋市・昭和高校前のメリーさんや、白塗りの顔で派手なドレスを着ていた愛知県一宮市・尾張一宮駅前のメリーさんもいたらしい。

メリーさんをめぐる言説で興味深いのは、戦争に行ったまま帰ってこない夫をいつまでも待っているのだという説。また死んだ子どもに似た子が通るのを待っていて、もし似ている子がいたら連れて帰ってしまうという説。また彼女は、男性であり女装しているゲイだともいわれているという。戦後五十年近い間、ずーっと一人で大都会の一角に、いつまでもたたずんでいるという象徴的な姿なのである。彼女はレッドバアと印象的に表現されるように、大都会の風景の中でも際立ったイメージとして描かれている。

（宮田登『民俗学への招待』筑摩書房、一九九六年）

〈ハマのメリーさん〉との共通点は、ある特定の場所にいて人を待ち続けていること、そして全身を一つの色にコーディネートしていることだった。この二つの関連性について、清水節子がこう推論したことがある。

「メリーさんがあの白い格好を続けていたのは、恋人が戻ってきてもすぐにわかるようにするために決まっているじゃない」

そうかもしれない。どんな年老いていっても、当時と同じ服装だったら、それが目印となって相手は気づいてくれるはずだ。白と赤、そして緑。その容姿とスタイルは、悲しくも淡いロマンスと結びついているのかもしれない。

野毛大道芸でマネージャーをしている大久保《おおくぼ》文香《ふみか》は、昭和十五年本牧生まれの生粋《きっすい》のハマっ子だ。メリーさんとは以前、彼女が働いていた「関内を愛する会」事務局があった馬車道の相生《あいおい》ビルで顔見知りになったという。

「相生（レストラン）のティールームを利用するお客さんが、『ああいう病気持ちの女と一緒のカップで飲むのは嫌だ』ってクレームを付けたらしいんですよ。それで、あそこの従業員の方々はとっても心優しい人たちばかりだから、メリーさん専用のカップというのを買って置いといたんです。メリーさんはあの例の高い声でね、『あたしのカップで、おコーヒーを』って言うんですよ。お店の人が『はい、はい』って言って出していましたね」

実際のところは、どうだったのか？　相生レストランの井上圓三社長に話を聞いてみると、「メリーさんが持参したカップも二つくらいありますよ」と言う。また大久保の言うように、店でメリーさん専用のカップを購入

メリーさん専用のカップ。2015年、相生レストランが閉店すると、五大路子が熱望して譲り受けた（横浜夢座蔵）

したこともあったという。メーカーはアール・デコのデザイン食器で知られるノリタケ。

井上は、メリーさんがいた時代を回想して、こんなエピソードを教えてくれた。

「メリーさんが、自分のバースデイのときにデコレーションケーキを持ってきたことがあるんです。それをこちらで何等分かに分けたら、一つだけ取って『残りはみんな(従業員)で食べてください』って言ってね。少しでも周りと接点を持ちたかったのかな」

昭和から平成へと時代は変わり、メリーさんのお客も、最後は日本人になっていた。それでも声をかける相手は、ちゃんと選んでいたという。メリーさんなりの最後のプライドがあったのだ。

「横浜の男の人がメリーさんに声をかけられるっていうのは、非常に光栄なことなんだそうです。それには条件があるって。眼鏡をかけている、イコール、頭がいい。太っている、イコール、お金がある。それから色が黒い、健康的だ。その三条件を満たした男の人じゃないとメリーさんは声をかけない」

メリーの顧客ではない、同件の大久保文香が伝え聞くほど横浜では有名な話のようだ。

一九九〇年代前半まで横浜に住んでいた小説家の団鬼六《だんおにろく》は、歓楽街・福富町に飲みにいくと、かならずメリーさんに声をかけられたという。団の容姿は、大久保の話を実証しているかのようにメリーさんの三条件を兼ね備えている。

「最初、ふっと見た時に何かぞーとしましてね、ほっといて歩いていたら、じーっと見とるんですよ。それから一週間に一回くらい、福富町で飲むたびに、よく会いましてね。

(写真集『PASS』を見ながら) ここ、ここ!!」

「はい、GMビル」

「ここに立っていましたよ。もう声をかけるわけではないんですよ。ただ呆然と影のようについてくるだけ。僕も怖いから、モノ言わなかったけど、彼女も何も言わないわけでしょ。だから死の影がついてくるような、無気味な感じがするんですよね。なにか死神がついてきているような感じですな。だからパンスケとか、要するに娼婦とかいうのは、もっと陽気に話しかける。『ちょっと、お兄さん、ちょっと!』とか言いそうなものだけど、そんなのは一言もないですよ。ただ水のごとく、スーッとついてくるだけですから、幽霊ですよね」

「団さんにとって、娼婦とはどういう捉え方をしていますか?」

「ラク町のお時さん(NHKラジオ「街頭録音」に出演)なんていうのは、何年間か娼婦をやってからパッと消

GMビル入口に立つメリーさん。
ここも〈仕事場〉の一つだった(森日出夫撮影)

えましたからね。それから堅気になったんですよ、サラリーマンと一緒になってね。だけど結局、駄目になって戻ってくる。そこに女の哀れさがあるんですよね。『ああ、むかし娼婦をやっていたってことで、世間が相手にしないのか』と、そういうところが小説的になるんですけどね」

「メリーさんに対して何かありますか?」

「だから一種のノスタルジーですよ、いまでも懐かしいですね。〈騒いでいるけど、お前はあと何年生きるつもりなんだ。あんまり騒がないで、早く帰って寝ろ〉という意味なのか。それとも〈女の醜さを見せてやるからついて来い〉というように、何か教訓的なものを感じますよ、メリーさんには、うん」

メリーさんが通っていたクリーニング店・白新舎の山崎きみ子。閉店した店から歩いて数分ほどの福富町西公園近くのマンションに、夫の山崎正直と二人で暮らしていた。きみ子から手紙をもらったあと、自宅を訪ねて夫婦そろって話を聞くことになった。

正直「(メリーさんが来店したのは)昭和三十九年か、四十年頃ですかね」

きみ子「まあ、なんか特殊な方だなって」

正直「お店にいらしても、私は直接、あの方とお話しすることはありませんでした。お店の受付もそうですし、西岡さん自身も入ってくるなり、『ママ』って言って、家内を呼ぶわけですよ。ですから、私なんてお呼びでないっていう感じでね」

きみ子「店の従業員とも全然、タッチしなかったですね」

正直　「折り目のついた一回使ったようなお札は、まず頂いたことはなかったですね。いつもピン札でした。ですから銀行でおろして、おそらく方々への支払いがあると思うんですけど、どこのお店もそうだと思います。うちでも一日の売り上げを集計したときに、お札を勘定しますでしょ。メリーさんが来た日は、わかるんですよ。メリーさんの伝票があるときには、かならずピン札がレジに入っているんですよね」

きみ子　「(ここで着替えをしていたのは)週に一、二回いらっしゃるでしょ。一定の決まったお家がなかったんでしょうね。その頃、当時ずっとね。じゃあウチで着替えたほうがいいんじゃないの。ウチに更衣室があるからっていうんで、提供したんですよね。ですから、そこで着替えて、そうすると今度、着たものを置いていかれますからね。それが段々と溜まったっていうことになるんですよね。その都度、伝票をお渡ししていましたから、伝票はとにかく、たくさん持っていましたねえ」

正直　「お預かりの引き換え証ってございますよね。それを束になって、持っておられました」

きみ子　「もう何年って、ご自分でこうね、年代別に綴じてありました」

クリーニング店「白新舎」営業時の様子。その後中華料理店「東方紅」となり、中国語が飛び交っていたが、現在は閉店（山崎きみ子蔵）

白新舎は、前払いではなく受け取りの時に支払うシステムだった。たくさんの伝票を持っていたということは、当然、その分は未払いということになる。店にとってメリーさんは、効率の悪いお客だったはずだ。伝票分の衣装は、店内の一部を占拠、メリーさん専用の棚が設けられた。また、更衣室に入ってから数時間、メリーさんが中から出てこない日もあったという。

きみ子「今から振り返ると、(更衣室内で)座って寝たことがありました。たまには、(衣装の)切れたところを縫っていたりもしました。それくらい古いのを着ていましたからね。それで針に糸が通らないからって、私に何本か通させたことがあります。自分で縫ったりしていましたね」

メリーさんにとって、白新舎は心安らげる場所の一つになっていた。また彼女のために、臨時営業をすることもあったという。

きみ子「大晦日もお店を閉められなかったんです。西岡さんには、実家に帰省する専用の洋服があるんです。うちでそれに着替えて、両手にいっぱいのお土産を持って、実家に帰るんです。それで三が日が過ぎると、横浜に戻ってきてね。『ママ、お土産!』って言って、故郷のお土産を必ず買ってきてくれるんです」

それだけでは、終わらない。メリーさん、そしてきみ子の年末年始は、とにかく忙しかった。

きみ子「それから今度は、皇居への参賀に行くんですが、そのための衣装があるんです。

だから、うちにはお正月はなかったですね」

しかしある時期、その忙しさから解放されたことがあった。全身真っ白の格好で、帰省したメリーさんに対して、家族からの反発があったらしい。

きみ子「お正月が明けて、店も四日、五日くらいから始めますから。で、帰ってきてから、とっても落ち込んでいたっていいますかね。メリーさんの弟さんがご当主だったんですけど。なんかご当主に……、内容は言いませんでしたけどね。とってもショックを受けたような感じでした。それからもう数年間は帰ってなかったですね」

正直「やっぱり故郷に帰って、家族のトラブルがね」

きみ子「トラブルがあったんですかねえ。そういう内容は、ご自分じゃお話ししませんでしたけどね。何かあったみたいですね」

なぜ、メリーさんが横浜からいなくなったのか？

元次郎、森日出夫など、誰に聞いてもわからなかったことだが、山崎きみ子の証言によって、ようやくその内幕が明らかになった。

「なんかだんだんとお店にいらっしゃる姿が、とてもこう……哀れっていったらあれですけどね。身体も小さくなっちゃいましたしね。それに耳が遠くなってしまったんですよね。それなので、これから横浜に永住する所もございませんしね。『どう、故郷へ帰ったらいかが？』って聞いたら、『うん』って言うんで、『それじゃあ、実家の方に電話して聞いてみましょう』って、私が電話をかけましてね。それで店で話すのも嫌なんでね。ガレージの車の中で、私が携帯で話をさせてもらって。（メリーさん）本人も『帰りたい』っていう話をしたんですね。それで家族の方も、『じゃあ、帰ってらっしゃい』って言ったんでしょうね。それで、私が切符の手配とか、いろいろしました」

横浜での最後の晩だった。白新舎を訪れたメリーさんは、きみ子にこれまで決して明かすことのなかった心の内を吐露したという。

「ちょうど店が閉店した頃、うちに寄ったんですね。『じゃあ、明日、間違いなく、（新幹線の）時間に遅れないように来てくださいね』って言って。その晩に、あの方はいくらお茶なんか出したって、口にした方じゃないんですけども。まあお茶を一服飲みながらねえ、『美味しいわ』って話から、『こういうふうに自分が、この年までなった』って、そういうことをチラッと……。今までそんなこと話したことない方が、そんな話をするのかなって。『私の父君が亡くなった時に、私がこういうふうな道に入った』って言ったんですよね。『はあ、父君ですか』と思って。それで『今は、弟君が跡を継いでいるんです』って言ったので。『ああ、そうですか』って伺ったんですけどねえ。驚きました、あの時はね」

その翌日、きみ子はメリーさんと関内駅で待ち合わせて、JR新横浜駅にタクシーで向かった。駅のホームで、写真家の常盤とよ子が合流した。常盤は白新舎の常連客でもあり、事情を聞いて駆けつけてきたという。そしてきみ子は、メリーさんが新幹線に乗り込むところまでしっかりと見届けた。

「もうとにかく耳が遠くなっていましたので、タクシーの中でもあんまり細かい話もできなかったんです。新横浜駅のホームを、（メリーさんと二人で）歩いた時には、かなり注目の的でしたけども。私は、そんなに違和感なかったですね」

きみ子が当時、書き綴っていた日記が残っており、〈運命の日〉もわかった。

一九九五年十二月十八日、帰郷。

〈ハマのメリーさん〉と呼ばれた娼婦の物語は、こうして幕を閉じた。

白新舎の更衣室に残されたメリーさんの膨大な荷物。数ヶ月の間、きみ子はその片付けに追われることになった。

「ずいぶん梱包して、送りましたよ。私の軽四輪に積んで、宅急便へ持っていったんですよ。手なんかじゃとても持てませんから、クロネコの宅急便が来るところまでね。ずいぶんありましたねえ。（衣類のほかに）宝塚歌劇団のプログラムとかね、それから皇室へ出す年賀状ですか。あと書き損じた書道とかね」

そして、メリーさんと家族の関係が垣間見える物証が、荷物に紛れ込んでいたという。

まさに本人はいなくとも資料は語る、である。

「まだあの方がね、いちばん全盛期でしょうか、実家に送ったんじゃないんですか、（郵便）為替とか、盆暮れにもいろいろと送っていたようです。ただ実家の方から『山崎さん、そういうものを送られても処分に困るから、捨ててください』って言われましたね」

山崎家には、ハンドバッグなど小物やメリーさんの本名が記された直筆の書、そして実家に宛てた手紙など、わずかなものだけが残った。ハンドバッグは五大路子がもらい受け、

『横浜ローザ』の劇中で主人公ローザの持ち物として使われている。またメリーさん直筆の書は、万葉集に収められている山辺赤人の和歌だった。

田子の浦に
うち出でてみれば
白妙の ふじのたかねに
雪はふりつつ

メリーさんが実家に宛てた手紙は書き損じたものか、下書きだったようだ。そこには彼女の家族に対する思いが、丹念に綴られていた。

御免下さいませ。日本桜、牡丹八重桜の萬開時節乍ら御皆々様、如何お暮らしで御座居ますか。大変御無沙汰致しまして申訳け御座居ません。冬の寒さ、雪国からあの山、之の山にも春が来て何か心から暖かい国が参ります様、うれしい時節をむかえましょう。皆々様御元気でお励みの事と存じます。〔……〕大都会に出たばかりで、なに一つ出来ない人になっています。悪しからずお許しくださいませ。私は皆様の御見前にお目にかかるまでには、立派になっていなければなりません。何か見い出されて良き人になります。その時を御期待くださいませ。これからは、若葉もゆる、新緑の目のさめるような時節となります頃。皆様、お身体を大切になさいませ。健康を祝福致します。

メリーさんの足跡を追って関係者たちから話を聞いていくなかで、あることに気がついた。メリーさんが帰郷した一九九五年前後、伊勢佐木町や馬車道の店などでは、世代交代がおこっていたのだ。山崎夫妻しかり、メリーさんと同時代を生きてきた世代は、戦中戦後という時代を背負ってきた老娼婦に対して特別な想いがあったのだろう。その眼差しは限りなく優しくて温かかった。しかし戦争を知らずに育った次の世代にとってメリーさんは、町の変わり者、浮浪者でしかなく、排除する存在でしかなかったのだ。晩年、雨露をしのぐため、メリーさんが軒先を借りたのは、馬車道のアートビル、福富町のGMビルなど数軒で、それ以外のビルでは出入り禁止になっていたという。一娼婦から町の有名人となり、最後は〈アウトサイダー〉として町から追い出されてしまうとは、何とも皮肉な結末である。そしてそれはヨコハマという町が〈戦後の記憶〉を失っていく端境期だったのかもしれない。

2　あの夏、素顔のメリーさんと

二〇〇〇年六月。メリーさんの居場所がわかった。調べていたわけではない。偶然にもわかってしまったのだ。なぜわかったのか、その詳細については明かせない。たまたまメリーさんと同郷の友人がいて、そのルートから入った情報だった。

以前、森日出夫、元次郎、作家の山崎洋子の三人が、メリーさんの実家を訪ねたことがあった。その時、メリーさんの実弟は「老人ホームで元気に暮らしている」と言うだけで、メリーさんの所在については口を堅く閉ざしたという。それなのに、こうも容易《たやす》くわかってしまうとは予想外だった。どうするべきか……。正直なところ困ってしまった。私が思い描く映画とは、老娼婦のその後を暴くものでは、決してない。何より、メリーさんと実際に会ってしまうと情がわいてしまい、映画を作れなくなってしまう可能性だってある。

不意に、杉山義法の言葉が頭に浮かんだ。

「ドラマにすると、どちらかというと、弱い部分とか傷ついた部分なんかをほじくりだすもんだからね。実際のメリーさんを見た時に、あんまり可愛いお婆ちゃんなんで、この人を傷つけちゃうんじゃないかなあ、困ったなあと思っていたんですよ」

杉山がメリーさんに会って数ヶ月後、彼女は横浜からいなくなった。戯曲化を決意したのは、メリーさんの不在が前提としてあったという。

私だって不在だからこそ、映画作りを始めたクチだ。メリーさんを巡る人たちのドキュメンタリーには、メリーさん本人は要らない。そう思って、ずっと作ってきたのだ。ここで本人が出てきてしまっては、映画の方法論自体が瓦解してしまう。とはいえ私自身、その方法論に限界を感じていた時期でもあった。映画として「何か」が足りない気がする。だが、その「何か」がまだ見出せずに、焦りと苛立ちが募っていた。打開策が浮かんだかと思うと消え、まさに袋小路。だからといって、メリーさんに会って「何か」が見つかる確証などない。ただその所在を知ってしまった以上、会いに行くべきではないかとも思った。

　情報を得てから二、三ヶ月の間、ずっと悩んだ。子供の頃、母から「あなたは何をするのも、石橋を叩いて渡る」とよく言われたものだ。今、大人と呼ばれる歳にはなったが、人間そう簡単に変われるものではない。いつもならここで諦めているのだが、今回は「変わろう、いや変わらなくてはならない」と決心した。石橋を叩かずに渡ってみることにしたのだ。映画にとっても、私という人間にとっても、これは通らなければいけない試練のような気がした。そして「取材ではなく、ただ会いに行こう」と、自分なりの口実を作った。

　向かうのは、中国地方の山合いの小都市である。新横浜駅から新幹線に乗って数時間。それから単線に乗り換え、いくつもの山をぬって、目的地である終着駅に着いた。

「ここがメリーさんのいる町なのか」

　そんな感慨が、胸に迫ってきた。人影もまばらな駅のホームや待合室。高いビルや建物がないので、八月の真夏ならではの青空と入道雲が近く感じた。山に囲まれた盆地特有の暑さに、すぐに汗がにじんでくる。町の中心部にはデパートが一つあるだけで、商店街も閑散としており、寂れた地方都市の典型のようだ。駅に隣接した観光案内所で、メリーさんが暮らす老人ホームについて聞いてみた。

「その老人ホームなら、線路の反対側。山の中腹にあるけど、知り合いが入っているの？」

　案内所の職員に聞かれて、私は咄嗟に町のガイド冊子を手に取った。

ない。

「いや別に関係ないです。ちょっと観光で」と、焦って辻褄《つじつま》の合わない返答をしてしまった。悪いことをしているわけではないが、私の胸につかえている後ろめたさは隠しようがない。

小さくため息をついてガイド冊子に目を向けると、ここは城跡が残る昔の城下町だと書いてある。まずは、この町の観光スポットである城跡に向かった。急な勾配を登っていくと、着ていたポロシャツが汗で背中にベットリとくっつく。城跡に着くと、見晴らしがよくて町が一望できた。四方を山に覆われ、中心部には鉄道が走り、建物が点在している、ほんとうに小さい町だった。私が乗ってきた電車が、警笛をたてて出て行くのが小さく見えた。この町で噂でも立とうものなら、数日で知れわたるに違いない。

「いまのメリーさんの生活を得してはならない。気をつけないと……」

そんなことが、脳裏をかすめる。そして麓《ふもと》から吹き抜けてきた風が汗でびしょ濡れになったポロシャツに当たり、身震いがした。電車が視界から消えても、警笛だけがずっと耳に響いてきた。

ここでの滞在は二週間。宿泊先の心配はなかった。幸運にも父の友人である清川充が、この町に単身赴任しており、居候させてもらうことになったのだ。

「おお、大きくなったなあ」

まだ私が小学生の頃、東京出張に来た清川がうちに泊まったことがあるという。残念ながら、まったく記憶にないが、とりあえず笑顔で頷いた。

「今日は最初だから、外に行こう」

清川に、女将が一人で営むカウンターだけの小料理屋に連れていかれ、互いにビールを注ぎ合って乾杯した。グラスのビールを一気に飲み干す。炎天下のなか、ずっと町を歩いていたので、喉に沁みてうまい。汗となって失ってしまった水分が、身体中に満ちていくようだ。清川が女将におつまみの小鉢をもらいながら話し始めた。

「彼のお父さんはね、会社の先輩で、僕の仲人もしてもらったの」

「あら、そうなの」

それから、私に向かって、

「君のお父さんには、本当にお世話になった。あの人は仕事上でも、尊敬できる人だよ」

こんなふうに父の話を聞いたことなど、今までなかった。父は、家族よりも仕事を優先させる典型的な仕事人間で、同じ屋根の下に住んでいる同居人のような存在でしかなかった。当然、父と二人で酒を酌み交わしたことだってない。赤ら顔になった清川に、なぜか父の顔が重なった。私の知らない父の世界を垣間見た気がした。その晩は、メリーさんと会う重圧から解放された、笑いの絶えない楽しい宴となった。

そして現実に戻った翌日、いよいよメリーさんの老人ホームへと足を向けた。町の郊外にあった清川のアパートから、老人ホームまでは少し離れている。バスに乗る距離ではあるが、まずは町の全体を把握し体感するためにも歩くことにした。町の中心部を通り抜けて、ようやく昨日降り立った駅にたどりつく。所要時間は一時間半程度だった。その線路の反対側、山の中腹に目的地がある。

踏切を渡ると一本の長い坂道。その終わりが、陽炎《かげろう》のせいで見えそうで見えない。この先にメリーさんがいる。はやる気持ちの反面、聖域を侵すことへの畏《おそ》れからか、自然と足取りが重くなった。山の傾斜を利用してつくられた田畑、ボウリング場の廃墟などを横目に、一歩ずつアスファルトを踏みしめていく。額の汗が目の上にこぼれ落ちるたびに、シャツの袖で顔をぬぐった。そして陽炎《かげろう》の先に白亜の建物があった。

「これが、メリーさんの老人ホームか」

確かめるように独り言を呟いた。ついに来てしまったのだ。息切れした呼吸とともに、鼓動が速まった。老人ホームの玄関へ入ると、誰もいない。来客用窓口を見つけて中を覗いてみたが、人の気配もないようだ。とりあえず、声を出してみた。

「すみません、誰かいませんか？」

言葉を発したことで、少し緊張が和らいだ気がした。しばらくすると、男性の職員が顔を出した。

「はい、ご用件は？」

「Dさん（本名）っていますか！」

「はい、いますよ。どなた様ですか？」

「以前、彼女にお世話になった友人の知り合いなんですけど、いま休暇でこの町に来ているんです」

一呼吸おいて、私は続けて話した。ここでしどろもどろになって怪しまれてはいけない。何を話すかは、この状況を想定して事前に練習していた。まさに成果を試す時である。

「友人が、彼女の近況を知りたいというので、訪ねてきたんです」

「そうですか。それはありがとうございます」

職員に導かれて、二階にあるメリーさんの部屋へ向かった。廊下に敷かれた色鮮やかな緑のカーペットをゆっくりと踏みしめる。いよいよ対面。運命の瞬間だ。私の緊張など知るよしもなく、職員が無造作にドアを開けた。

「Dさん、友人の関係の方が面会に来てくれましたよ」

部屋の奥にいたメリーさんが、ドアのところまで来てくれた。薄化粧をした品のある顔立ちで、ロマンスグレーのショートヘアだった。背中は曲がっているが、姿勢は悪くない。服装は、白ではなくエンジ色や紫色などを使った落ち着いた柄で、年相応といった感じだ。

〈これが、メリーさん？〉

どこにでもいるような、普通のお婆ちゃんだった。私が知っているメリーさんではない。人違いかと思った、その時だった。

「あら、そうですか。それはありがとうございます」

間違いなくメリーさんの声だった。元次郎のテープで聞いたのと同じ、あの独特の甲高い声である。私はただ呆然と彼女に見とれてしまった。

「その友人の方のお名前って？」と、職員が聞いてきた。

「白新舎の山崎きみ子さん。あとシャンソン歌手の元次郎さんにも、お世話になっているんです」

ただ笑顔で頷くメリーさん。その頷きがどんな意味なのか、まったくもって窺い知れない。その後、部屋の中に招かれて二人で話をした。ルームメイトがいるが、今は外出中だと言う。私は、この町に二週間ほど滞在すること、その間に暇があれば、また訪ねたいと申し出た。メリーさんは、ただ頷いていた。窓の外にあった風鈴が、心地よく鳴っていた。

二日目、再び老人ホームを訪れた。玄関に入ると、今日も誰もいない。ふと来客用窓口に置いてあった芳名帳が目に入った。いちばん下の欄に、山崎きみ子から聞いていたメリーさんの弟の名前が記載されていた。訪問した日付はちょうど一週間前。老人ホームの職員によると、年に一、二回ほど訪ねてくるという。

部屋に行くと、メリーさんはテレビのワイドショーを見ていた。その姿は普通のお婆ちゃんと、何ら変わりはない。この日、初めて彼女の部屋を見渡してみた。壁には、メリーさん直筆の書や絵が、びっしりと貼ってある。老人ホームの廊下にも飾ってあり、ここでもメリーさんの芸術的嗜好は有名のようだ。しばらくするとルームメイトが戻ってきたので、私がコンビニで買ってきたプリンを三人で食べながら、たわいもない世間話に興じた。

午後にメリーさんに誘われて、レクリエーション室へ赴くと、彼女は十数人のお婆ちゃんたちと一緒に楽しそうに舞い踊っていた。老人ホームには日舞のサークルがあり、メリーさんはメンバーの一員だという。横浜の時は、徒党を組まない一匹狼だったのが嘘のようだ。それでもほかのメンバーに比べて、ひときわ目立つ曲がった背骨が、あの横浜での生活と厳しい環境で生きてきた証のように見えた。

「とても熱心なんですよ。この間は、これにも取り上げられて」

老人ホームの職員から行政の季刊誌を渡されると、日舞を楽しげに踊るメリーさんの姿があった。

「ここがメリーさんの終《つい》の棲家《すみか》なのか」と改めて実感し、胸をなでおろす。と同時に、私がここにいることの意味を考えると、憂鬱な気分にもなった。メリーさんにとっては、私は今の生活を脅かす存在になりかねないからだ。ここにいることへの罪悪感が襲ってくるなか、私はメリーさんの優雅な踊りをただ眺めていた。

老人ホームでメリーさんと会って話をする時間は、一日で一時間程度にした。それくらいが互いにとって気を遣わず、疲れない時間だった。私の中で決めたことは、〈横浜〉や〈メリーさんの過去〉のことは聞かないことだった。ルームメイトもいるし、今さらメリーさんも話したくないだろう。また一度でも聞けば、私も取材欲が出てしまう。なるべく世間話や雑談の中から、「何か」をつかみたかった。

何よりメリーさんとの対話は、忍耐を要した。まず私の話など聞こうとしないのだ。話題を振っても、「そうねえ」と言うだけで、まったく話に乗ってこない。興味がないことになると、完全に無視されてしまう。しかし、そのうちコツをつかむようになった。メリーさんが振った話題に私が適時、合わせていくと会話が成立する。だから、いつも主導権は彼女が握っていた。それでもわずかばかりの収穫はあった。ある日、メリーさんが、自身の過去について話してくれたのだ。

「昔ね、実家を出て最初に働いたのが、ここなの。この町の川岸にお屋敷町があって、そこで働いていたことがあったわ」

聞いたわけでもないのに、メリーさんから話してくれたので、驚いた。彼女の言う「この町の川岸」近くに行って、通りすがりの老人に話を聞いてみると、メリーさんの歴史の一端が明らかになった。

「ここは、たしかにお屋敷町があったよ」

「大きかったんですか？」

「そりゃ、通り一面に高くて長い塀があった。今の人はもう誰も知らないのに、何であなたが知っているの？」

実家を出て初めて働いた町に戻ってきたメリーさん。ここに住んでいるのは偶然ではなく、彼女にとっては必然だったようだ。

メリーさんとの対話以外の時間で、私は老人ホームのボランティアをするようになった。介護の資格も何もないので、大したことはしていない。食堂で配膳をしたり、おやつのミックスジュースを作ったり、掃除を手伝ったりと、いわゆる雑用係である。

「いま、ここにいてもいいんだ」。勝手極まりない考えだが、私が老人ホームにいることの存在意義がほしかった。ただメリーさんに会うだけでは、つらかった……。何の関係もない私を受け入れてくれたメリーさん、そして老人ホームに対して、何かをしたかったのだ。

ある日、約束した時間に訪ねると、メリーさんがいなかった。どうしたのかと心配になり、職員に訊ねると、「たぶん、散歩でも行っているんじゃないかな」ということだった。

メリーさんは気が向くと、一人で散歩をするという。やはり横浜の時のように一人だけの時間がほしいのかもしれない。その日は三十分待っても帰ってこなかったので、出直すことにした。翌日、メリーさんにそのことを聞いてみると、「天気がとても良かったから、デパートまで行ってきたのよ」。悪びれずに、あっけらかんとしている。約束した時間に訪ねて待ちぼうけした私に、「ごめんなさい」の一言もない。しかし何より驚いたのは、山の中腹に建つ老人ホームからデパートのある町の中心部まで険しい坂道もあり、歩いても片道二十分以上は要する距離ということだ。私は帰り道、焼けつくような日差しを浴びながら、「メリーさんのスタミナは並じゃない」としみじみと痛感した。

メリーさんのいる城下町は単線の終着駅でもあり、別の単線の始発駅でもある。ここを始発とする単線は、駅のほとんどが無人駅だ。一両編成のバスのような電車に一時間ほど揺られると、メリーさんの実家近くの駅にたどり着く。メリーさんの故郷が見てみたくなって、思わず来てしまった。駅のダイヤを見ると、上り下りともに一日数本しか走っていない。ログハウス風の瀟洒《しょうしゃ》な無人駅には、木彫りの工芸品など町の名産品がショーケースに展示されていた。

駅の周辺には木材の加工工場が点在し、角材が天日干しされている。人通りはほとんどない、いわゆる過疎化の進む村落のようだ。かつて全身真っ白のメリーさんが里帰りしていたというが、さぞかし目立ったことだろう。家族らが疎ましく思うのも納得できる。ただメリーさんは、自分の人生にひとかけらの後悔もなかったはずだ。だからこそ白塗りの姿で、この生まれ育った町に帰ってこられたのだと思う。メリーさんの実家の住所は、元次郎から聞いていた。国道沿いの遠くからでもひときわ目立つ二階建ての日本家屋で、容易に見つかったが、もちろん今の私が訪ねることなどできない。国道からガードレールを越えて、線路の上を歩きながら無人駅のホームに上がった。ベンチに座って帰りの電車を待っていると、線路づたいに、乗客たちがぞろぞろとホームをよじ登ってくる。

しばらくすると、山合いから警笛が聞こえてきた。メリーさんも、この線路を歩いたことがあるはずだ。そんな映画の一シーンを夢想していると、電車がホームに滑り込んできた。ちょうど夕刻だったので、車内は学生たちで溢れて賑やかだった。もう二度と来ることはないだろうと思いながら、私は車窓から流れていくメリーさんの故郷を見ていた。その風景がずっと脳裏に焼きついて、離れなかった。

この町に来て、すでに一週間。私は登校拒否ならぬ、老人ホーム拒否にかかっていた。メリーさんに会うたびに情がわいてくる。その反面、どうにか映画に取り込めないかという欲も芽生えてきた。取材で来たのではない、ただ会いに来ただけだと自分に言い聞かせるが、それでも割りきれない衝動が募る。

いつものように居候先のアパートを出ると、バスを使わずに、ゆっくりと時間をかけて歩いていく。老人ホームへと続く長い坂道。その手前にあるコンビニでお土産用のデザートを買うのが、習慣となった。店を出ると、炎天下で立っているだけでもじっとりと汗がにじむ。だが老人ホームへ足が進まない……。時計を見ると、約束の時間までもうすぐだ。ぬぐっても噴き出す汗が、私をよけいに苛立たせた。踵《きびす》を返そうとしても、結局はメリーさんのところへ行ってしまう。そして自己嫌悪に陥るという、繰り返しだった。彼女の顔を見るのが、つらくてたまらなかった。でも、どうすればいいのかもわからない。

町はずれの電話ボックス。日暮れ時でも中に入ると、むせるような熱気が立ち込めてきた。私はおもむろに手帳を取り出して、森日出夫、そして元次郎に電話をかけた。もう私一人では背負いきれずに、助けを求めたのだ。

元次郎は、スケジュールの関係で横浜からすぐには離れられないと言う。だが森は、すぐに駆けつけてくれることになった。日程の打ち合わせや段取りなどを話し合った。受話器を持つ私の右手に、汗が滲んでいく。吉と出るか、凶と出るか？　そもそも何がしたいのかもわからない。何をやっているんだ、俺……。五〇あったテレホンカードの度数が減って、五になっていた。受話器を置いたあと、しばらく電話ボックスの中にうずくまって、動けなかった。

それから数日後、森がやってきた。その日だけはキャメラをまわすことにした。あんなにも撮らないと決めてきたのに、自分でも情けなくなる。それでもメリーさんはもちろん、老人ホームも撮らないとし、「メリーさんに会いに行く森日出夫」だけを撮ることにした。

駅のホームで森と合流して、老人ホームへ向かった。その道中、私はキャメラを持って、森の背中を追いかけた。「何か」が起こるかもしれない。そんな期待もあった。

いつものように来客用窓口で声をかけると、顔馴染みになった職員が出てきた。

「あっ、Dさんですよね。昨日、炎天下だったでしょ。ずっと町を歩き回ったらしくて、体調崩しちゃったんですよ」

「じゃあ、いまは？」

「大事をとって、安静にしているんですよ」

森は、多忙な仕事の合間をぬって駆けつけてくれた。今日来て、今日帰るという強行軍だ。メリーさんと再会させたい。わざわざ横浜から遠く離れた、この地まで来たのだ。私が職員に掛け合おうとした時に、森が呆気なく言い放った。

「じゃあ仕方ないね、諦めよう」

老人ホームの中を見ると、誰もいない緑色の廊下がいつもよりも長く見えた。まだまだ道は遠く、そして長いようだ。ゴールはまだ見えていなかった。老人ホームを後にして、森と二人で駅近くの蕎麦屋に入った。

「これで良かったのかもしれないな。会わなくて良かった、うん」

森は私のグラスに瓶ビールを注ぎながら、そう呟いた。こぼれたビールの泡が、グラスをつたってテーブルを濡らした。

「たぶんね、会ってはいけないんだよ。そんな気がする」。森は、自分自身に言い聞かせるように呟き、何度も頷いた。人と人が出会うことが偶然ではなく必然だとするならば、何らかの意思が働いたのだろうか。

メリーさんの笑顔を思い浮かべて、二杯目のビールを飲み干した。いつもと同じビールなのに、なぜかとても苦くて、だけど美味かった。

早いもので、ここに来てもう二週間が経った。森が帰った翌日、老人ホームを訪ねると、メリーさんはとても元気だった。昨日、寝込んでいたとは信じがたい。やはり何かを察知していたのかと勘ぐりながら、いつものようにメリーさんに話しかけた。

「体調は大丈夫ですか？」

「ええ、もうすっかり」

「明日、横浜に帰るんです。また機会があったら来ますからね」

「そうですか」

メリーさんは、ただ笑っていた。何の感傷もない。二週間も通ったのに、あっさりしたものだ。

「せっかくだから、記念に写真を撮りましょう」

メリーさんに提案すると「ちょっと待ってくださいね」と、丁寧に薄化粧をし始めた。チリリン。待っている間、風鈴の音が聞こえてきて、少しセンチな気分になった。もうこの部屋に足を踏み入れることはないのだろうか。

「はい、いいですよ」。最後に口紅を塗り終わると、には口紅を塗り終わると、私を見てニッコリと微笑んだ。そこにはメリーさんではない、一人の女性の姿があった。

ここに来る前に見つけようとした「何か」は、今のメリーさんの笑顔だったのかもしれない。うまく言葉では説明できないが、ただそう感じた。

「もう帰りますね」。別れを告げると、メリーさんは箪笥《たんす》からタオルセットを出してきて、私に渡した。ここを訪ねるたびにお土産（デザート）を持参していたので、そのお返しだと言う。そのタオルセットは、とても重たかった。実際は軽いのに、この二週間分の重さが詰まっていた。短かったけど、ただただ暑かった夏が終わろうとしていた。

そして最終日、清川充に車で駅まで送ってもらった。結局、彼にはメリーさんのことも、映画の内容についても話せずにいた。メリーさんと同じ町に住む清川に、彼女のことを打ち明けることに抵抗があったからだ。それを察してなのか、清川も必要以上に踏み込んでくることはなかった。定職に就いていない青年が、部屋を間借りして二週間近くふらふらしていたのに、ただ温かく見守ってくれたのだ。夜、私が帰ると、「お風呂が沸いているよ」と笑顔で迎えてくれたことや、毎晩、互いに下着姿で、テレビを見ながら晩酌したことなどが頭に浮かんできた。映画にはまったく関係ないことだが、私にとってかけがえのない時間だった。駅のロータリーに車を停めると、清川は私に茶封筒を渡してくれた。中を見ると一万円が入っていた。

「いや、受け取れません」

私が咄嗟にそう言うと、清川はハンドルを握ったまま、ただ無言だった。

「ずっとお世話になっていたのに」と言って、私は封筒を戻した。

「いいから、いいから。何かの足しにすればええよ」

清川は、封筒を私のポケットに押し込んだ。私が何をやっているのかはわからないが、何かを感じてくれたのだろう。その清川の優しさが、苦しかった。だが、それでも何も言えなかった。ただ映画を完成させて、観てもらいたい。そして今日、この時のことを話したいと強く思った。休日ということもあり、駅のロータリーには清川の車だけが停まっていた。私は車を降りて、駅の改札へ向かった。振り返らなかった。ただ背中で、遠くなっていく一台の車を感じていた。そしてポケットの中で、一万円の入った封筒を握り締めていた。出発のベルが鳴ると私は急いで電車へ乗り込んだ。こうして、メリーさんと過ごした夏が終わった。


横浜に戻ってからの数日間、関係者回りに追われた。まずはシャノアールに赴き、元次郎にメリーさんの近況について話した。

「急に電話してくるんだから。もっと早く連絡してくれれば、行けたのに、まったくもう！」とひどく怒られた。言いわけのしようがない。何度も頭を下げて許しを乞うたが、元次郎の怒りはすぐに収まりそうもないので、老人ホームの名前と住所を書いたメモを手渡して、出直すことにした。その他、白新舎の山崎きみ子にも、メリーさんの近況を知らせた。この時、私の頭の中にはある思惑が巡っていた。

「いまの本名に戻ったメリーさんを出せないだろうか」

それは絶対にしない前提で会いに行ったのだが、別れの日のメリーさんの笑顔に「何か」を感じてしまった。どうしてもそれが頭から離れない。しかしキャメラを持っていって、「これがいまのメリーさんです」という映像は、決して撮りたくない。『週刊ポスト』の突撃ルポ（「〝港のマリー〟を知っているか？」）のようなシーンは誰も見たくないはずだ。もちろん、映画のテーマにも反する。

今のメリーさんを撮る必然とは何なのか、どうすれば撮れるのか？　考えあぐねたすえ、メリーさんと深く関わってきた人たちの感情を揺さぶってみることにした。ずっと行方不明だったメリーさんの所在、そして近況がわかれば、何かしらアクションがあるかもしれない。それが起これば、シーンとして成立する可能性はある……。その芽が育つかはわからないが、皆に伝えに行って、ただ種だけは蒔くことにした。

そして、撮影は無期限の冬眠期間に入った。「対象不在のドキュメンタリー」を撮っていたはずなのに……、当時、私は完全に迷走していた。

第6章 二人の「マイウェイ」

1 ドキュメンタリーの真髄

二〇〇一年、秋。あの老人ホームでのメリーさんとの対面から一年あまりが経ったが、いまだ撮影再開の目処は立っていなかった。

この頃、私の本業であり生活の糧でもあった助監督の仕事も、分岐点を迎えていた。映画（『ヨコハマメリー』）を作るうえで必要な方法論や技術を得るために、ドラマから方向転換し、教育ビデオやドキュメンタリー番組に携わるようになったのだ。ドラマへの未練はあったが、それ以上に、ドキュメンタリーを勉強しなければ！という思いが強かった。あのテレクラでの一件が、私の仕事にまで影響を及ぼすとは、人生は何が起こるかわからない。

それでもこの頃、「お金（制作費）を湯水のように使って、自分は何をやっているんだろう？」と、ずっと悩んでいた。撮影を休止して冬眠期間に入ったからかもしれない。一歩立ち止まると、気持ちが弱くなるものだ。いま白旗をあげても、許されるのではないか……。そんな怠惰な選択肢が、脳裏をかすめる。そんな折れそうな心を踏みとどまらせたのは、ある手紙のおかげだった。

「見せたいものがあるのよ。来てくれない？」

元次郎から、久しぶりの電話があった。すぐにシャノアールに赴くと、手紙を私に差し出した。

「メリーさんからもらったの」

「えっ⁉」

一瞬、頭が真っ白になった。たしかに便箋に書かれた流麗な文字は、メリーさんの筆致だ。とまどう私を見ながら、元次郎はその経緯を語った。数ヶ月前、ある地方都市で自身のリサイタルを催した時のことだった。

「その仕事が終わった後にね。そういえば、ここはメリーさんの住んでいる場所の近くだわと思って、足を延ばしたの」

二〇〇一年八月二十六日、六年ぶりに老人ホームで再会を果たす二人。元次郎の予期せぬ来訪を、メリーさんはことのほか喜んだという。

「メリーさんがね、『先生のお歌が聞きたいわ』って言うの。ちょうどリサイタルの帰りで、ピアニストもいたし、キーボードもあるっていうから『じゃあ、ぜひ歌わせて！』って言ったのよ。そしたらホームの人がね、それは無理だって。そういう催しをするには、事前に申請しないといけないんですって」

元次郎にとって、悔いが残る再会となった。別れ際、お土産を渡してくれたメリーさん。その中には、カステラと一通の手紙が入っていた。

之度は、ようこそ御来園いただきまして、誠にありがとうございました。本日、園生の皆様、お目にかかりたい方もありますかもしれません。できれば一節、歌っていただければ嬉しいと思います。遠いところから参られて、わざわざ懐かしの歌声を聞かせてくださいませと、お願い申します。始めての方が多い事で、大人気スター様、およろしくお願い申し上げます。

いつの間にか、私がまいた種は芽を見せはじめていた。まだ白旗はあげられそうにない。だが、このことをどう映画に活かせるのか、具体的なアイデアは思いつかなかった。この時は、ただ育ちつつある芽を見守ることしかできなかった。

そしてそれから半年後の二〇〇二年、春。私は、ある人物と出会った。日本在住の中国人監督、李纓《りえい》（リ・イン）。中国の中央テレビ局でドキュメンタリー番組を手がけた後、天安門事件が起こった一九八九年に来日。一

老人ホームでの6年ぶりの再会（永登元次郎蔵）

九九九年には、映画『2H』を監督、ベルリン国際映画祭アジア映画賞、香港国際映画祭審査員特別大賞を受賞するなど、世界的にも高い評価を得ている監督である。ドキュメンタリー映画『味』。NHKが出資した李の新作に、私は助監督として参加することになった。映画の内容はこうだ。

二人の年齢を合わせると一五〇歳という佐藤さん夫妻は、東京で隠れ家のような中国料理店「済南賓館」を自分たちだけで切盛りしている。妻の孟江さんは、戦前の一九二五年に生まれてから戦後の一九四八年に引き揚げるまで、ずっと中国山東省の済南で暮らしていた。彼女が青春時代にそこで習い覚えた伝統的な山東料理は、なんと本場では中国文化大革命によって廃れてしまっていた。中国政府に「正宗魯菜《せいそうろさい》（山東料理）伝人《でんじん》」と認定された佐藤さん夫妻は、中国に招待され毎年料理人達に指導を行う事になった。二人の料理人生に、新たなドラマが始まった。（『味』プレスシートより）

李は、幻の山東料理を守り続ける佐藤夫婦をただ撮るのではなく、そこに作り手（監督）の思想を入れ込むために、すべてのシーンにおいて台本を作っていった。いわゆるドラマの台本と違うのは、徹底した事前取材をもとに「起こるかもしれない」ことも想定して書き込んでいることだ。対象者の活動や日常を紹介するだけではドキュメンタリーとはいえない。対象者を媒介として、作り手の思想をどうやって描き込んでいくのか？　撮影前にその一点をとことん煮詰めていった。まさに目から鱗《うろこ》だった。私のなかにあった〈ドキュメンタリー〉という既成概念が崩されていった。また同時に対象者との関係など、李ならではのアプローチも目の当たりにする。

例えば、お店の常連らが集まる宴のシーンを撮り終えた後のことだった。これでその日の撮影すべきものは撮りきったと、私が安心していた矢先のことである。お酒も入り、陽気になっていた夫に、妻の孟江さんが「残りわずかな人生を、生まれ故郷の中国済南で過ごしたい。そこで廃れてしまった魯菜の普及、指導に努めたい」と、いきなり提案し始めたので、二人のやり取りを撮影することになった。夫は「互いに歳をとっている。言葉もわからない中国への移住は無理だ」と強く反対し、激しい口論となる。その一部始終を一時間以上にわたって延々とキャメラを回し続けた。まさに映画において物語が動き始める分岐点となるシーンであり、佐藤夫妻の実人生にとっても重要な話し合いだ。その場に立ち会いながら、絶妙なタイミングで良いシーンが撮れたものだと思っていたのだが、じつは事前に監督とプロデューサーが孟江さんを説得して「仕掛け」たことだったと、その後に知ることになる。

「中国への移住」は、佐藤夫婦にとって避けては通れない問題だった。それを作り手が介入することで顕在化させ、映像化したのである。そこまで作り手が介入すること

映画『味』のプレスシート

が、果たして正解なのかはわからない……。

しかし五ヶ月にもおよぶ映画『味』の撮影によって、私はドキュメンタリーとは「何か」を改めて考えるようになった。いまだ冬眠している映画を再び始める時に、この李の演出術はかならず活きてくるという手応えをつかんでいた。またその眠りから目覚める伏線もあった。

「元次郎さんが、癌になった」

『味』の撮影が終わったある日の夜、風の噂でそんな話を聞きつけ、私は急ぎシャノアールのドアを叩いた。

「あら、誰から聞いたの？」

元次郎は、いつもの笑顔で迎えてくれた。そして癌だというのに煙草を吸いながら、まるで他人のことのように病状を話してくれた。

「（シャノアールの）営業中にね、トイレに行ったら、すごい量の血尿が出たの。それで、急いで桜木町の救急センターに行ったんだけど、その時は病名もわからなくてね」

その後すぐに、けいゆう病院に赴いたが、急いで精密検査をする必要はないと医師に言われたという。

「そしたら検査を後回しにされちゃって、気づいたときには、もう末期だって」

前立腺癌で、ほかの臓器への転移も見つかった。最初に診察した医師がすぐに検査をしていたら、手遅れにならなかったかもしれない。憤りを感じた元次郎は、自身の診断書、レントゲン写真などを返してもらい、横浜日赤病院（現・横浜市立みなと赤十字病院）に転院した。

レントゲンを見ると、無数の黒い影、つまり癌細胞がある。癌をおさえる治療を続けているが、完治することはないという。

「元次郎が、癌なんて洒落にもならないわよね」と自嘲気味に笑い、レントゲン写真や、診断書をしまった。そして棚の引き出しから、手紙の束を出してきた。元次郎とメリーさんとの手紙のやりとりは、ずっと続いていた。次のような内容のものだった。

先だって、元次郎先生、横浜からようこそご到着をあそばされたこと、ご無事でおめでとうございました。応接室にて、園長様はじめ、ご対面。また私もお目にかかったこと、光栄とぞんじあげます。横浜時代のこと、友情の厚きこと。元次郎先生、未来の願望を成功させましこと、有望に全国、全世界にこだましますよう、大人気を博しますよう、お祈り申し上げております。

少しのタイムでも、お目にかかれましたこと、なによりもシャンソン歌手の方、スウターと思い、光栄でございました。これからも次第に秋の気候になり、しのぎ良くなります。どうかご健康に大切のうちに、頑張ってください。なによりもご期待して、まずは感謝とお礼を申し上げます。

次第次第に暑い夏が参ります。先昨日は、美しい夢のようなお手紙をいただきまして、誠にありがとうございました。私、早くもう一度、横浜市に帰りたくてたまりません。郷里から、一度許されれば、広い広い関東地方の東京、横浜の、私の三十年間の、成長を幸せにさせていただきましたら、私は良きおばあさんになるよう、活躍致します覚悟でございます。まだまだ私には夢が多いことが沢山ございます。色々、うれしいにつけても、喜びにつけても、決して忘れません。三十年間の成長をありがたく感謝しなければなりません。思い出の元次郎先生をはじめ、皆々様、懐かしゅうございます。横浜の伊勢佐木町もずいぶん、森永〔ラブ〕店のことも、丸井センターも博物館〔カレーミュージアム〕とは、とても巨大なことのように思います。目の当たり、五年間の間に、発展をあそばしましたことは、素晴らしい町ができていると思います。そもしも当主殿から、お許しがありましたら、よろしく横浜の御地に帰ってみます。その時には、懐かしの皆々様、ご無事でお励みになってくださいませ。元次郎先生の人気の人望、背くことのないように、参る所存でございます。

いまでも県民ホールでの思い出がございます。近代の発展のために、どうか素晴らしい活躍と、ご健康をお祈りもうしあげます。かしこ。

元次郎先生

元次郎はメリーさんの筆跡を指でなぞりながら、再会の時の後悔を口にした。

「あの時、（メリーさんのために）歌えなかったのは、本当に残念だわ。だけどね彼女が、向こうで肩身の狭い思いをしないようにと思ってね。いろいろと送っているのよ」

元次郎はメリーさんへの贈り物のほかに、老人ホームへの寄付金も定期的にしているという。私が蒔いた種はゆっくりと、そしてたしかに実をつけようとしていた。

「元次郎さん、そろそろ帰りますね」

「あら、そう」

「何かあれば連絡してください」

「じゃあ、これ持っていって」

席を立とうとすると、祝儀袋を差し出された。中を見るまでもなく、お金が入っているとわかった。

「受け取れないですよ」

「ちょっとでも、フィルムの足しにと思って。何も言わずに使って」

「いや、もらえません」

「その代わりに良い映画に仕上げてね」

祝儀袋には一万円札が一枚入っていた。それを元手にして、映像用の油圧式三脚を買った。これまでは安価なスチルカメラ用の三脚だったので、少しでも良い映画を撮ることが恩返しだと思ったからだ。

『味』の編集中にも一度、シャノアールを訪ねたことがあった。私に何かできるわけではない。ただ会うことしか、思い浮かばなかったのだ。

「私はね、死ぬのは恐くないの。ただ唯一の心残りは、自分の歩んできた半生を（書き）残せなかったことかしら。まだ書きたい気持ちはあるんだけどね」

この頃の元次郎が、しきりに言っていたことである。

二〇〇二年十月、映画『味』が完成した。今だから言えることだが、そのまま李纓の助監督を続けようと思っていた。また自分の映画をやり始めたら、できるのは借金だけだ。図らずもドキュメンタリーの道に入ってしまったが、その面白さもわかってきたところだ。もっと李のところで勉強したい。だが、それはかなわぬ望みだとすぐに気づいた。その時、真っ先に思い浮かんだのは、メリーさんではなく元次郎のことだった。映画が完成するのを信じて、一万円を渡してくれた気持ちを無碍《むげ》にはできなかった。それでも迷いがなかったわけではない。逃げる口実があれば、といつも考えていた。そんな私の背中を押してくれたのは、ほかならぬ李の何気ない一言だった。

「撮影すると、私の背中には撮った人（取材対象者）が抱えている〈想い〉のようなものが取り憑《つ》くんだ。だから重くて仕方ない。それは撮った後に編集していき、形（作品）にしていくことで、私から一つずつ取れていくんだ。だから完成するまでは苦しくてたまらない」

それは私も、同様だった。重くて苦しくてたまらないが、目を背けてはいけない。私が撮った対象者たちの〈想い〉を見捨てることなどできなかった。

私は『味』でつかんだドキュメンタリーの演出術とともに、再び横浜へと足を向けた。

2 「日常」を写し撮る

営業時間の一時間前、まだシャノアールには従業員も誰もいなかった。私は元次郎と緊張した面持ちで対峙していた。

一九九九年の撮影から、もうすでに三年が経っていた。

「もう一度、撮影させてくれませんか？」

「ずいぶん前に撮ったでしょ」

「インタビューだけではなく、今の元次郎さんを撮りたいんです」

映画のなかで、もっと元次郎を取り上げたい。これまで多くの取材対象者たちにキャメラを向けてきたなかで、元次郎はそのうちの一人に過ぎなかったが、もっと焦点を当てたシーンを撮りたいとお願いした。なぜメリーさんに対してこだわるのか？　その心情が、三年という年月を経て、今ならよくわかる。〈メリーさんとの再会〉という私が蒔いた種を育ててくれたのも、元次郎だ。メリーさんと関わってきた人たち、その中心に据えられる人物は、ほかには見当たらない。元次郎は、ただ黙って耳を傾けていた。一呼吸置き、吸っていた煙草を灰皿に押しつけると、「いいわよ。いつから来るの？」続けざまに、私の目を見据えて、力強く言った。

「前のインタビューで言えなかったこともあるけど、今なら言えると思うわ」

すぐにスケジュールについて打ち合わせをする。元次郎の体調に合わせて、撮影は週二回、午後のみとした。

私の頭の中には、映画の全体像が見えつつあった。「すべてのカット、シーンに思想を込める」。わが師、李纓の教えを反芻しながら、これまで撮った内容を整理し、構成表（撮影台本）を作った。

私が意識していたのは、〈元次郎の日常とは何なのか？〉である。ただの日常の記録ではなく、その人物の感情や生活が表出する〈日常〉を撮らなければ、映画にはならない。それらのイメージを紡いでいくことが、これからの撮影のキーポイントになるはずだ。また制作体制を刷新すべく、シャノアールから歩いて三分ほどのマンションに移り住んだ。撮影がなくても、近所づき合いができる距離であり、元次郎から連絡があればすぐに駆けつけられる。「中村が近くに住んでいる」。それだけで私に対する接し方や意識も変わってくるはずだ。目下の悩みは、やはり制作費だ……。従来のように撮影をして、お金がなくなればまた仕事をして資金を稼ぐというのは、もう無理だろう。元次郎の病気は刻一刻と進行しているので、とてもこれまでの私の制作スケジュールには合わせられない。手元にあるのは、映画『味』で得たギャラのみだ。いつまで資金が持つかはわからない。それでもやるしかなかった。

そして最も悩んだのが、撮影の中澤健介だった。一九九九年、あのクランクインした夏、一度は現場から去っていったが、半年後、その次の撮影には戻ってきた。もともと中澤と二人で立ち上げた企画でもあるし、やるからには最後まで一緒にやるべきだ。そう思って、キャメラを回してもらった。しかし、これからの撮影に参加させるべきか、とまどいもあった。なぜなら中澤は元次郎のことをひどく嫌っていたからだ。

「自分のことだけを、不幸だと思っているのが嫌だね。女々しいよ」

執拗に毛嫌いしていた理由は、その後に判明することになる。だがこの時は、中澤と話せば話すほど不安が募るばかりだった。

「俺は、撮影はするよ。ちゃんと言われたものは撮るし」

中澤は、ぶっきらぼうに言い放った。だが、そういうことではない。元次郎の気持ち、感情に寄り添うことが、これからの撮影では重要になる。私は何度も元次郎のところに通い、地ならしをした。

「中澤が今の元次郎さんのことを聞いて、どうしても自分が撮りたいって志願したんです」

そんなことは一言も言っていない。嘘も方便。というより、結果的にそうなってほしかった。中澤にも、元次郎の病状について、その進行具合などを詳細に話していった。少しでも感情移入してほしかったからだ。そしていよいよ撮影が始まった。

まずは私の自宅で中澤と打ち合わせを行い、撮る内容だけでなく、どう撮るのかを詰めていった。そして構成表を見ながら、その日に撮るものが映画全体でどういう位置づけなのかを確認する。

若い頃の元次郎の生業。川崎（堀ノ内）の路上で、男娼をしていたことがある。メリーさんと同じ仕事をしていたことで、二つの人生が重なり合う。

（映画『ヨコハマメリー』構成表より）

［原点を訪ねて］

川崎での「原点を訪ねて」の撮影を終えると、元次郎が男娼から足を洗って開いたお店「かっぱ」を訪ねた。そこで、また撮影を行った。いまお店を営むのは増田毅。元次郎の長女（つまり弟子のようなもの）であり、旧知の間柄だ。私が男娼時代のことを事細かに聞いていると、「もう、いいだろ！」と店内に怒声が轟いた。中澤だった。状況がつかめずに、私が唖然としていると、キャメラを片づけてしまった。元次郎、増田らが心配そうに、私たちを見つめている。ここで揉めても仕方がないので、撮影を終えることにした。自宅に戻り、その日に撮影した素材を中澤とチェックする。撮影時の反省点をあぶりだし、次の撮影への課題を話し合うためだ。

もちろん私は「何で止めたんだよ？」と、中澤を叱責した。

「もういいだろ。充分、撮っているんだから。元次郎さんが嫌がることとするなよ」

「それでも撮らなきゃいけないんだ」

「だからって、限度がある」

「……」

「誰かが止めなきゃいけないだろ」

中澤の言うことは、人としては正論かもしれない。しかし対象者の人生の影をしっかり描かないと、光は浮かび上がってこない。私だって心苦しい。それでも、それを踏み込み越えなければならなかった。それよりも驚いたことは、中澤がキャメラを止めるほど、あれだけ毛嫌いしていた元次郎に対して感情移入し始めていたことだった。私のついた嘘が、いつの間にか本当になっていたのだ。この流れは悪くない。とすると懸案事項は一つだけだった……。

そして、不意にその時はやってきた。その日の撮影が終わった後、私が「メリーさんと過ごした夏」の思い出を話していると、元次郎がおもむろに呟いた。

「一緒にメリーさんのところに行かない？　一人なら無理だけど、あなたたちがいれば……。これが最後のチャンスだと思うのよ」

ずっと待っていた言葉だった。芽は、ようやく育った。二年以上もかけて実ってくれた。そもそも、使うかどうかもわからないシーンを撮るために、私からは提案できずにいた。もちろん元次郎本人の意志でメリーさんに会いに行くことに意味があると思ったし、たとえ映画にとって不要でも「何か」が生まれるのではないかと漠然とながらも考えていた。勝算はなかったが、一縷《いちる》の望みに賭けたかったのだ。対象不在のドキュメンタリーにおいて、撮っても使えないかもしれない。それでも胸の高鳴りをおさえることができなかった。

3 ……………メリーさんとの再会リサイタル

早速、老人ホームに連絡をして日程を決めた。運命の日は、二〇〇三年一月十一日。メリーさんの老人ホームでの「元次郎リサイタル」だ。

何が起こるのかは、まったく想像がつかない。横浜を発ったその日の午後にリサイタルを行うという強行軍である。元次郎の体調を鑑みると、スケジュールに追われて撮影もままならないかもしれない。それでも舞台上で歌う元次郎、それを客席で聴くメリーさんを、一カットだけでも撮りたい。狙いの曲は「マイウェイ」。癌になった後、元次郎が自身の半生を重ね合わせてよく唄っている曲だ。

「♪あなたも見てきた、私のしたことを〜」

このフレーズを歌い切った元次郎から、メリーさんへパン（キャメラが移動）する。撮影の中澤と話し合い、それだけは確実に撮ろうと決めた。

一月十一日当日。羽田空港から空路で中国地方にある某県の空港へ降り立った。同時に、そこからキャメラを回し始め、元次郎が空港からタクシー、そして単線へと乗り継いでいく様子を撮っていく。車窓から見える景色は、山と田んぼだけで、数時間前まで横浜の日ノ出町駅の雑踏の中にいたとは思えない。

車中の元次郎はピアニストの井上裕規《いのうえひろき》とともに、メリーさんとの出会いを振り返っていた。

「関内ホールのリサイタル、何年前だったかしら？」

「十年くらい前ですかね〔実際は十一年半前〕」

「メリーさんと親しくなったのも、だいたいその十年くらいになるかねえ。じゃあメリーさん、養老院行ってからもう六年。もう六年だねえ、ちょうど。まるまる六年だ〔実際は七年〕」

「それにしても遠いねえ、なんでこんな遠いところが（メリーさんの）田舎だったんだろう」

「あと（駅が）二つ、三つ」

「じゃあ、もうすぐだ」

　そして終着駅、メリーさんのいる城下町に着いた。私にとって二年半振りの風景が広がり、駅のロータリーで、清川充と別れた日のことが甦ってくる。ようやくここに撮影のために還ってきたのだと胸が熱くなった。駅前の喫茶店で休憩をとった後、メリーさんが待つ老人ホームへと向かった。タクシーの車窓から、あの夏に何度も歩き、目に焼きつけた田園風景が流れていく。もうすぐ運命の瞬間が訪れる。

　車を降りた元次郎は、小走りで老人ホームの玄関へと急いだ。後ろを追いかけるキャメラが、間に合わないほどのスピードだった。玄関で待ち構えていた（ホームの）園長に案内されて、レクリエーション室に通される。ここはあの夏の日、メリーさんが日舞を踊っていたところだ。いくつものパイプ椅子が並べられており、ステージ上には、「歓迎」のボードが吊り下げてあった。すでにリサイタル目当ての老人たちが、真ん中の席を陣取っていた。その中にメリーさんの姿を見つけると、元次郎が駆け寄っていった。手を握り合い喜ぶ二人。園長によると、（メリーさんは）朝から念入りに化粧をして、再会を心待ちにしていたという。まさに今日という日に、二人の思いが結実したといえる。そしてすぐにライブが始まった。

「雪が降る」「百万本のバラ」「小雨降る径」「枯葉」「ロマンス」「雨のブルース」「別れのブルース」「愛の讃歌」と、自身のレパートリーを唄ったあと、元次郎は客席に、いやメリーさんに向かって語りかけた。

「元次郎は、ここに一昨年ですね、来ましてね。あれから癌になりました。でも一生懸命治そうと、癌に負けるなって気持ちでやっております。そしてこうやって皆様の前で歌えたことを、本当に一生の良い思い出として大切にしていきたいと思います。『マイウェイ』を聞いてください」

「マイウェイ」のメロディが流れ始めると、メリーさんの顔つきが変わった。それまで微笑みを浮かべながら聞いていたのが、口元が締まり、ステージを凝視している。そして元次郎が歌い始めると、メリーさんは「マイウェイ」の歌詞を聞き嚙みしめながら、小さく頷いていた。身震いした。良いシーンが撮れたとか、そういうことではない、これまで味わったことのない感覚だった。

そして「ようやくこれで終われる。映画の終わりが見えた」。ただ、そう思った。

この映画を始めてから、多くのインタビューを撮ってきたなかで、ずっと抱えてきた疑問があった。私はキャメラを向けた対象者に何を求めているのだろうか？　映画にとって使いやすい情報を答えてくれたら、それで良いのだろうか？

この頃、そんな迷いの最中だったのだが、元次郎が自身の半生を重ね合わせた歌を、まさに自分自身もそうであったかのように何度も頷くメリーさんを目の当たりにした時に、これが私が希求してきたドキュメンタリーにおけるインタビューの本質だと思った。それは情報ではなく、対象者から発せられる感情を写し撮ることである。記憶がおぼろげで話も辻褄が合ってなくてもいい。そこに感情が宿っていれば、それだけでいいのだ。何よりメリーさんの頷きは、どんなインタビューよりも饒舌で説得力があった。この日、私は撮りながら多くのことを学んでいた。一九九九年のあの暑かった夏から、ようやく抜け出せそうな気がした。まだ正月が明けたばかりの真冬なのに、身体が火照っているのがわかった。

そして老人ホームの入口での別れの時、元次郎がメリーさんに語りかけた。

「元気でね。風邪だけ気をつけてよ」

「はい。（元次郎）先生も元気でいてください」

「良かった、元気で。百歳までね、百まで約束」

二人は互いの小指を差し出して、指きりをした。笑顔で頷くメリーさん。そしてタクシーに乗りこみ、私たちは老人ホームを後にした。滞在時間は、わずか三時間ほどだった。

「星が綺麗ね」。元次郎が車窓を見ながら、助手席にいた中澤に声をかけると、返事がない代わりに、大きな鼾《いびき》が聞こえてきた。失敗の許されない撮影で、極度の緊張状態だったのだろう。「あら、疲れちゃったのかしら」と、元次郎が隣の私を見て微笑んだ。もうメリーさんの話は出なかった。プラネタリウムのような眩いほどの星空を、ただ見つめていた。

4 大きな挫折

それから一ヶ月が経った二〇〇三年二月、急遽、編集を始めることになった。じつは三ヶ月前、元次郎の撮影を始めた頃に、森日出夫から、ある提案を受けていたのだ。

「中村君の映画を上映しないか？」

二〇〇二年四月、商業施設としてスタートした横浜赤レンガ倉庫は連日、大勢の人たちが訪れて、横浜の新しい観光地となっていた。二〇〇三年、その一周年記念のイベントとして、森日出夫写真展を開催することになったという。しかし写真展だけではつまらない。メリーさんの写真も展示するので、それに関連した映像を上映したいというのだ。

「短くまとめたものでも、試作版みたいなものでもいいよ」

撮影の途中で受ける類の話ではない。冒険というより無謀に近い提案である。だが、私にとって最大の協力者であり、恩人でもある森の頼みとあっては無碍《むげ》には断れない。

「わかりました、お願いします」。できるかどうかではなく、心意気で受けてしまった。撮影の合間、自前のパソコンに編集ソフト（アドビ プレミア）をインストールし、百本あまりの収録テープを一本ずつ取り込んでいった。じつはこの時がノンリニア編集初体験で、連日にわたってガイドブック片手の格闘が続いた。そして写真展の詳細も決まった。

森日出夫写真展　二〇〇三年四月一日（火）〜十五日（火）
横浜赤レンガ倉庫一号館二階スペース
主催　横浜赤レンガ倉庫一号館［財団法人 横浜市芸術文化振興財団］
後援　横浜市／神奈川新聞／TVKテレビ／RFラジオ日本／FMヨコハマ

当初は写真展の一角でのテレビ上映だったが、テレビの前に観客がたまると人の流れが滞ってしまうので、「（一日限定で）一号館三階にあるホールで上映しよう」と提案された。それに加え、上映終了後には元次郎のミニライブを催すという。私が了解しないところで、いつの間にかビッグイベントになっている……。森からタイトルを決めてほしいと言われ、仮題として『LIFE　白い娼婦メリーさん』とした。しかし写真展の片隅で、ひっそりと誰にも気づかれずに上映されることを望んでいたのに、なぜこんなことになったのか。かつて経験したことがない不安が、私を否応なしに追い詰めていった。

そんな時、想定外の事件が起きた。撮影日ではない、ある日の晩のことだった。中澤健介が、撮影用のビデオキャメラを借りたいと、私の自宅まで訪ねてきたのだ。

「知り合いがライブをするんだけどさ。それを映像に撮ってほしいって頼まれたんだ」

重苦しい、いつもとは違う雰囲気だった。

「大丈夫か？　ちょっと変だぞ」

中澤は何か言いたそうだったが、私は耳を傾けようともせずに、キャメラを手渡した。そして「変な問題を起こしてくれるな」というニュアンスの忠告をした。今から考えると、思いやりのない態度だった。目の前のことに追われ、人様のことに構っているだけの余裕などなかったのだ。その晩、一抹の不安が頭から離れず、なかなか寝つけなかった。

翌日、電話すると、「ちゃんと上手く撮れたよ、ライブ」。中澤は、意外なほどあっけらかんとしていた。私の杞憂だったようだ。まあ、それにこしたことはない。

それから数日後の二月十四日は、横浜から川崎まで向かう電車の車窓など、実景（風景）の撮影日だった。すると中澤が、恋人である麻衣を連れてきた。

「元次郎さんの撮影じゃないし、実景だけだからいいよね」

中澤には、公私の区別をつけられないところがあった。普段の仕事では絶対にしないだろうが、友人である私との関係なら、という甘えた態度が見えるのが腹立たしい。だが、ここで揉めてもお互いに嫌な気持ちになるだけだ。とりあえず予定通りに撮影を行った。

ちなみに、その日に撮った実景はすべてNGだった。やはりスタッフではない部外者がいると、気が散ってうまくいかないものだ。仕方なく早々に撮影を終わらせて、中澤と麻衣の三人で、横浜駅西口の不二家カフェに入った。バレンタインということもあり、店内はカップルで埋め尽くされている。私が二人のデートの邪魔をしているようで居心地が悪い。それよりも気になったのは、中澤の様子だった。いつものような覇気がないし、まったく喋ろうとしない。うつむき加減で麻衣をずっと見つめていた。

「二人の間に何かあったのだろうか?」と、余計なお世話だと思いつつ気になった。

するとと翌日、麻衣からの電話があった。

「彼の様子がおかしいんです」

「どういうこと?」

「何かブツブツ言っていて。いつもの雰囲気じゃないんです」

不安が的中してしまった。中澤の携帯に電話してみるが、何度かけても通じない。以後、音信不通となった。中澤自身のことも心配だが、それよりもまだ撮影が残っている。まず元次郎のところに行って、今後の撮影日程の変更を伝えた。この段階で、ほかのキャメラマンに頼むのはさすがに厳しい。元次郎には、麻衣から聞いた要点だけを説明した。

「大丈夫かしら……」と言って、元次郎はうつむいた。

撮影は中断し、編集作業を進めることにした。さすがに試写会の日までは、変更できない。文字通り昼夜問わず、朝の光が自室に差し込んでくるまで、パソコンに向かう日々となる。疲れてベッドに転がり込むと、数時間後に携帯が鳴る。麻衣からの電話だった。中澤との連絡は取れなかったが、彼女からの話でわずかばかりの状況を知らされた。ほどなくして中澤の母親からも電話があった。双方から話を聞いても、詳しいことはよくわからなかった。確かなことは、中澤が精神的に落ち込んでいて、人に会える状態ではない、今は通院し、療養しているということだった。夜通しの編集に加え、朝方には麻衣から電話がかかってくるのが日課となった。先の見えない状況の中で、試写会の日が刻一刻と迫ってくる。撮影はまだ終わっていない。どうすればいいのか……。寝不足と疲れ、そして精神的な不安から、頭がおかしくなりそうだった。

「本人は（撮影を）やりたいって、言っているんですよ」

中澤の母親からの打診を受けたのは、あのバレンタインから半月後、二月も終わりに差しかかっていた頃だった。

二月二十七日、自宅のドアをあけると、中澤の姿があった。つい最近まで会っていたのに、再会という言葉がしっくりくる。

魂が抜け落ちたような顔だった。（一九九九年の夏の）現場を放っぽりだして、次の冬の撮影に何もなかったように戻ってくる。そんなふてぶてしい男の姿は消え失せていた。何か強く言おうものなら、もろく壊れてしまいそうだ。撮影自体は危なげなく進んだが、私の目を見ようともしなかった。取材対象者を前にしてもうつむいているばかりで、ずっと黙っている。その場の雰囲気が変わってしまい、相手が気遣うほどだった。それでも撮影は続いた。麻衣からの朝の電話も、ずっと続いていた。中澤と麻衣、双方の家族まで巻き込んで揉めており、大変な事態に陥っているらしい。しかし冷たいようだが、私には関係ないし、ただ映画だけに集中したかった。中澤が最後まで撮影を全うすることだけを、私は望んでいた。しかし畏れていたことが、不意に起こってしまった。

三月三十一日、赤レンガ倉庫での上映の二週間前のことだ。この日、元次郎へインタビューをすることになっていた。自身と母親との関係、それがメリーさんへの想いへとつながっていくことを話してもらう、とても重要なシーンである。同様のインタビューは以前にも撮っていたが、物足りなさを感じていた。〈メリーさんの頷き〉のような感情が撮れていなかったのだ。私の耳に入ってきた今回の騒動の情報を合わせると、中澤には、母親に対する〈トラウマ〉があり、それは元次郎が抱え続けてきた〈トラウマ〉と近いという。

「だいたい、母親にコンプレックスがあるなんて、ウザいよ」

かつて中澤が、元次郎に対して非難した言動を思い出した。それは近親憎悪に近いものだったのかもしれない。今度のインタビューは、まさに元次郎の〈トラウマ〉を語ってもらうことになっている。撮影前日、私は迷いながらも、そのことを元次郎に伝えに行った。スタッフの闇まで映画のために利用することに抵抗はあったが、中澤のためにも言うべきだと思った。傲慢というか、人の道に外れていることは承知のうえでのことだ。話を聞いた後、元次郎はただただ無言だった。うつろな目で、煙草を口に運んでいた。

そして撮影当日。中澤とシャノアールへ向かった。中澤の様子は相変わらずだった。

「いらっしゃい」。元次郎は、笑顔で迎えてくれた。中澤に対して、何か聞くわけでも励ますわけでもない。いつものように接している。元次郎の優しさだった。撮影は、元次郎へのインタビューだけだ。一台のキャメラで、ポジションも変わらない。私たち作り手が、ただ元次郎を見つめている、そんなシーンにしたかった。質問はしない。何を話すかは、事前の打ち合わせで決めていた。元次郎自身のタイミングで話してもらった。

「(一九四五年に)戦争に負けて(から)引き揚げてきて、元次郎が七歳、妹が四歳、母親と三人だった。母親は訳あって父親とは一緒じゃなかったから、子供二人を食べさせていくことに一生懸命だったわけ。で、うどん屋さんをやったり、おでん屋さんをやったり、もっとお金になる仕事っていったら、水を売ることが一番だった。で、お酒を売り始めると、男の人の出入りも多くなって、元次郎も成長して、うっすらと大人の世界が見えてくる年齢になった時に、母親に恋人ができたんだよね。こう三人でね、生きてきたのにね。お母さんの目が、男の人のほうへ向いた時に、もう我慢できなかったわけ。お母さんと口論になってね。その時に、元次郎がお母さんに向かって、『パンパン』って言って……。もちろんお母さんは怒った。『親に向かってなんてこと言うの』って。でもお母さんは、自分たちだけのものだって気持ちが強かったから。そのことを時折りね、あんなこと言わなきゃよかったなんて後悔だね。何であんなこと言っちゃったんだろう。それでメリーさんに『私、パンパンやっていたからね』って言われた時に、ズキーンっと胸に突き刺さった。もしも自分のお母さんが、メリーさんが自分のお母さんだったらなんて……。この人(メリーさん)がもしお母さんだったら、どうしてあげるだろう、責めたりしなかっただろうな。今だったら、責めたりしない。メリーさんが、雪が降る日も、雨が降る日も、住むところがなくてね。でも個人の力じゃ、何の役にも立たなかったね。何とか手助けをしてあげたい。そんな気持ちがいっぱいでね。だから他人とは思えなかったの、メリーさんのこと……」

時間にすると短いインタビューだった。撮影が終わると、元次郎は中澤のところに駆け寄っていった。「大丈夫だからね。あなたは大丈夫よ」

中澤の両手を包み込むように握って、何度も何度もそう語りかけた。それだけの言葉なのに、一言一言が重かった。このインタビューは映画のためではなく、中澤のためのメッセージだった。握り合い、重なり合う二人の手を見て、心の絆を感じた。それはいやらしい思索を巡らせていた私には、立ち入れない世界だった。

野毛山公園の近くの路上。元次郎と別れた後、中澤と車の中にいた。何を話すわけでもない。私がたわいもないことを言うと、それに中澤はただ頷いた。

「元次郎さんの話、良かったね」

私が今日の撮影について話すと、沈黙になった。その静寂な時間がしばらく続いた。そして中澤はその心情を絞りだすように吐露し始めた。

「今日、元次郎さんの話を聞いていて、俺はキャメラのファインダーを覗けなかった。だから、ちゃんと撮れているかどうか、わからない。元次郎さんの話を聞いていたら、涙が止まらないんだ。撮影中だって、わかっていても止まらないんだ。俺も昔、母ちゃんに酷いこと言ったことがあるんだ。それがいまだに忘れられないんだ。後悔しているんだよ。俺はどうすればいいんだよ。どうすればいいんだよ……」

中澤は嗚咽《おえつ》を漏らしながら、大粒の涙を流し続けた。私は何も応えることなどできなかった。ただ泣きやむのを待つしかなかった。

その後自宅に戻り、撮影したテープをチェックした。いつもなら、中澤と一緒に見るのだが、今日は帰宅してもらい、一人で見ることにした。するとフレーム〈構図〉がおかしい。元次郎の頭が少し切れていて、アンバランスなのだ。

「ファインダーを覗けなかった」。中澤の言葉が頭に浮かんだ。撮影中に、元次郎が姿勢を変えたため、頭が切れてしまったのだろう。普通なら、それに合わせてキャメラを動かせばいい。だが、中澤は、それすらもできない状態だったのだ。困った。元次郎の気持ちを考えても、もう一回、撮るのは不可能だ。以前に撮った同様のインタビューもある。無難なのは、それを使うことだった。話の内容も悪くない、画も問題はない。だが、〈感情〉という面では、今回のインタビューには遠く及ばない。頭を抱えていると、中澤から電話がかかってきた。

「撮ったものは、どうだった？」

チェックをしていないので、不安だったようだ。

「そうだね。いいんだけど、ちょっと問題があってね」

事の次第を話すと、中澤は声を荒らげて切願した。

「今日の使ってくれよ。お願いだよ」

「いや、それは……」と答えをはぐらかした。情では決められない。

するとは電話越しに、中澤の嗚咽が漏れてきた。

「今日のが、ダメだったらどうすればいいんだよ」

「……」

「俺、もう死にたいよ」

中澤は、泣きながら呟いた。私は、ただ黙っていた。

考え抜いたすえに、最後に撮ったインタビューを使うことにした。構図云々ではなく、元次郎と中澤の気持ちを無駄にしたくなかった。口で偉そうなことを言うわりに、私は情にもろい。とくに中澤には、いつも甘い。そんな自分が情けない……。

その翌日、試写会の打ち合わせで赤レンガ倉庫を訪れた。またも私が知らぬところで、上映は昼と夜の二回と規模が大きくなっていた。会場となる三階ホールの収容人数は三百五十席。つまり七百人近くを集めないと、満員にはならない計算だ。撮影と編集に追われ、宣伝にまで手が回るはずもない。厳しい結果になることは火を見るより明らかだ。倉庫の隙間から見える空は、きれいな黄昏色だった。上映当日は、どんな色なのだろうとふと感傷的になった。

とりあえず撮影は終わっていた。まだ撮り残したものは多くあるが、試写会までのスケジュールを考えると、いまある素材（収録テープ）で、仕上げるしかない。

四月に入ると、「記憶を記録する」の撮影時に、森が撮った元次郎の肖像写真を、彼のスタジオまで借りに行った。

［記憶を記録する］

メリーさんと元次郎。横浜にとってかけがえのない人物。そして残さなければ、いけないものとは何か？　写真家・森日出夫の眼を通して見えた物とは何か？　森と元次郎のセッション。

（映画『ヨコハマメリー』構成表より）


すると森は、私と目も合わせずに言い放った。

「あれ撮ってないよ」

「だって、撮影していたじゃないですか」

「フィルム入れてないもん。8×10《エートバイテン》（高解像度の大型カメラ）って高いんだよ。もったいないしね」

呆れた。フィルムの値段の話ではない！と喉まででかかったが、必死に飲み込んだ。いまここで怒っても仕方ない。うつむき目を閉じて、数回ほど深呼吸し、気持ちを落ち着かせた。そして森に代替案がないか相談すると、8×10を撮る前にデジタルカメラで撮った同じ構図の写真があるというので、それで代用することにした。

森に対する憤りは収まらなかったが、それが浅はかなものだったとわかるまでに、半年以上も要することになる。私に想像も及ばない、もっと深い理由があったのだ。

四月十三日の試写会当日。完成したのは、当日の朝だった。完成版というよりも、とりあえずつなげただけの試作版となった。市の広報誌に載ったくらいで、上映の告知などまったくしていない。関係者以外の観客動員は期待できないだろう。しかし、そんな悲観的な予測は、会場に赴くとすぐに崩れた。開場一時間前なのに、長蛇の行列。二回の上映で、客席がほぼ埋め尽くされていた。招待客も多かったとはいえ、横浜における〈メリーさん〉の知名度、そして人気（？）を証明することになった。

だが試作版の反響はというと、散々だった。改めてスクリーンで観ると、我ながら退屈で面白くも何ともない。とても映画とは呼べない、こんな一人よがりな映像の羅列に、七百人近くの観客を巻き込んだ罪はひどく重い。上映中、会場から逃げ出したい気持ちで一杯だった。

そんな惨状を救ってくれたのは、ほかならぬ元次郎だった。夜の上映が終わり、舞台が真っ暗になると、ピアノの前奏と聞き馴れた歌声が響き渡る。暗闇のステージにスポットライトが点くと、元次郎の姿が照らし出された。こうして幕をあけたライブは、元次郎の独壇場だった。映画でも使われた「マイウェイ」が始まると、会場からすすり泣く音が聞こえてくる。映画の上映の時にはばらばらだった観客の気持ちが、ゆっくりと一体化していった。それは私の映画には決してないものだった。

上映、そしてライブが終わった会場のロビーで、元次郎が中澤を見つけて駆け寄り、声をかけた。

「どう、元気になった？」

「……」

「元気になったら、みんなで焼肉食べに行こうね」

中澤は目に涙をためて、身体を震わせていた。私にとっては挫折だったが、この試写会をやることには意味があったのかもしれない。そう自分に言い聞かせた。


「エジプトに行くことになった」

中澤の母親から連絡が入ったのは、試写会から数日後のことだった。エジプト人と結婚している中澤の姉を頼り、療養を兼ねてカイロに行くという。麻衣とは、今回のことが原因で別れたようだ。私は中澤のエジプト行きを報告するため、シャノアールに赴いた。

「さっきね、これが送られてきたの」

中澤からの小包だった。中には、彼が地元（茅ヶ崎）で撮った一枚の写真。黄昏時の砂浜と、中澤の愛犬が写っていた。

「これね、前に見せてもらって。『すごく好きだわ、キレイね』って言ってたの」

元次郎は写真を手にとって、微笑んでいた。写真の裏を見ると、中澤の直筆の文字があった。「元次郎さんへ」。その言葉が、心にじんわりと響いてきた。

第7章　伊勢佐木町ブルースが聞こえる

1　どん底のバイト生活

試写会から数日後。アマノスタジオを訪ねると、森日出夫が開口一番、「みんな、俺に文句を言ってくるんだよね」とため息まじりに呟いた。「作品の内容が悪い」、「メリーさんのドキュメンタリーになっていない」など、知人友人らにさんざん酷評されたという。

あれはないよ、酷いと、森もとても辛辣だ。「試作版でも、ラフカットでもいいから」と提案してきた張本人から言われると、さすがにつらい。無謀なスケジュールの中で無理してやったのに、と愚痴りたくもなったが、何も言わず飲み込んだ。私自身、納得していなかったし、作り直すつもりだったからだ。赤レンガ倉庫の観客には申し訳ないが、試写会のおかげで問題点もあぶり出せた。

この映画のテーマは、〈メリーさんを取り巻く人たちのドキュメンタリー〉だ。にもかかわらず、キーパーソンとはいえ元次郎の扱いが大きくなりすぎて、焦点がぼやけてしまった。あろうことか私自身が感情移入しすぎて、知らず知らずのうちに「元次郎のドキュメンタリー（メリーさんは彼の友人の一人）」だと、主語を入れ替えてしまったのだ。

失敗したのは当然の結果だったが、修正すべき問題点はわかっている。私はただ原点に立ち返って、真摯《しんし》に作ればそれでいい。試写会は、頭を冷やすための通過儀礼だったように思う。

「これから、やり直します。もう一度」と、森に向かって宣言した。

「それがいいよ。今のままじゃあねえ」と返されたが、もう期待していないというのが本音だろう。

シャノアールに顔を出すと、たくさんの手紙が届いていた。そのほとんどが元次郎のライブに寄せられた賞賛だった。いくつかの手紙に目を通したあと、私は元次郎に今の想いを伝えて、協力を求めた。

「時間がない中で作ってしまったので、いまの映画は納得できない。体調のこともあるだろうが、もう少し私につき合ってほしい」

身勝手なお願いとは、百も承知である。

「まあ、それはいいけど」と、元次郎の表情が曇った。自身の病状のこともあり、最後まで体力が持つかどうか自信がないようだ。それでも……と懇願すると、「私だっていつまで生きているか、わからないのよ」とため息まじりに返された。たしかにその通りだ。一刻も早く制作体制を立て直し、前に進まなければいけない。そのためには解決すべき問題が山ほどあった。

まず制作資金である。元次郎の撮影を始めてから半年。すでに、お金が底をついていた。また助監督の仕事に戻ったら、短くても二、三ヶ月は拘束されるだろう。今の現状というか惨状を前に、その選択肢はない。仕方なくレンタルビデオ店の店員のバイトをして資金を調達することにした。平日の夜十時から翌朝八時までの十時間労働で、帰宅するとベッドに倒れこみ、正午に起きる。睡眠は三時間ほどだった。午後からバイトが始まる夜十時まで、制作準備やリサーチにあてた。それに加え、土日祝日は結婚式のビデオカメラマンの仕事をかけもちする生活が続いた。

スタッフの確保も問題となった。中澤が療養先のエジプトからいつ戻ってくるか、わからなかった。新たにメインスタッフを加えないと、再スタートはきれない。

この時、相談に乗ってもらったのが、白尾一博だった。白尾との出会いは一九九八年十二月にまで遡る。ちょうどクランクインする前年、ノンリニア編集を勉強するため、アップリンクが主催するデジタルムービーワークショップに参加した。この時、講師をしていたのが白尾だった。

赤レンガ倉庫（『ＬＩＦＥ　白い娼婦メリーさん』）の時も、試写会の一週間前から白尾の自宅編集室に行き、色補正、テロップ入れ、内容の直しをしてもらっていた。これまでの制作体制の弱点は、作品の内容にまで介入してアイデアを出すスタッフの不在だった。「俺は撮るだけだから」と、中澤のスタンスは明快だった。それは技術スタッフなので仕方のないことだが、その点、白尾は有益なアイデアを持ち、的確なアドバイスをしてくれた。また妥協をせず、自分の意見は曲げないが、自分が言ったことには責任を持つというタイプで、私にとっては五歳上の兄貴分だった。

その白尾から、プロデューサーをしたいと申し出があったのは、梅雨明けする前のことだった。その日、いつものようにレンタルビデオのバイトから戻り、ベッドに倒れこんだ。熟睡などできない。正午過ぎには強い日差しが照りつけて、部屋が蒸し風呂のようになるからだ。短い睡眠と身体にまとわりつく汗で、ベッドからすぐに起き上がれずにいると、白尾から電話があった。「足りない部分を追加撮影すれば、勝算がある。元次郎とメリーさんが再会するラストシーン。あのシーンがあればイケる」というのだ。そのうえで受話器越しに、いくつかの提案をしてくれた。

すぐに返事はしなかったが、しばらく考えてから、プロデューサーと編集担当で参加してもらうことになった。この時、タイトルを『ヨコハマメリー』としたほか、白尾からナレーションを入れるべきだと提案されたが、それだけは受け入れられなかった。なぜナレーションを入れないのか。それは私なりの〈戦後史〉に対するスタンスだった。メリーさんの出自からも〈戦後史〉という要素は避けては通れない。しかし、果たして一九七五年生まれの私に、自身が体験したことがない〈戦後史〉が描けるのだろうか。正直、自信がなかった。写真家の常盤とよ子が投げかけた大きなテーゼが脳裏に浮かぶ。

「何でメリーさんなの。もうあの人は昔の人。私たちの時代の人よ。だいたい、あなたのような年齢の方が、メリーさんを取り上げることなんてできるのかしら?」

そう言われた時は、返す言葉がなかった。だが取材を重ねていくなかで、私なりに答えを導きだしていった。

知ったかぶりをして、ナレーションで語ることなどはしない。対象者らが生きてきた時代とどう真摯に向き合えるのか? とはいえ記録性を重んじて、ただ時系列で証言をつなげることを第一義にはしたくない。目指したのは、対象者たちの肉声を使い、作り手の視点によって歴史を「物語る」ことであり、それがその時代を体験していない私だからこそできるアプローチだと思った。正解かどうかではなく、それしか思い浮かばなかった。

こういう話し合いを、白尾と時間をかけて続けていった。

二〇〇三年七月。元次郎に誘われ、野毛山の中腹にある野毛フラスコを訪ねた。建物内にある野毛大道芸事務局で大久保文香マネージャーと、あるイベントの打ち合わせをするためだった。

「元次郎さんのために、ライブを」

やはり元次郎の病状が芳しくない。大久保にとって、野毛大道芸の常連である元次郎はかけがえのない同志でもある。もう一度、地元である野毛でステージを用意したい。大久保の呼びかけに野毛の町が動いた。

場所は、野毛にある横浜にぎわい座小ホール(野毛シャーレ)。元次郎が人前で歌えるのは、これが最後になるだろう。そして、そのプログラム案には『ヨコハマメリー』の上映が含まれていた。目が点になった。寝耳に水である……。
「映画、大丈夫よね？」元次郎が、私に了解を求めてきた。そんな急に言われても、大丈夫じゃない。さすがに次は、もう失敗できない。でも首を横に振れなかった。結局、あれだけ赤レンガ倉庫で懲りているのに、いまの元次郎のことを考えると断れなかった。日程は十一月下旬、あと四ヶ月しかない。計算でなく情で物事を決めてしまう、そんな自分が腹立たしかった。

2 ドキュメント根岸家

関内駅方面から伊勢佐木モールを歩いていくと、両側に松坂屋と有隣堂本店。その先を進み、オデヲンビル、にっかつ会館、そして松喜屋デパートがあったスーパー「ユニー」の角を右折すると、大きな駐車場がある。二十三年前まで「根岸家《ねぎしや》」があったところだ。女将の坂元スミが、再婚した夫とともに、昭和二十一年五月、伊勢佐木町で営業を始めた大衆酒場で、屋号は義理の祖父の出身地、横浜の根岸町からとったという。坂元は、当時では珍しかった二十四時間営業について、後年こう振り返っている。

「終電に乗りおくれた人が、高いタクシー代を使って帰らないでもすむようにと思ってね」。このアイデアが当たった。それに経営者夫婦の人柄がよかった。〃肝っ玉かあさん〃の温かさはむろん人気の的だったが、夫の明さんもお人よしだった。「遊びはするけど、人がよくてねえ。沢田美喜さんが大磯でエリザベス・サンダース・ホームをはじめると、子どもたちにお菓子を運んでやったり、店にバンドをいれると、自分もステージに立ってへたな歌を歌うような愛嬌もあってねえ」

（『女性セブン』一九七五年三月十九日号）

また夫の坂元明は、じつに商才に長けていた。戦後の食糧難、ヤミ市の時代に進駐軍の残飯整理の仕事を請け負ったことが、根岸家の躍進につながったという。

進駐軍のカマボコ兵舎からドラム缶詰めで吐き出される残飯の中には、〝牛肉もゴム製品も〟いっしょくただった。これを選り分けて、〝食べられる残飯〟を野毛の『くじら横丁』などの闇市に雑炊用として提供したのだ。「トラック一台分の残飯で米一俵という具合に〝物々交換〟して、営業用の食料や酒などを手に入れたのです。

（『根岸家』の元支配人・石野泰章さん）

なかなか目ハシの効くご主人だったが、要するにすべてヤミだったのだ。〔中略〕

伊勢佐木町通りから見た根岸家の玄関（常盤とよ子蔵）

「物価統制令下のその時代は、食い物がなくって、日本中が飢えていた。それなのに、あの店に行けば、いつでも欲しい物が食えた。……トンカツがあった。ラーメンも、それにイカやマグロのサシミもありましたな」。同じ町内の元町会長氏（七八）がそういって自慢する。（『週刊新潮』一九八〇年九月四日号）

まずはパンパンたちがお店の上得意になった。そして彼女たちを追って進駐軍の米兵たちが多く集まってきたほか、ヤクザ、愚連隊、ポン引きなどが割拠するたまり場として、その名を轟かせることになる。横浜愚連隊四天王と呼ばれた「モロッコの辰」こと出口辰《たつ》夫、林喜一郎、吉水金吾、井上喜人も、よく来店したという。また、森繁久彌、伴淳三郎、三木のり平、林屋三平などの芸能人や、作家の黒岩重吾も取材をかねてたびたび訪れていた。

一九六三（昭和三十八）年に公開された映画『天国と地獄』。本編中、伊勢佐木町の外人バーのモデルとなっていたのが根岸家だ。監督の黒澤明《くろさわあきら》は、その魅力についてこう語っている。

「根岸屋〔家〕」といって、横浜に実際にある店だが、面白いところでね。何でもある。ふしぎなところだね、人種はめちゃくちゃに入り乱れているし……。夜中に行くのは、こわいがね。（『世界の映画作家3　黒澤明』キネマ旬報社、一九七〇年三月）

黒澤明から指示され、東宝スタジオに根岸家を再現した美術デザイナーの村木与四郎は、実際の店を訪ねた時の印象をこう振り返っている。

ええ、犯人が麻薬を買う大衆酒場のモデルは、横浜・伊勢佐木町の根岸屋〔家〕です。たしか、美空ひばりか誰かが歌ってた所ですよ。外人がよく行く飲み屋でね。天ぷらや朝鮮焼も食べられ、お酒も飲めるって不思議なところですよ。本当は小さなところなんですが、映画では四倍の大きさにしています。カウンターのまわりには、監督と一緒にレッテルを張って、飾りなんか大げさにしてるんです。黒澤さん、ああいうことをやる時は、本当、楽しそうにやるんですよ。

——鳥居なんかありましたね。

あれも、入口の所にあったのを、大げさにつくってます。

（『巨匠のメチエ　黒澤明とスタッフたち』フィルムアート社、一九八七年）

広岡敬一《ひろおかけいいち》、一九二一年生まれ。戦中には満州映画協会に在籍。終戦後は帰国し、夕刊紙、女性誌などを経て男性誌の記者となり、赤線の女給、ストリッパー、トルコ嬢などを取材してきた風俗ライターのパイオニアと呼べる人物だ。クランクイン前のリサーチで戦後風俗史などの資料を読み漁っていた時に、広岡の著作『戦後性風俗大系——我が女神たち』（朝日出版社、二〇〇〇年）を見つけた。そこに一九五〇（昭和二十五）年当時の根岸家の記述があった。

横浜と言えば、伊勢佐木町の「根岸屋〔家〕」も面白かった。客が百人以上も入る居酒屋で、GIと彼らをカモに狙う洋娼でいつも満員。RAA出身や、基地めぐりの年増の女性が多いせいか、客の取り合いから始まった女同士の取っ組み合いが見られ

—たりして、それを眺めるだけでも楽しかった。

クランクインする前から広岡は取材対象者の候補だったこともあり、赤レンガ倉庫での試写会が終わった後、すぐに会いに行った。そして数回の打ち合わせを経て、インタビューしたのは八月七日。真夏の暑い日だった。広岡は自ら撮った根岸家の写真を見ながら、当時の記憶をたどってくれた。

「(根岸家は)あそこで、僕は仕事で行って写真を撮ったんですよね。その時、姉御《あねご》みたいな人に、許可を得たわけですよね。店の人に『写真撮らせてくれ』と言ったら、『あの人に聞け』と言ってね。洋パンのボスがいるんですよね。『その人に許可を得ろ』って言うんでお願いしたら、『いいよ』って言うんでね。それで、ちょっとこれは、あんまりいいことじゃないんだけど。恥ずかしいことなんだけどね。(洋パンのボスが)『今日商売やめるからね、あんた家に遊びにいらっしゃいよ』って言うんでね。小さいアパートに連れて来られてね。『なんか、日本人とやりたくなったから』ってやられちゃったんですよ。ゴーチンですよね。で、『私、日本人とは久しぶりよ』なんて言われてね」

「ほかに印象に残っていることって?」

1950(昭和25)年頃の根岸家(広岡敬一撮影)

「あそこは面白かったのは、おしパンって使っちゃいけない言葉ですけどね。おしパンもいるわけですよ。口のきけない女性。で、カラダを売っている女性ですよね。あそこは三つに分かれていたの。おしパンでしょ。白人専門でしょ。黒人専門と分かれているの」

「一般人は近寄れそうもないですよね?」

「横浜に住んでいる人でもあまり行かないんじゃないかな……、普通の人はね。結局、そういう洋パンとアメリカの兵隊のたまり場ですからね。だからねえ、(撮影できたのは)あのお姉さんのお陰ですよね。あの、ほらゴーチンされたね(笑)」

根岸家についてのリサーチは続いた。以前、インタビューした黄金町ちょんの間の娼婦マイからも情報をもらった。私のために、馴染みのお客さんに聞いてくれたという。

「根岸家には片腕の用心棒がいたんだって。白いスーツにシルクハット。仁義を通すために、片腕をなくしたって。あのメリーさんの恋人だったらしいよ」

荒唐無稽な話で、まるで日活の無国籍映画のネタになりそうだ。しかし魅

ミス・ジュン。根岸家で洋パンのボスだった
(広岡敬一撮影)

力的なネタを聞けば聞くほど、危険な落とし穴もある。映画全体から見ると、〈根岸家〉はメリーさんや娼婦たちの職場だったというつながりしかない。ヘタをすると根岸家のシーンが浮いてしまい、メリーさんというテーマから脱線していく恐れもはらんでいた。それでも私なりの勝算もあった。一見すると横浜の大衆酒場のことを取り上げているようだが、決してそんな表層的なことではない。

〈過去や歴史〉を描く時、その体験者たちの証言に加え、当時の写真や資料を使うのがオーソドックスなやり方だが、それを踏み越えてもう一工夫したかった。私はメリーさんが生きた時代の匂いを〈根岸家〉という場所、お店を通して描こうと思ったのだ。一九九九年にクランクインしてからたった数年の間でも、町は変貌していった。古い建物が壊され、新しいビルが建っていく。メリーさんがいた頃の、清濁あわせもった華やかなりし戦後のヨコハマはほとんど残っていない。メリーさんが見ていた町の風景を、今はもう撮ることはできないのだ。ならば、かつてメリーさんを受容していた時代の痕跡を撮りたかった。その象徴として根岸家が浮かんだのである。まだ調べはじめたばかりだが、根拠のない確信があった。一種の勘、匂いというものだろうか。

「根岸家、懐かしいわね」。野毛大道芸の大久保マネージャーと、十一月の元次郎ライブ（と上映会）の打ち合わせをしていた際、私が「いま、根岸家について調べている」と言うと、すぐに話に乗ってきた。

「私が小学校二、三年の頃に、親に連れられて、伊勢佐木町のはずれまで行ったのよ。根岸家の近くだったと思うんだけど、外人相手の女の人が縄張り争いで髪の毛をむしりあって喧嘩をしていてね。それをアメリカの軍人さんが止めていたわ。必死になって、こう分け入って仲裁していた。そんなイメージが残っているわね」

大久保がその光景を見たのは、昭和二十年代。戦後のイメージとして、いまだに忘れることができない記憶だったという。

「じゃあ、根岸家の看板の話は知っている？」

大久保は、ふと思い出したように、私に問いかけた。

「五年くらい前だったと思うんだけど、伊勢佐木町の裏通りを散歩していたのよ。曙町あたりかしら。今まで（建物が）あったところが取り壊されて、駐車場になっていたのね。そしたら（隣接していた）隣の家の壁が剝き出しになっていて、根岸家の看板というか、お品書きらしきものがトタンに打ちつけてあったの」

なぜ民家の壁に根岸家の看板が打ちつけてあったのか、私の疑問を遮るように大久保は話を続けた。

「あんまり不思議だったからね。私も好奇心旺盛だ

根岸家店内、米兵と女たちの背後に品書きの看板
（広岡敬一撮影）

から、そこのお家に行ったのよ。それで『あれは、たしか根岸家の看板だと思うんですけど』って言ったら、『そうなの。うちの日那が根岸家が焼けちゃった後に拾ってきて、（トタンの壁の）穴塞ぎに使っているんだけど』って」

これは使えるかもしれない！　大久保にお願いし、打ち合わせの後、その場所を案内してもらった。

曙町三丁目に面した四つ角、曙町のヘルス街の外れにある問題の民家は、すでに空き家だった。つまり家主は不在。駐車場側の壁は、新しいトタンが貼りつけてあった。

「改装しちゃったのかしらね？」と、大久保は自信なく呟いた。それは家自体の壁ではなく、塀のトタンに打ちつけてあったという。

「塀の形自体は、変わっていないんですね？」

「そうね、同じだと思うわ」

「だったら、新しいトタンの下に根岸家の看板があることも」

「可能性はあるわね」

民家自体は建て替えた形跡はない。昔ながらの古い建物で、問題の塀も一昔前の作りのようだ。直接、家主に聞きたいが、郵便ポストの名前は外されていた。向かいにある魚屋の主人に家主の所在を尋ねてみると、「最近は見ないね。身体を壊したって話は聞いたけど……」

根岸家の看板の有無についても聞いてみた。

「貼ってあったかな、看板なんて」

「文字とか書いてあったらしいんですけど」

「記憶にないなあ」

問題の塀を、ただじっと眺める。大久保を疑っているわけではないが、本当なのだろうか。

「残念ねえ。あの時に剝がしておけば、横浜の宝になったかもね」

大久保は、ため息まじりに呟いた。根岸家の看板を「横浜の宝」と言うところが生粋《きっすい》のハマっ子らしく、ニヤリとしてしまう。そして新人のハマっ子たる私も「横浜の宝」探しを諦めるつもりはなかった。翌日から家主探しをするため、周辺の商店、家への聞き込みをしていく。

「あの人、脳梗塞か何かで入院しちゃっているよ」

硝子《ガラス》屋を営む戸田邦士。この華奢《きゃしゃ》で柔和な初老の男性は、私の意中の家主とは同じ町内会で旧知の仲ということがわかった。家主の名前は、大戸井忠義。「横浜の宝」が眠っているかもしれない空き家で、つい最近まで洋服店を営んでいたという。

「（磯子区の）滝頭《たきがしら》にある脳血管センターにいたんだけど、いまはどうしているのかな？　最近、連絡をとっていないなあ」

家主の消息から、私が最も知りたい根岸家の看板の話題となった。

「根岸家って、あの飲み屋の？　看板なんて貼ってあったかな？」

「お品書きみたいな文字とかが書いてあったみたいなんですが」

「記憶にないなあ……。根岸家のことを知りたいんだったら、詳しい人を紹介してあげるよ」

しつこく食い下がる私を見かねたのだろう。戸田は硝子屋の並びにあった喫茶店に行くと、ある人を連れて戻ってきた。

高見澤政雄。ずんぐりむっくりな体軀《たいく》で、きれいに丸めた坊主頭にサングラス。そのいかつい風貌から堅気ではないことは一目瞭然だった。

「兄ちゃん、根岸家のこと調べているんだって」

「はっ、はい」

サングラス越しに薄く見える鋭い眼光。その危うげな雰囲気に圧倒され、萎縮して言葉が出てこない。高見澤は、そんなことはお構いなしに話しかけてくる。

「若いのに、根岸家なんてよく知ってんな」

「はい」

「俺もよう、よく行ったんだよ」

「はい」

高見澤は、私の肩をポンポンと叩いて話を続けた。ふと見ると、小指と薬指がなかった。怖い、早く逃げたかった。

「じゃあ俺の知り合いを紹介してやるよ」

「はい」

「そいつは最近、本を出してよ。根岸家のことも詳しいよ」

「はい」

「五時に、この先にあるクバーナってお店の前で待ち合わせな」

高見澤はそう言って、硝子屋からその並びの喫茶店に戻っていった。

「ただ映画を撮っていただけなのに、何でこんなことに……」と、目の前が真っ暗になり、腰から砕け落ちそうになった。すると、戸田が耳打ちしてきた。

「昔は、それなりの組を仕切っていたんだけど」

「えっ⁉」

「もう引退しているから、安心していいよ」

戸田の手によって硝子が裁断されていく音が、不穏な予感を誇張させた。もし約束を破ったら、それこそ一大事だ。この我が町を歩けなくなる。もう覚悟を決めるしかない。高見澤と待ち合わせたのは根岸家跡地の近く、若葉町にあるスナック「クバーナ」の玄関前だった。ドアには準備中の看板が掲げてあったが、高見澤に導かれ、薄暗い店内に入った。すると、すらりと伸びた長身にロマンスグレーの髪、いわゆる紳士風の男性が目に入った。松葉《まつば》好市《こういち》。一九三六年、横浜生まれ。二十五歳のときに野毛のキャバレー「チャイナタウン」の総支配人を任されるなど、横浜の夜の世界では知られた存在だという。

今回の経緯を、高見澤が松葉に話し始めた。

「好ちゃん（松葉のこと）、この兄ちゃんがね、いま根岸家のこと調べているらしいんだ」

「あっ、そうなの」

私は二人の向かいに座って、その様子を窺う。長いつき合いのようで、互いに信頼し合っているのが見てとれた。

「協力してやってよ」と懇願する高見澤。松葉は、煙草を片手にただ頷いていた。

「好ちゃんは、本を出したんだよ。横浜のことは、本当に詳しいからよ」

「すごいですね！」

私は、心ないお世辞で返した。実際、本を出したといってもピンきりだ。今の時代、お金を出せば誰でも本は出せる。それでも私は興味のあるフリをして、松葉に問いかけた。

「何ていう本なんですか？」

「『横濱物語』っていう名前でね。ちょうど今日、発売日（九月二十六日）なんだ。有隣堂に行けば売っているよ」

松葉と高見澤は若い頃、よく根岸家に出入りしており、その時のことも『横濱物語』に載っているという。

「まあよ、せっかく若い奴が頑張っているんだ。できることがあったら、協力してやるからよ」と、高見澤が私の肩を叩いた。最初は怖い人だと思ったが、だいぶ慣れてきて、今は気が優しい好々爺《こうこうや》に見える。でも指が二本ないのを見ると、やはり「長城」よりも高く長い壁を感じてしまう。

翌日、伊勢佐木町の書店、有隣堂に行った。郷土本コーナーを探してみたが見つからない。店員に尋ねると、「新刊のコーナーにありますよ」と案内してもらった。一瞬、目が点になった。出版社は、集英社。ベストセラーのコーナーに『聞き書き　横濱物語』が平積みされている。表紙には、語り手である松葉好市の名前。根岸家の看板を探していたら、とんでもない人に当たった。偶然とはいえ、こんな出会いもあるのだ。

それからお客として、クバーナ通いが始まった。時には高見澤も同席して、宴という名のじつに楽しいリサーチとなり、決して口外できないようなヨコハマ裏面史も教えてもらった。また以前、小耳に挟んだ「片腕の用心棒」のことも聞いてみると、すぐに松葉が答えてくれた。

「ああ、日高のことだね。彼は用心棒なんかじゃないよ。根岸家の客引き。格好は、たしかに白いスーツにシルクハットだったね。何年か前に亡くなったよ」

高見澤も相槌を打ちながら、「そうそう。片腕っていったって、手首から下だけ。あいつが刑務所にいた時に、(所内の)石鹼工場で働いていて、(石鹼を切る裁断機で)間違えて自分の手を切っちゃったんだよ」と虚実の内幕を明かしてくれた。

メリーさんの恋人かどうかはわからないが、白いスーツにシルクハットという装いが皆の想像をかきたてて、噂話が一人歩きしたのだろう。やはり、人は見かけで判断してはいけない。高見澤を横目で見ながら、そう自戒した。

3 横浜最後のお座敷芸者

根岸家は、一階にステージを備えた酒場と食堂。二階には座敷の間があった。ここで芸者をしていたのが、五木田京子《ごきたきょうこ》。大正十二年、東京向島生まれ。十歳で芸者の世界に身を投じ、真珠湾攻撃の昭和十六年に十八歳で水揚げされたという。森日出夫のほか、横浜の文化、経済人から贔屓《ひいき》にされている、いまなお現役の「横浜最後のお座敷芸者」だ。

そんな五木田が根岸家で働き始めたのは、昭和三十年、三十二歳の時だった。当時、ネオンが消えた伊勢佐木町で、煌々と光を灯す不夜城は連日連夜、大賑わいだった。店は繁盛し、年々、増改築していったという。

「二階（お座敷）なんかも、ほんの少しの部屋だったのが、継ぎ足していったから迷路みたいになっちゃって。泥棒なんか入っても、すぐに捕まっちゃうんだよ」

五木田は、当時をそう振り返った。インタビューは、計二回。話の内容は、根岸家のことから店の前に立っていたメリーさん、当時の娼婦たちにまで及んだ。

「根岸家ってば、洋食よし、和食よし、欧米合作が出てくんだからね。それから鳥の唐揚げだって、一人一人に盛っていくんじゃないんだから、（大皿に）わっさりわっさりと。ビールだって、一人二本ずつ、バーンバーンって置いていくでしょ。だからビールがいっぱい余っちゃうの。あたしたちは、それを知っているから『（栓を）あんま抜かないほうがいいわよ』って、一ケースなんか出しはしないんだから。後で、女給さんと分けちゃってね」

「給料とかは、どうだったんですか？」

「稼げたなんてもんじゃないよ。給料なんて問題にしなかった。もらっても、もらわなくてもいいや！　ってのが真意。ご祝儀も大きかったし、（伝票も）大きいように付けちゃうんだよね。勝手にバカバカ、二重取りやっちゃうんだよね。だから、あそこは潰れちゃったんだよ。だって二階（お座敷）のマネージャーが、伝票を持って下（レジ）に行くわけよ。で、会計するんだけど、もう一つ別の伝票を勝手に作っちゃって、そんでお願いしますって、それも払わせちゃうわけよ」

「ばれたら大変なんじゃないですか？」

「だから、ばれるようなことはしないの。みんな、お利口ちゃんだから。ママも（従業員が）悪いことやっているのを知っているから、給料が安いの。タダみたいな給料。だけど、あんまり度を越した悪さをすれば、（ママに）『ちょっといらっしゃい』って言われて、やっつけられちゃうけども。かわいくごまかしている分にはね」

五木田京子。当時、根岸家で働いていた（五木田京子蔵）

「じゃあ芸者だけでなくて、女給さんとかも？」

「みーんな。二階（芸者）であろうと、一階（女給）であろうと。だからママよりも、みんな高級車を乗り回していて、（お店の前に）横付けなんかしちゃって。すごいんだから。家を建てたりとかね」

五木田は、メリーさんとも、根岸家でよく顔を合わせていたという。だがプライドが高く、話しかけても返事すらしないメリーさんは、芸者の同僚の間でも話題になっていた。根岸家の前に立つメリーさんの立ち居振る舞いに、ある日、五木田は憤りを感じて衝突してしまった。メリーさんと喧嘩をしたのだ。

「何のために、あんた立ってんのよ？　ここに」と怒鳴りつけ、五木田がメリーさんに詰め寄ると、メリーさんは、「根岸家の前といっても天下の公道だ。他人にとやかく言われる筋合いはない」と反論してきたという。

当時の根岸家の前は、娼婦たちにとってはいちばん稼げる一等地だった。職種は違うが話せば通じ合う女性同士、娼婦たちとも仲が良かった五木田にとって、新参者のメリーさんが挨拶もせずに我が物顔で商売していることが許せなかったという。

「『ここに立っているのが、なぜ悪い』って言ってるんだよね。『私も商売だ』って。だから私が弱い商売をいたいけだって（憐れだと思って）言っているって、向こうはそう思ったわけよ。だから以心伝心で向こうがニコッとすれば、（私も）『お稼ぎ』とか言うんだけど、偉そうにツーンとしていると、『なに店の前でもって、アンタはさ！』ってことになっちゃうのよ。決してニコッと笑って、お辞儀することはなかった人よ」

「最低限の礼儀がなかったということですか？」

「芸っていったって、何の芸があんのよっ」

「……いや、礼儀」

「あっ、礼儀ね。うん」

　当時の根岸家は、店内にも（広岡敬一がゴーチンされた洋パンのボスなどの）娼婦がおり、店の外にも多くの娼婦が立っていたように、一大売春地帯だった。当時、五木田にも気のおけない娼婦たちとの交流があったという。

「みんな何て言うの？　ほらクスリって言うの？　腕に打つ。そういう人が多かったみたいね。で、トイレに行くでしょ。そうするとね、ちょうどクスリを打った後なんじゃないの、腿《もも》の辺りにね。それで『お姐さん、このクスリね、身体にものすごいいいからね、打ってあげる』って。『あたしは注射嫌いだから、そんなの嫌。要らないわよ』とかね、よくやっていたわよ」

「それはヒロポン？」

「そうそう、そういうクスリ。で、私がね、レースの割烹着を着ていたのよ。そしたら、ある子が、『京子姐《ねえ》さん、どうしたの？　いっぱい虫が集まっているよ』って言うんだよ。『どこに集まっているの？　後ろのほう、前のほう？』って。『前も後ろもいっぱい集まっている。お姐さん、わかんないの？』って言うから、おかしなことを言うなあと思ったら、ヒロポンの打ち過ぎで、レースにこう穴が空いていたりするでしょ。それが虫と思っているのよ」

「ヒロポン中毒の娼婦たちは、結構いたんですかね？」

「堅気じゃない、そういう商売の人も来ていたからね」

「ヤクザの人たちも、出入りをしていた？」

「そうヤクザが半分、警察が半分だったね、各署の宴会場だった」

「それにアメリカ兵たちもいたっていう？」

「あの時は栄華だね、いまだに私は言うけども、栄華だね」

松葉好市、高見澤政雄とともに、根岸家跡地を訪ねることになった。もうその面影を見出すことはできず、跡地がそのまま駐車場になっている。ならば当時の様子を、二人の記憶を頼りにたどってみることにした。

二人が話し始めるとすぐに話題が脱線するので、適時、私が質問を投げかけていった。

（いろいろ聞きたいんですけど、根岸家の入口っていうのは？）

高見澤「だからここだよ、ここね」

（どういう感じだったんですかね？）

高見澤「長暖簾がかかって、大衆だよ。女の子がこの辺でよ、うろうろしてんの」

松葉「ちょうどこの辺から（玄関に）入っていく。そうすると瓦の屋根があったんだよね」

高見澤「そう、長暖簾な。長いよ」

松葉「で、長暖簾をくぐって入るとレジがあって、そこに根岸家のママさんがいつも座っていた。中に入っていくと、テーブルがたくさんあってね。その正面がバンドのステージ。バンドはトランペットとサックスフォーンだね。そういった管楽器が入って、あと太鼓をたたいていたね」

（音楽はどういう音楽が流れていたんですか？）

高見澤「ジャズだよ、ジャズ。まあ何でも流れるけど、そういうのが多かった。外人だからな。でも踊るところはないやな」

松葉「でも、中には酔った人が踊っていたけどね」

高見澤「そう、そのぐらいな」

（当時、印象に残っている音楽ってありますか？）

松葉「そうねえ、いろいろあるけど。（江利《えり》）チエミのね、『カモナ・マイハウス』だとかね。『證誠寺《しょうじょうじ》（の狸ばやし）』に『お富《とみ》さん』だとかね。ジャズ風にアレンジしてたね」

高見澤「音が出れば賑やかだから、バンドで弾けるものを流しちゃう。グルグル回しちゃう。そういうのが多かったな。まあ、（夜の）十二時過ぎが面白いよな。ちょこっと顔を出したりするのは十二時過ぎが多かったな」

松葉「まだ我々もそんなにお金もないので、まあ安いお酒をね。その頃、『太平山』ってお酒があったの。そういうお酒を飲んでいたね」
二人にとって、根岸家というのは？　と、私がベタな質問をすると、
高見澤「大衆だよ、大衆。面白いところだった。賑やかな」
松葉「当時、若かったから面白かったね。いろんなことがあったから。例えば外人と日本人とトラブル起こして喧嘩をすると、そこで飲んでいた人たちがこれ幸いにと無銭飲食で逃げちゃったりとか」
高見澤「大衆。そう、いろんな夜の人もいれば、とにかく呑ん兵衛が多かったっていうわけだな」
もちろん娼婦たちも多くいた。当時、高見澤とメリーさんのライバルだった三浦八重子も、ここで顔を合わせていたという。
高見澤「このまわりを、うろうろしてたね」
松葉「（娼婦の）中にはね、店の公認でテーブルで一杯飲みながら、客待ちっていうのかね、お客さんを物色していたね」
高見澤「ここへ来れば女の子だったら商売できるとか、まあ知り合いになれるとか。友達と待ち合わせをするとかな。喫茶店とは違うけど、そういう大衆酒場だ」
松葉「普通の家庭の奥さんとか、一般の女性は入ってこなかったたね。まあ夜の関係の女性、そういう人たちが集まってきたね」
キャメラ三台を使ったこの日の撮影は、正味三十分ほどで終わった。いつもよりスタッ

フも多く、伊勢佐木町の裏通りの危険な場所だったので、知人を介して、地回りのヤクザに話だけは通していた。万が一の〈保険〉として、だ。繁華街での撮影はとかく気をつけないと、騒動になることもある。幸いにも〈保険〉を使わず終わったことに、胸をなでおろした。

4　焼け落ちた根岸家

その後も撮影は順調に進んでいくが、根岸家の看板はというと……。まだ家主の大戸井忠義は消息不明のままだった。入院していたという滝頭の脳血管医療センター（現・横浜市脳卒中・神経脊髄センター）にも行ってみたが手がかりはなく、暗礁に乗り上げていた。

なすすべもなく、失意のうちに硝子屋の戸田邦士を訪ねると、

「もし大戸井さんが近所に来たら、うちに顔を出すと思うからさ、そしたら連絡するよ」

硝子屋の作業場は、地元の情報が行き交うご近所の溜《た》まり場になっていた。今は、そのつながりを信じるしかない。私も撮影の合間に顔を出すようになると、溜まり場の主である戸田が、〈メリーさん二代目説〉について話してくれた。

「あなたが追いかけているメリーさんってね、たぶん二代目だと思うよ。昔、真金町のアパートに、窓ガラスを取替えに行ったことがあるんだ。そこにいたのが、白いドレスを着て真っ白の化粧をしたオンリーさんでね。〈らしゃめんお浜〉って呼ばれていたよ。だけ

どしばらくして、病気で亡くなってしまったんだよね」

それは紛れもなく、あの本牧チャブ屋街のシンボルであり、伝説の女〈メリケンお浜〉である。晩年のお浜が、初代メリーさんと呼ばれていたとは興味深い。たしかにメリーさんは、パンパンというよりも洋妾と言ったほうがシックリくる。白い化粧に白い洋服をまとった外国人相手の娼婦には、〈伝説〉がよく似合うのかもしれない。その〈メリケンお浜〉の終焉は、一九六九（昭和四十四）年のこと。地元紙がその様子を伝えていた。

■バーの女主人殺さる

三日朝九時半ごろ、南区真金町二ノ一二、バー「浜子」の店の奥三畳間で、経営者関根イチさん（七三）が婦人用ストッキングで首を絞められ、上半身にふとん二枚をかぶり、うつぶせになって死んでいるのを、家賃の集金にきた同じ建て物内の管理人、森沢不二子さん（三二）が発見、寿署に届けた。同署は殺人事件とみて、県警捜査一課、鑑識課の応援で捜査本部を設けた。イチさんはふだん着の和服を着て、乱れた様子はなかった。室内はふとんや紙クズ、ビニールに包んだゴミなどが散乱していたが物色の形跡はわからない。左手にはめていた真珠の指輪二個と、金のネックレス、押し入れのフロシキ包みの現金二千円は残っていた。（中略）昭和初年ごろまでが本牧時代。その後、横浜橋近くで「ジャポン」という名のバーを経営、戦前まで続けていたが、やがて消息が聞かれなくなった。真金町で、いまの「浜子」を始めたのは、三十五年末からだが、このころは金銭的にも不遇で、古い知人や親戚を訪ねては金の無心をすることも多かったらしい。しかし、落ちぶれても、かつて〝本牧の女王〟と騒がれた時代が忘れられず、七十を越えた近年も全身に厚化粧をしたり、近所の子供たちにポイと千円札をくれてやることがあったそうだ。（『神奈川新聞』一九六九年三月四日）

戸田は「病気で亡くなってしまった」と言っているが、記事では他殺になっている。真相を調べてみると、そのどちらの説も正しいことがわかった。

だが、死因は絞殺ではない。「乳がんが胸のあちこちに転移していて、末期症状でした。殺されなくてもあと一、二ヶ月の寿命」（野村外科・宮原副院長）という衰弱状態にあったため、抵抗する力もなく「ショックによる心臓衰弱死」（南区寿署・横山次長）となった。（『週刊文春』一九六九年三月二十四日号）

結局、お浜の首を絞めた犯人は特定できずに、迷宮入りになったという。かつて本牧チャブ屋のシンボルであり伝説の女だった〈メリケンお浜〉。その哀れな最期に、私はただただ言葉を失った。そして老人ホームで日舞を踊るメリーさんが、ふと脳裏に浮かんだ。たとえどんなに厳しい人生を歩んできても、あの穏やかな晩年こそ、私たち誰しもが望むことではないだろうか。

話を戻すと、硝子屋の戸田との話題はやはり根岸家へと移っていった。

「根岸家には俺もよく行ったよ。仕事が終わると一杯飲みにね。別に怖い人ばかりじゃなくて、近所の人も飲みに行っていたんだよ。今でもこの（曙町）界隈には、当時、根岸家で働いていた女給さんが住んでいるよ。そのことは、あんまり言いたがらないけどね」

「なぜですか？　映画でも取り上げられて、有名だったんですよね？」

「そんな健全な酒場じゃないからね。（娼婦じゃなくても）女給でもいろいろあったらしいからね。米兵が来なくなっても、外国船籍の船員とか、ギリシャ人がいっぱいいたよ。その船員たちが、船を降りてこの近くにギリシャのお店を開いたんだ。たぶん根岸家が近いから、この界隈に店を出したんだろうな」

今も曙町にあるギリシャバー「アポロ」の店主、石原清司。昭和十三年生まれ。昭和三十一（一九五六）年、十八歳でギリシャ人の船員だったエリヤス・スカンゾスが経営するバー「スパルタ」でボーイとして働き始めた。当初、店は平屋だったが、二階を増築してレストランにするほど繁盛していたという。その後、東京オリンピックが開催された一九六四年、石原は二階のレストラン部分を譲り受け、バー「アポロ」を開業して独立を果たした。

「この辺りには、全盛期で二十軒くらいのギリシャ人バーがあったね」

「なぜ、この辺りに集中していたんですか？」

「それは『スパルタ』があったからだよ。そこから始まったんだから。ギリシャ人ってのは、みんな群れるんだよ。だから最初に『スパルタ』ができて、それに似たようなお店がいっぱいできたんだよね」

ギリシャ船籍のみならず、アメリカ船籍に乗船するギリシャ人船員も多かったので、横浜にはいくつかのギリシャ人コミュニティがあったという。また「スパルタ」店主のスカンゾスがそうであったように、日本人女性と結婚して海を離れて横浜に定住する船員も少なくなかった。

現在、「スパルタ」は関内に移転し、レストランとして営業を続けている。この曙町界隈で残るギリシャ人バーは「アポロ」だけとなったが、来店するのは日本人がほとんどだという。

「なぜ、そんなになくなってしまったんですかね」

「ギリシャ船が入んなくなったからだよ」

横浜港のギリシャ船籍の入港は、昭和三十年代半ば（一九六〇年頃）から急増し、昭和五十五年にピーク（五百八十隻）を迎えた。そして平成に年号が変わる頃には、全盛期の半分にまで落ち込んで、二〇〇六年には三十二隻になってしまった。「アポロ」は、在りし日のヨコハマの残光といえるだろう。

肝心の家主・大戸井は見つからないままだったが、その「根岸家」のシーンについて準備を進めた。

［根岸家・発見］

空き家になっている民家。

——クレーンが来て、壊していく。

崩れ落ちた瓦礫の中から、見つかる根岸家の看板。（映画『ヨコハマメリー』構成表より）

あの時代の物証〈横浜の宝〉を、今まさに作り手である私が発見する。現代の考古学と言っていい、そんな奇跡的なシーンにしたかった。そのため、タウンページを見て、解体業者をピックアップする。大がかりな撮影のため、スタッフの編成を考えるだけでなく、その費用も捻出しなければならない。そんな時、硝子屋の戸田から待ちに待った連絡が入った。

「いま大戸井さんが、うちに来ているよ」。すぐに硝子屋に駆けつけて、大戸井と念願の対面となった。白髪まじりの初老の男性で、血色も悪く、足を引きずって歩いていた。まだ体調は芳しくないようで、脳血管医療センターから退院した後に知人のマンションで療養しており、この日は自宅の郵便物を取りにきていたという。大戸井が近況を話し終えると、私は早速、根岸家の看板のことを聞いてみた。

「ありましたよ。たしかに〈根岸家の看板〉でした。根岸家がなくなった時に、うちの親父が拾ってきて、塀のところに打ちつけたんです」

「それは、いまの新しいトタンの下にあるんですか？」

「いや、あの塀を直すときに剝がしちゃったから、ないですよ」

目の前が真っ暗になった。せっかく取り壊すための準備をしてきたのに、すべてが徒労に終わった。

「あーら、残念」

戸田が笑いながら言うと、私もつられて苦笑した。

まあ、しょうがない。根岸家の看板を調べたからこそ、高見澤、松葉、そして戸田にも出会えたのだ。充分に収穫はあった。

別れ際、大戸井は「もうこの家に住むつもりはない。いま、引き受け先を探している」と、内情を明かしてくれた。そして数ヶ月後、その大戸井家は改装され、ファッションヘルス店となった。こうして町は変わっていく。根岸家の終焉も、町の変化とともに訪れた。

五木田京子以外にも、根岸家の関係者が見つかった。野毛「村田家」の板前、吉田健造。昭和十六年生まれ。一九七八（昭和五十三）年から閉店寸前まで、根岸家の板前として和食を担当していたという。

「（閉店間際は）もうひどかったね。外人もほとんどいないし、いわゆるヤクザ、チンピラ、ボクサー崩れとか、そんなのしかいなかった。毎晩、喧嘩が起こっては、パトカーが来ていたよ」

「勤務時間は、どうだったんですか？」

「あそこは八時間で三交代。私は、夜の十二時から朝の八時まで和食を担当していましたよ。刺身もあったし、冬になると鍋を作っていたね。それ以外にも、洋食、中華、うなぎ、寿司、おでんと、とにかく何でも食べられましたよ。それに神奈川県で、一軒あたりの煙草の販売量が一番だったんだ。それだけ人が来ていたんだよね」

「店の様子は？」
「ステージはアコーディオン弾きがいて、お客がカラオケをしていたな。時どき、売れない歌手がキャンペーンで来るなんてこともあったよ」
「なんで潰れたんですか？」
「女将さんのどんぶり勘定が凄かった。だって店の売り上げが全部、自分の儲けだと思っているんだから、そりゃ潰れるよ。女給さんもホステスみたいなことをしていて、お客に高いもの注文させたり、お金を多くとったり、悪いことばかりしてた。私なんか、よく女給さんからチップをもらったよ。ホール担当の男なんて、客と喧嘩して、殴ったりしていたし。まあ、理由はそんなとこじゃないかな」

また根岸家は終戦直後の混乱期に生まれたあだ花でもあったように、日本の「戦後」が終わり、高度経済成長期、そして東京オリンピックを迎えた頃から、衰退の予兆はあったという。

「高級クラブや料亭、しゃれたバーやスナックが周囲に開店しているのに気づかず、あの店だけは相変わらず、ドンブリ飯にマス酒、スパゲティにウイスキーなんて売り方をしていたんです」（伊勢佐木町の老舗クラブ『赤いチョッキ』のマスター）。〝よそで食えないものが食える店〟の魅力で客を呼んだ戦後の時代から、〝食う物や店を選ぶ〟時代への変化に乗れなかったのである。

（『週刊新潮』一九八〇年九月四日号）

一九八〇年八月、根岸家は閉店した。戦後横浜の象徴の一つであった〈大衆酒場〉の終焉は、横浜の歴史として『横浜中区史』にも記載されている。

■消えた戦後

この店は終戦直後飛行場に接収された土地に隣り合せた一角にぽつんと立った。〔中略〕米兵が出入りし二四時間のオールナイト営業を続けてきたもので、戦後横浜名物の一つであった。黒沢明監督の作品「天国と地獄」の舞台にもなった。しばしばジャーナリストの目に止り新聞種となったが閉店に際しては、「〝ハマの戦後〟また消える。国際酒場『根岸家』が閉店」（『神奈川新聞』昭五十五・八・十六）と報じられた。

（『横浜中区史』所収「地区編　第四章　関外地区」）

そして根岸家の名物オーナーだった坂元夫婦の最期も、まさに栄枯盛衰、映画のようにドラマチックな幕切れとなった。

ママは金策に疲れはてて荒れっぱなし。ご主人は店の窮状をシリ目に若い女とイチャツク毎日……揚句に心筋梗塞で死んでしまった。「それにしても、よく今日まで店をもたせてこれたものよ。こっちの方が、むしろ、〝奇跡〟みたいなもんですな」と周囲にいわれつつ、ママは最後の五十万を持ち出して、この八月十四日に夜逃げ。残された負債総額は約三億円と言われるが、そのうち、五千万円は〝使用人たち〟からの借金だったそうである。

（『週刊新潮』一九八〇年九月四日号）

閉店から三ヶ月後の十一月。図らずも根岸家が新聞を賑わせることになる。まさに戦後、横浜の名物として一時代を築いた根岸家が、最後にその存在を示したのだ。

■伊勢佐木町でも十棟

二十日夕、経営不振のため廃業中の横浜市中区伊勢佐木町四丁目、大衆酒場根岸家近くから出火、付近の商店十棟に燃え広がり、このうち六棟約九百平方メートルが全半焼、残り四棟の壁など八十平方メートルを焼いた。現場は終戦直後からの木造の商店が密集する同市随一の繁華街。同日午後五時二十三分ごろ、同町四丁目、大衆酒場旧根岸家近くから出火、火は両隣の伊勢佐木町通と若葉町通に面する商店街に燃え広がった。消防車など約二十三台が出動、消火に当たったが、木造家屋が多いため火の回りは早く、一時は手が付けられないほど火勢が強まった。〔……〕火の出た根岸家は戦後、駐留米兵などが連日つめかけ、にぎわい、故大宅《おおや》壮一《そういち》は「国際酒場」といった。また、当時の代表的風俗ともいわれ、最近テレビで放送された映画「天国と地獄」の舞台となった。最近、客足が離れこの八月十四日、負債三億円で倒産、現在は管財人から派遣された管理人二人が寝起きしていた。（『朝日新聞』一九八〇年十一月二十一日）

根岸家のお座敷芸者だった五木田京子は、その時の様子をこう振り返った。

「伊勢佐木町のすぐ裏のところに住んでいたからね。それでお風呂に入っていたんだ。で

『京子姐さん、根岸家が燃えているの』って、どこの誰だか知らないけどご注進してくれて。急いで身体を拭いて、洋服に着替えて外に出たら、こうボヤボヤッと煙も出ているんだよ。そしたら、みるみる間に燃え広がっちゃって。それで酒場に入って、すぐ左に階段があるんだよ、二階に上がる。その階段の下が、とくに燃えていたそうだよ。だから何ていうの、みんな外で、テントで暮らしている人とか」

「浮浪者の人たちですか？」

「そこに入っていたみたい。そこで焚き火をしていて、消したつもりが残り火があって、そこからこう燃えてしまったみたい」

「閉店して誰もいない根岸家に、浮浪者が暖をとるために入っていた？」

「そう。だけど私の周りではね、あそこ（坂元スミ）の息子が、火付けしたっていうことで、評判になっちゃったの。それで『あの子がそんなことするかしら？』と思って、伊勢佐木警察に行ったら根岸家の息子が火付けしたなんて、（情報は）届いてないよと」

「そういう噂があったんですね」

「でも、とうとう犯人はわかんなかったんだよ」

根岸家の常連たちは口々に「もうあんなお店は出てこない」と言う。いま伊勢佐木モールを歩いても、地方の商店街と何ら変わらない風景が目に映る。では、かつて伊勢佐木町にしかなかった風景とは何だったのか？　そして横浜が、まだ〈ヨコハマ〉だった時代とは何だったのか？

〈町と人、そして失われていく記憶〉。メリーさんを巡る人たちを通して、私が描きたかったことの本質とその輪郭が見えつつあった。

そんな時に森日出夫から呼び出され、一枚のチラシをもらった。

「京子姐さんに、引越しをさせてあげたいんだ。そのためにお金をね、集めたいんだ」と協力を求められたのだ。

「横濱御座敷芸者を守る会」

出演（順不同）：

きょう子姐さん（御座敷芸者）　横濱御座敷芸を語り継ぐ最後の語り部にして現役の芸者。その芸を通し古き良き横濱を語り続けている。

森日出夫（写真家）　記憶を記録する写真家。横濱に土着し横濱を撮り続けることで横濱を語り続けている。（中略）

会場：フィルムハウス〔アマノスタジオ〕　会費：三千円より

平成十五年十月二十六日（日曜日）午後三時より

先日、森が五木田の自宅を訪れると、一日中、日も当たらない部屋で荷物に埋もれ、足を伸ばして寝られないほどに狭い、劣悪な環境を目の当たりにしたという。「五木田に引越しをさせてあげよう」。森が音頭をとって、五木田本人、賛同してくれたミュージシャンらにライブをしてもらい、引越し代を稼ごうということになったのだ。

「メリーさんじゃないけど、京子姐さんも、みんなで守ってあげないと。あの人は横浜にとって大切な人だから」

横浜は、はからずもメリーさんを失ってしまった。だが、まだ失ってはいけない人もいる。五木田もその一人というのが森の真意だった。

メリーさんと関わってきた人たちが、いつの間にか、惹きつけあっていくようだ。

二〇〇三年十月二十六日、「横濱御座敷芸者を守る会」の当日。森日出夫のアマノスタジオは、溢れんばかりの人たちで覆い尽くされた。ステージのバックに、森日出夫の写真「メリーさん」「横浜の風景」が映し出されるなか、中村裕介が「横浜市歌ブルースバージョン」を歌いあげ、ヴァイオリニストが奏でる「赤い靴」のメロディが会場に響き渡った。そして一番の盛り上がりを見せたのは、五木田京子が「野毛山節」を三味線片手に歌った時だった。「野毛の山からノーエ〜」と、会場全体による合唱が始まった。

私はこの横浜で、今もたしかに残る〈絆〉をキャメラにおさめていった。

第8章 エピローグ

1 「哀しみのソレアード」

朗報が舞い込んだ。配給が決まったのだ。私の友人で、『ヨコハマメリー』の制作を手伝ってくれていた片岡希《かたおかのぞみ》の勤務する映画会社だった。彼女が直属の上司から「一度、その作品を観せてほしい」と言われ、大幅な改変をすることを前提に『ＬＩＦＥ 白い娼婦メリーさん』を観せたところ、気に入ってくれたという。提示してくれた契約金も、ほかとは比べ物にならなかった。

これを機に、片岡には配給会社との交渉を含むプロデューサーになってもらった。ここに白尾一博、片岡希の両プロデューサーによる体制が確立する。だが、すべてが順調だったわけではない。契約金は、映画を納品した後、本契約を交わしてから振り込まれるという。まだまだバイト生活と撮影の両立は続きそうだ。

五大路子の一人芝居『横浜ローザ』。二〇〇一年に撮影し、この夏も赤レンガ倉庫での公演を撮っていた。だが、何か足らない気がしてならない。そんな時、五大の取材記事の一文が、ふと目に留まった。

「メリーさんの歩んだ半生、その想いを、ローザを通じて伝えていきたい」

その想いを、映画のなかで表現できないものかと思案するも、なかなか良いアイデアが浮かばない。それを白尾に相談すると、「五大さん扮するローザが、町を歩いたら面白いよね」という提案が返ってきた。そうか、メリーさんは舞台にいたわけではない。町とともに存在したのだ。今の伊勢佐木町を、ローザが歩くだけでも強烈なメッセージを発することになる。ある日、五大と会い、その可能性を探ってみることにした。できるという確信があったわけではない。「たら、れば」の話として、聞いてみた。気分を害したら、すぐに謝ればいい。ところが返ってきた答えは、意外なものだった。

「中村くん、それ面白いわね！　やってみようよ」

五大はそう言って、身を乗り出した。私のほうが、たじろいでしまったほどだ。だが画としては、やはり面白い。賛同が得られるなら、ぜひともやりたかった。このシーンは、ドキュメンタリーという範疇からすれば、禁じ手かもしれない。取材対象者に、こちらの指示で動いてもらうのだ。「あざとい、やらせ」と言う人もいるだろう。しかしもうジャンルなど、どうでもよかった。作り手自らが動いていかないと、何も変わらない。待っていても何も変わらないのだ。そんな思いに突き動かされていた。

五大ローザが歩く場所は伊勢佐木モール、松坂屋の周辺とした。いちばん人通りがあって、メリーさんがよく歩いていたところだ。

撮影当日、モールの裏の通りにある伊勢佐木町一、二丁目商店組合の事務所を、スタッフルーム兼五大の控え室として使わせてもらった。松坂屋から、横浜ニューテアトルまでの直線距離、約五十メートルが、ローザが歩く動線となる。事前に私と片岡希で手分けをし、商店を一軒ずつ訪ねて撮影の許可をもらった。だが伊勢佐木モールで最も賑わっている場所なので、下手をすると騒ぎになりかねない。五大ローザに歩いてもらえるチャンスは、多くて二回になるだろう。あれだけ乗り気だった五大も、当日はナイーブになっていた。完全なゲリラ撮影である。何が起こるかわからないのだから、当然だ。

「歩くタイミングとか、ちゃんと打ち合わせしましょう」

五大の要求で、綿密な打ち合わせを繰り返し、その間の現場スタッフの仕切りは、白尾一博に任せた。

「誰に断って、こんなことやっているんだ?」

横浜ニューテアトル付近の最終地点に、四尺のイントレ(櫓《やぐら》)の上にキャメラを置いたのが、かなり目立ったらしい。町のチンピラがからんできたので、私が対応した。ここで何年も撮影をしているので、こういうトラブルは慣れっこになっていた。

「伊勢佐木警察、伊勢佐木一、二丁目商店組合の許可をもらっています。この通りの商店にも了解をもらっているんですが……」

「そんなのは知らねえよ。俺の許可がないだろう」

「それはすみませんでした。これからは事前に話をさせていただきます」と平身低頭に徹する。公衆の面前なので、相手の面子《メンツ》を立てることが大切なのだ。もしそれでも引き下がらないようなら、保険を使う手もあるが……、それは使いたくない。

「今度から、ちゃんと連絡しろよ」

チンピラは、私の肩を叩きながら、立ち去っていった。なんとか乗り切ったが、五大ローザが歩いている最中だったらさすがに厳しい。そんな不安が頭をよぎりながら、携帯電話でスタッフたちと連絡を取り合い、撮影がスタートした。ローザが歩いたのは計二回。その時の様子について、五大が『読売新聞』(「神奈川地方版」二〇〇三年十一月七日)に寄稿している。

この四年間、「ヨコハマメリー」というドキュメンタリー映画を撮っている中村高寛監督の構想で、先日、私の演じる「横浜ローザ」が舞台から抜け出し、この街を歩くことになった。出発点は松坂屋と有隣堂の前。ドキドキしてくる。この街は、ローザを今、どう受け止めるのだろう。道の中央に立つ。まるで水に油滴が落ちたように、サーッと人がちり、丸い人垣となる。腰を二つにおり、重い大きなバッグを引きずりながらメリーさんの歩いた道を歩く。

「メリーちゃんより若いよ。この人は」。物売りのおばちゃんが声をかける。空気が動いた。「あっ、メリーさんよ」「ローザだよ」。ここかしこで声がする。「メリーさんという人がああやって歩いていたんだ」。声高に誰かがいう。「へー、そうだったんだ」。若い男性の声。撮影後、一人の男性がやってきて、「おれ、子供のころからメリーさん、知ってんだよ。感じ出てたよ。でももっと白かった――」。いい足りなそうな顔を残して帰っていった。「……」

初めての試みだったが、多くのことを教えていただいた。劇場から街へ飛び出し、街と対話した不思議な時間だった。

追加撮影は、なおも続いた。「もう一度、元次郎さんの歌を撮ろう」と、白尾から提案されていた。これまでもステージは撮ってきたが、キャメラマイクで録られた音は、お世辞にもクオリティが高いとはいえなかった。まずは元次郎に白尾を紹介するため、シャノアールに連れていった。

「何でまた撮る必要があるの？　前にも撮ったじゃない」。元次郎の歌こそが、映画の中では重要な意味を持つ。今度は録音マンを入れてちゃんと撮らせてほしいと、必死に説得を試みた。赤レンガ倉庫での試写会の前だったら、もっと気軽に応じてくれたはずだ。しかし今となっては、日々進行する病状がそれを許さないのだろう。膠着した状態にしびれを切らしたのか、白尾が口を開いた。『ＬＩＦＥ　白い娼婦メリーさん』がいかにダメだったのか。自分が入ったからには、あんな惨状には決してならない。元次郎の歌を撮るのも、その一環なのだと一気にまくし立てたのだ。元次郎の顔が、みるみる紅潮していった。

私が白尾の舌禍《ぜっか》を止めようとした時には、もう手遅れだった。世間の評価はどうであれ、あの『LIFE　白い娼婦メリーさん』は元次郎にとってかけがえのないものだった。『ヨコハマメリー』として作り直さなければ、遺作になっていたのだ。それを面と向かって否定されたのだから、怒らないわけがない。

すぐにシャノアールを離れて、白尾に忠告するが、本人は元次郎が怒っていたことにすら気がついていなかった。

「中村が、プロデューサーとして関わる俺の仕事を伝えていなかったからだ」

そんな問題ではない、そんなことで怒る人ではない。元次郎は、自分が大切にしていることを無闇やたらに土足で踏みにじられたから、怒っているのだ。白尾を帰らせてから、すぐに私はシャノアールに戻った。元次郎は無言だった。灰皿を見ると、二、三本だった吸殻が倍以上にも溜まっている。

「あの、すみませんでした」

「……」

「いま、中澤もいない状況で」

「……」

「映画を完成させるためには、彼の力が必要なんです」

元次郎は、ただ黙って、煙草を吸った。果てしない沈黙が続いた。どれくらい時間が経ったのか覚えていない。ただただ、長く感じた。

しばらくすると、「あんな人を連れてきて、まったくもう……」とため息をついた。

「で、いつ撮影するの？」

再び、煙草に火を点けながら聞いてきた。だが、最後まで視線を合わせることはなかった。

それから一週間後、撮影当日。シャノアール店内で、白尾を中心にスタッフが準備を進めていた。その隣にある自宅で、私は元次郎との打ち合わせをするが、まだ互いにギクシャクし、重苦しい空気が流れる。

そして撮影が始まると、三人のキャメラマンと録音マンが、シャノアールの舞台に立つ元次郎を狙った。「枯葉」、「さくらんぼの実る頃」、「ジョリ・モーム」と続き、「青いジャバ」は途中でキーを外して、仕切り直しとなった。そして最後は「街角のアベマリア」。すべて、どの曲も出来は良くなかった。声がかすれていて、声量がない。しかし記録として、今の元次郎を撮った意味はあるはずだ。これ以上は無理をさせられないと撮影終了を告げようとした、その時だった。

「ちょっと待って。もう一曲だけ、歌わせて」

元次郎はステージ脇に置いていたケースの中を探ると、ある譜面を取り出してピアニストに渡した。

「哀しみのソレアード」。映画の中で「マイウェイ」とともに使っている曲である。哀愁のあるピアノの伴奏で、元次郎が歌い始めた。不思議だった。今回の撮影で声もかすれず、キーも外すこともなく、最後まで歌いきった唯一の曲になった。何かに導かれて歌っていたのかもしれない。その歌詞は、元次郎がメリーさんへの想いを綴っているようにも聞こえた。

哀しみのソレアード
もうすぐ終わるのね、二人の砂時計
さよならの足音が背中に聞こえるわ
あなたの温もりをください、もう一度
この心、この肌で、憶えておきたいの
一人で生きていく、明日はつらいけど
倒れずにゆけるでしょう
思い出があるかぎり

この広い世間の片隅で
巡り会い、愛しあい
そして別れていく二人
でもさよならの代わりに
一言だけ言わせてください
あなたに会えて幸せでした

私の人生に光をくれた人
今はただ、言いましょう。この愛をありがとう
今はただ、言いましょう。この愛をありがとう
今はただ、言いましょう。この愛をありがとう

撮影が終わると、元次郎はあれだけ嫌っていた白尾の手を握りしめて「宜しくお願いね」と言ったという。私に対する、元次郎の精一杯のエールだったのだろう。そんな気を遣わせたことが申し訳なく、ひどく心が痛かった。私の映画を元次郎が守ってくれた気がした。

2　涙のラスト・ライブ

東京下北沢、白尾の自宅編集室に籠もって、再編集する日々が続いた。十一月二十二日の横浜にぎわい座での上映まで、一ヶ月を切っている。『LIFE　白い娼婦メリーさん』をベースにしてもう一度、作品自体を再構築していった。すでにベースがあるのでそんなに時間はかからないと思っていたが、私の目論みはやはり甘かった。私だけでなく、白尾

も同意しないと一秒たりとも編集しないという暗黙のルールがあり、一カットで半日以上も議論したこともあった。当然、焦りと苛立ちが募り、互いに声を荒らげたこともあったが、いま振り返るとこのプロセスこそが必要不可欠だった。私が取材対象者とどっぷりと関係を築いていくなかで、周りが見えなくなっていたところを白尾が気づかせてくれ、まさに船頭役として映画を導いていってくれたのだ。そして編集中、ある発見もあった。森日出夫のインタビューでつなげている時のことだった。

「自分が気になっているもの、気になっている場所を撮影すると、一年くらいでなくなってしまうっていうのが、今まであって……。だからメリーさんを撮っている時、怖いなあと思ったのね。撮って、死んじゃうんじゃないかなとかね。そう思っていたら、しばらくしていなくなっちゃったんで。だからそういうのは、自分の中で、今そう思ったら、ちゃんと撮っておこうと思っているんですよね」

〈記憶を記録する〉の撮影で、森が8×10のフィルムを入れてなかったことが、ふと脳裏に甦ってきた。あの時、あえてフィルムを入れなかったのではないか？　メリーさんだけでなく、元次郎までも失いたくない、このままずっと生きていてほしいからこそ、あえて撮らないことを選んだのではないだろうか……。それは私の作為など及ばない、元次郎に対する森なりの無言のメッセージだったのだ。あの時、私が憤りを感じたこと自体が恥ずかしくなった（後日、森にこのことを聞いてみると、ただ笑って頷いていた）。

編集の真っ只中、元次郎の体調が悪化し、入院したという連絡が入った。もう限界が迫っていた。しかし私は編集に追われ、駆けつけることもできない。今できることは、一刻も早く映画を完成させることしかなかった。すると、お見舞いに行った野毛大道芸の大久保マネージャーから電話がかかってきた。

「元次郎さんね、今度のライブは絶対にやるって」

やはり容態は芳しくないようだ。本人も自覚しており、今度のライブが最後だと決意しているという。編集は連日連夜、続いた。足りないカットが出てくると、私が横浜に行って撮影し、またすぐに編集室に舞い戻った。窓の景色が朝から夜、そしてまた朝になる。それが幾日続いたのかすらも記憶は曖昧だ。

そして上映日当日の十一月二十二日の正午、ようやく完成にこぎつけた。結局、「メリーさんの老人ホームで歌う元次郎」をラストシーンにした。対象不在のドキュメンタリーとしては矛盾する。不要だという批判も出るだろうが、私にとってほかのラストシーンは考えられなかった。

白尾とともに、にぎわい座へ着いたのは、午後二時の上映直前だった。元次郎と久しぶりの対面を果たした。顔色は悪くないように見えたが、実際は痛みがおさまらずに、鎮痛剤であるモルヒネを服用しているという。

そして『ヨコハマメリー』上映が始まった。会場が観客で溢れんばかりに埋まっていた。収容人数百四十一席をはるかに超える動員で、入場できない人もいたという。観客席には森日出夫、杉山義法、三浦八重子、五木田京子、松葉好市、高見澤政雄、五大路子、山崎洋子、福寿祁久雄。あの取材拒否をした平岡正明の姿もあった。そしてエジプトから帰国したばかりの中澤健介も駆けつけた。

映画の上映が始まると、元次郎はスクリーンを見つめながら、ずっと泣いていたという。どんな想いが去来していたのだろうか。そして映画の終了と同時に、元次郎のライブが幕を開けた。

一曲目は「百万本のバラ」。唄い終わると、元次郎は観客に挨拶した。

「どうも、ようこそお出でくださいました。この次は『枯葉』。自分の歌みたい。本当に枯葉になってしまって、大変なんです。今も、この（病院の）バンドをしているんですけど、ずっと入院していましてね。今日は何がなんでもって、出てきました。今日はわりと寂しい歌ばかりなんです。元次郎の気持ちも寂しいけども、映画も寂しかったです。自分のことを振り返ってみながら、もう泣けて、泣けてしょうがなかったんです。さすがは若手ナンバーワンですね。中村監督の映画は素晴らしかったです」

「枯葉」「さくらんぼの実る頃」「時は過ぎていく」と続けて歌う。声量はないが、身体から搾り出すように声を出す姿は、まさに鬼気迫るものがあった。

「反戦歌を一曲唄います。元次郎も映画で述べていますけど、終戦、第二次世界大戦が終わりましたときに、七歳でございました。本当に、今のイラクを見ていても苦しい思いをする、犠牲になるのは民衆たちですね。これはポーランドの反戦歌です」と紹介し、「今夜は帰れない」を唄った。

政治的なメッセージを公の場で元次郎が口にするのは、稀なことのようだ。このステージに立ち会った平岡正明は、エッセイの中でこう書き綴っている。

「何曲目か、歌の合間に『戦争しちゃいけないね』と彼は言った。ふだん生《なま》な形でそういうことを言わない彼が遺したメッセージである」

歌い終わると、また話し始めた。歌だけでなく、伝えたいメッセージが溢れ出てくる。私には、そう見えた。

「今日、お世話になっている赤十字（病院）の婦長さんも、来てくださったんです。もう末期（癌）でございますからね、痛みが出てきたんですね。疼痛《とうつう》って言いますかね。自分で覚悟はしているんですけども、あまりの痛さに夜も眠れない日が続きまして、ついにお世話（入院すること）になりました。で、いろいろと工夫をしてくださいましてね、薬もいつ飲めば、いちばん調子が良いか、スムーズにいくかってことを、ずっとデータを取ってくださいましてね。今日こうやって、皆様にお目にかかることができたんで、本当に嬉しいと思っております。唄うことだけ、唄っていないと命の炎が消えてしまうような……」

言葉に詰まり、涙をこらえる元次郎。会場から温かい拍手が起こると、「哀しみのソレアード」のメロディが流れ始めた。一曲ごとが、まさに遺言のようだった。そのひと言ひと言を聞き逃すまいと、会場中が一つになっていた。そして最後の曲「マイウェイ」を唄いきると、鳴り止まぬ大歓声と拍手が巻き起こった。舞台の袖に駆けつけ、元次郎と会うと「すごくいい映画になったね」と労をねぎらってくれた。

私は言葉にならずに、ただ黙って頷いた。「ありがとうございます」と言うつもりでいたのに、そんな簡単なフレーズが出てこなかった。そして会場の熱気が冷めやらぬなか、今日の主役は病院へ看護師とともに戻っていった。

それから数日後、横浜日赤病院を、野毛大道芸の大久保、撮影の中澤とともに訪ねた。面会時間の過ぎた夜半過ぎだった。閑散とした待合室を横目に、病棟の二階にある個室へと向かった。ドアを開けると、ベッドから力なく起き上がる元次郎がいた。そして私たちを見つけると、弱々しく微笑んだ。

大久保が、にぎわい座での収支についての説明をしても、元次郎は上の空で頷いているだけだった。結局、その収益はメリーさんの老人ホームに、元次郎の名義で寄付することになった。「映画の制作費の補塡にすればいい」とも提案されたが、そんな気分にはなれなかった。それよりも私はずっと元次郎の顔を見ていた。人間の欲とか執着心がすべて削ぎ落とされた顔だった。人はどうすればこんなにも穏やかな顔になるのかと、ただ見とれていた。大久保の話が終わると、元次郎が私に微笑みながら呟いた。

「良かったね、本当に良かったね」

キャメラがあれば、すぐ撮りたくなる笑顔だ。

「元次郎さん、まだですよ。もっと頑張ってもらわないと。これから、もっと多くの人に映画を見てもらわないと。まだ終わっていないですから」

「あら、そうなの」

元次郎は、素っ気なく返した。にぎわい座で、なぜ「ありがとう」と言えなかったのか、その時にやっとわかった。その一言を言えば、すべてが終わってしまう気がしたのだ。

ふと病院の窓を見ると、暗闇の中を通り過ぎる電車の明かりが一筋の線になっていた。その残像を追いながら、映画の完成を実感した。一九九七年、あのテレクラでの一件から六年、ようやく映画が完成したのに、複雑な思いで一杯だった。

そして新年、二〇〇四年を迎えた。私には多額の借金が残り、その返済のため、元旦からバイト生活に勤しんだ。キャメラを持ち、町を駆けまわることもない、穏やかな日々が流れていく。一年前、元次郎に密着撮影し、メリーさんの老人ホームを訪ねたのが、嘘のような幻にさえ思えてしまう。そして正月も過ぎた一月下旬、中澤の車に乗って日赤病院へと向かった。元次郎から、退院の知らせがあったのだ。もちろん回復したわけではない。

病院側から、「もう治療のしようがない、ベッドにも限りがあるから出て行ってくれ」と、匙を投げられたという。病室での元次郎は顔面蒼白で、立つこともやっとだった。言葉を交わすこともなく、ただ帰り支度を手伝った。帰りの車中、私はただ車窓を眺めていた。根岸森林公園から、山元町商店街を通り、伊勢佐木町、日ノ出町が近づいてくる。元次郎に会うため、見慣れてしまった景色も、今日で最後になる。突然、運転していた中澤が、後部席の元次郎に語りかけた。

「元次郎さん」

「うん?」

「焼肉食べたいですね。今度、行きましょうよ」

それは赤レンガ倉庫での上映の後、元次郎が中澤と交わし、いまだに実現していない約束だった。もう元次郎に、焼肉を食べる体力などない。それでも中澤は伝えずにはいられなかったのだろう。「焼肉ねえ、いいわねえ」と、元次郎が微笑んだ。

この日から元次郎の自宅療養が始まったが、安心して休める環境ではなかった。自宅の隣にあるシャノアールは、昨年末から深刻な問題を抱えていたのである。元次郎が入院して以来、客足は目に見えて少なくなっていた。シャノアールの店員である神田健治が、私に苦悩を漏らしたことがある。

「シャノアールを継ぐって難しい。お店はただのハコに過ぎないんです。そういう意味では、私には継ぐことはできないから」

主をなくしたシャノアールの終焉は、すぐにやってきた。二〇〇四年二月。元次郎が退院して二週間も経たないうちに、シャノアールが閉店した。前身の「さろん童安寺」から数えて、二十八年目のことだった。店の存続で揺れるなか、元次郎はスタッフや関係者にこう言ったという。

「シャノアールを続けていくなら、私は歌えないけど、『ヨコハマメリー』を流してくれればいい。それで充分だから」

元次郎の部屋は医療機器で占拠され、まるで臨時病院のようになっていた。モルヒネのせいで、いつ訪ねていっても意識が朦朧《もうろう》としている。見舞うたびに、いつまで続くのだろうか、楽にしてあげたいと、そんなことが頭をよぎった。

3 元次郎の最期

映画『ヨコハマメリー』は、内容の変更はせずに、まだ実景や一部インタビューの撮り直しは続けながらも、いよいよ劇場公開に向けて動き出していた。元次郎にはその晴れ舞台、公開日まで頑張ってもらいたかったが、現実はそう甘くなかった。

二月下旬、シャノアール閉店から数日後、大西尚造から連絡が入った。大西は川崎の「かっぱ」時代から数十年来、元次郎さんの公私にわたるパートナーである。自宅療養になってからも、元次郎の介護をすべてやっていた。

「じつは、永登(元次郎)が昭和医大のホスピスに入ったんです」

驚きはしなかった。いや、ほっとしたというのが正直なところだ。自宅といっても、シャノアールの壁を隔てた隣である。閉店したとはいえ、元次郎もシャノアールのことが気になってしまうだろう。ホスピスなら、治療に専念できる環境に違いない。

「何かね、あまり人に会いたがらないんですよ」

電話で大西は、淡々と現状を話してくれた。

「子供返りっていうのかな。永登は気を遣う人だったから、もうそういうのが嫌なんだろうね。だけど中村さんはいいって言うもんだから」

「……」

「それまで仲が良かった人が来ても、追い返すんですよ。私もビックリしちゃってね」

なぜ私に会いたいと思ったのかはわからない。何度も何度も怒らせてばかりだったし、撮影のために無理なことばかりお願いしてきた。いちばん厄介で会いたくない人間のはずだ……。

翌日、大西の車で昭和医大付属病院に向かった。みなとみらいから首都高速に乗り、第三京浜に入る。都築インターで降りて、車を走らせること十数分。ビルに囲まれた横浜の繁華街から、緑に囲まれた郊外の住宅地の景色に変わっていき、白い巨塔にたどり着いた。大病院の中にあって、その離れにあるホスピスは、静かで環境もよく、ホテルのような趣である。大西に連れられて病室に向かう途中、元次郎を担当している看護師と出くわした。

「うちの永登が出ている『ヨコハマメリー』の監督さんなんですよ」

すると看護師が「あの映画、すごく良かったです」と会釈してくれた。おかしい……。にぎわい座での上映から三ヶ月。元次郎がホスピスに入ったのは最近のことだ。偶然、映画を観に来ていたのだろうか？　そんな疑問がよぎり、大西に聞いてみた。

「いや違うんですよ。中村さんから、映画のビデオをもらったでしょ。永登から頼まれて、私がダビングして配っているんですよ。ここの看護婦さんも結構、見ていますよ」

開いた口が塞がらない。というより血の気が引いた。『ヨコハマメリー』は、もう私個人のものではない。配給会社も決まり、権利などの問題だってある。ダビングされたうえに配られたのでは、さすがにマズい。なんてことをしてくれたんだ。怒りにも近い憂鬱な気分で部屋に入ると、元次郎が迎えてくれた。自宅で療養している時とは違う、穏やかな表情だった。しかしベッドに寝たままで、もう自力で立つどころか、起き上がれないほど衰弱していた。手元には、『ヨコハマメリー』に寄せられた手紙の束があった。看護師やビデオを見た人たちからの感想などが書かれているという。

「良かったわね。中村くん、評判いいわよ。皆、あなたのこと褒めているわよ」

元次郎はその手紙を手に取って、私に微笑んだ。言葉が出なかった……。この期におよんで、まだ相手を思いやる気持ち、人間の優しさを見せつけられた。撮影中、ある錯覚に陥ったことがある。

「元次郎さんは死ぬわけがない。映画のために演じているだけなんだ。そうに違いない」

そう思わないと、末期の癌と闘っている元次郎を撮れなかったし、またそれは映画を撮っている者の傲慢さの表れだったのかもしれない。

そして今、ホスピスの病床にいる元次郎の笑顔に触れた時、映画とかドキュメンタリーがどうかではない、大切なものを教えられた気がした。

「私が撮っていたのは、映画ではなく人間だったんだ」

そんな当たり前のことを突きつけられて、心底、自分の未熟さが恥ずかしかった。私は何もわかっていなかった。その後、元次郎は意識が朦朧とするなかで、私の手をずっと握り続けてくれた。力のない手だった。そのかすかなぬくもりを、私は一生忘れることはできないだろう。

帰りの車中、大西から、あるお願いをされた。

「今の永登を撮ってやってくれませんか？」

「えっ⁉」

「中村さんなら、永登も嫌がらないでしょ。あの人の、今の記録を残してあげたくてね」

「……」

「どうですか？」

「すみません。無理です、今の僕には撮れません」

なぜ、断ったのか、理由などない。弱音を吐いただけだ。意気地がなかった。もちろん、すべてを追いかけて、対象者を撮ることがドキュメンタリーじゃない。撮らない選択肢もあるとも思った。大西は、ただ黙っていた。

シャノアールの町、日ノ出町界隈。もうすぐ大岡川の川面には、桜の花びらが浮かぶ季節となる。元次郎を訪ねてから数週間後。夜の九時頃、大西から連絡が入った。

「今晩、峠みたいなんです。ちょっと伝えておこうと思って」

とうとう、その時が来てしまった。じっとしていられなくて、夜の町を歩くと桜はまだ蕾《つぼみ》のままだった。元次郎との思い出が、走馬灯のように頭を駆け巡り、眠れない夜を過ごした。

翌朝九時過ぎに電話が鳴った。大西からだった。

「さっき、亡くなりました」

「はい……」

「今日の夜に、遺体を自宅に戻すつもりです」

「ええ」

「永登、帰りたがっていましたから」

「その前に元次郎さんに会いに行っていいですか？」

「いいですよ。午後まで病院の安置室にいますから」

二〇〇四年三月十二日、午前八時五十分に逝去。享年六十五だった。

中澤に連絡して、二人で病院に向かった。頭の中が真っ白だった。会いたくない気もする。元次郎の死を、どう受け止めればいいかわからない。その時、大西からまた電話が入った。

「ちょっと、いろいろとありましてね。永登の遺体を、病院から移すことになったんです」

「どういうことですか？」

「妹さんが来られましてね。今後のことは任せることになって」

「じゃあ、病院に行ってもしょうがないんですか？」

「妹さんの意向でしてね。今日、霊安室に安置して」

「それで？」

「明日には火葬して、神戸に持って帰るようなんです」

「そんなこと……、葬儀場はどこなんですか？」

そして天王町の松原商店街近くにある奉誠殿に安置されていると聞いて、中澤と二人で駆けつけた。

葬儀場の職員に案内されて霊安室へ行くと、遺体はすでに棺に入っていた。棺の上部にある扉を開けて、元次郎の顔を見た。今にも起きそうな、眠っているような美しい死顔だ。起こしたら目を覚ましそうだった。その時、中澤が職員に伺いを立てた。

「すみません。小さい毛が、瞼《まぶた》のところに付いているんです」

中澤を見ると、神妙な面持ちだった。

「それ、取ってもいいですか？」

私は息を飲んで中澤の指を目で追った。その指先が、元次郎の瞼に付いていた小さな一本のまゆ毛を摘んだ。指先についた一本のまゆ毛。なぜだかわからないが、その光景を見た時にやっと元次郎の死を実感した。すると、涙がとめどなく溢れてきた。涙の量は無限にあるものだと、我ながら驚いた。飽きるほど、泣いた。棒立ちで泣き尽くした。

そして気持ちを切り替えて、大西に連絡した。これからのことをどうするか。明日、火葬するなら仕方ない。家族ではない私が、どうこう言える立場ではないだろう。しかし、そのことを元次郎の知人友人に知らせる必要はあるはずだ。

「ちょっと待ってくれませんか」

私の話をさえぎって、大西がその内情を明かした。

「妹さんは近親者だけで(火葬を)やりたいらしいんです。面倒だから誰も呼びたくないらしいです。それでお通夜もやらないって。だから友人の方々に連絡するのは待ってくれませんか」

「それじゃあ、誰も納得しませんよ」

「もう少し待ってください」

大西から連絡を受けているのは、私だけだ。森日出夫や五大路子も含めて、誰一人としてこの事実を知らない。途方に暮れた私は、シャノアールの前で待ち続けるしかなかった。大西も、元次郎の数十年来のパートナーとはいえ、家族の意向には逆らえないようだ。苦悩する様子は、想像できる。ふと大きく息を吐いて空を見上げると、もうすっかり暗くなっていた。朝、訃報を聞いたのに、もう一日が終わろうとしている。

シャノアールの隣、元次郎の自宅の窓には灯りがついていた。本来ならここでお通夜が催され、多くのハマっ子たちが元次郎に別れを告げているはずだった。それがなぜ、こんなことになったのか。どうしても理解できない。頭を抱えてうなだれていると、大西からの電話で、火葬は明日の朝十時、久保山火葬場で行うことになったと伝えられた。

「じゃあ、みんなに連絡しますね」

「いや、それはちょっと……」

大西から、まだいい返事は聞けなかった。夜の九時を回った頃、ふたたび電話があった。

もう待てない。私は、強い口調で大西に言い放った。

「今からだと、どれくらい集まるかわからないけど、みんなに連絡します」

「……」

「あれだけ横浜の人に愛された人が、こんな別れ方ってないですよ」

「わかりました。皆さんに伝えてください。ぜひ、お別れに来てくださいと」

携帯電話のアドレスを順に見ていき、急いで連絡を取っていった。

「元次郎さんが今朝、亡くなったんです。明日の朝には火葬されるんです」

元次郎の交友関係は広い。とても私だけではカバーしきれないので、友達の輪のように連絡をつないでもらうようにお願いした。妹との間に何があったかはわからない。ゲイだった兄を快く思っていなかったのかもしれない。肉親にしか理解できない感情もあるだろう。しかしあれだけ懸命に生を全うした人が、最後にこんな仕打ちを受けるのは納得がいかなかった。

翌日、中澤とプロデューサーの片岡希の三人で、横浜市西区の久保山火葬場に赴いた。どれくらいの人たちが来ているのだろうかと不安が募ったが、それは杞憂《きゆう》に終わった。

火葬場のロビーに行くと、森日出夫、大久保文香、五大路子、高橋長英をはじめ、三十人近くが集まっている。あのメリーさんのライバルであり、元次郎が世話をしてきた三浦八重子の姿もあった。そして森は、あの横浜にぎわい座での最後のライブの写真を手に抱えていた。

「遺影は要らない」というのが、親族の意向だった。それを森に話すと、深夜にもかかわらず、すぐに写真を現像して額縁まで探し回ってくれたという。儀式も何もない、ただ遺体を燃やすだけの別れである。これがマイノリティの哀れな結末だというのか。だが、その失ったものの大きさを知っているのはほかでもない、この場に任意で集まった仲間たちだった。

棺の中が一人一人の献花で埋まっていくと、すすり泣く声が聞こえてきた。無理もない話である。昨晩、元次郎の訃報を知り、いますぐに別れなければならないのだ。棺の周りから、誰一人として離れようとしない。だが、無情にも棺の蓋が閉じられた。そして元次郎の入った棺は、火葬炉の中へと吸い込まれていった。扉が閉まり、ガスが点火された。燃やされる音が、やけに耳の奥に残った。

数時間後、扉が開けられ、棺があった台の上を見ると、白い骨しかなかった。人の原型はなく、白いものだけが散らばっていた。参列者らが骨をつかみ、白い骨壺に入れていく。もう元次郎の面影などない、ただの白い骨でしかなかった。コツン。骨壺に入れたとき、他の骨とぶつかって小さな音がした。透明感のある、きれいな音だった。これが元次郎との最期の別れとなった。

元次郎の逝去から、一週間ほど経った頃だった。

「中村さんに、郵便が届いているんです」

大西からの連絡を受け、シャノアールへ行った。宛名のところには、シャノアールの住所、そして私の名前が書いてあった。送り主は、メリーさんがいる老人ホームの園長だった。封を開けると、数点の和服姿の女性の水彩画が入っていた。絵の裏には、メリーさんの生年月日と、本名が記されている。同封されていた園長の手紙によると、メリーさんが元次郎の回復を祈って描いた絵だという。惜しくも訃報が届いた直後に完成したのだが、「それでも」というメリーさんの強い希望によって送られたものだった。ステージに置かれていた遺影の元次郎が優しく微笑んでいた。

4　実弟が語るメリーさん

二〇〇六年一月、元次郎が亡くなって二年になろうとしていた。映画『ヨコハマメリー』も、日ノ出町、大岡川の水面に桜の花びらが浮かぶ頃、ようやく公開となる。

にぎわい座でのラスト・ライブ。
これが図らずも遺影となった（森日出夫撮影）

その準備に追われている最中、メリーさんの老人ホームから一通の葉書が届いた。一年前の二〇〇五年一月十七日、メリーさんが心不全のため急逝したという知らせだった。享年八十三。私がメリーさんに送った年賀状を読んで、返信してくれたようだ。

なぜ、一年遅れで訃報が届いたのか？　老人ホームに問い合わせてみると、元次郎が死んだ後、懇意にしていた園長が辞めていたことがわかった。連絡リストの手違いもあり、私に通知が来なかったようだ。あまりに呆気ない幕切れである。すぐに山崎きみ子の自宅へ赴き、メリーさんの実家に電話をかけてもらった。メリーさんの実弟の奥さんによると、生前は家族として複雑な胸中だったが、昨年に亡くなってからは、わだかまりもなくなったという。

きみ子は、その思いを受けとめて深く頷きながら、申し出た。

メリーさんが描いた水彩画

「そうですか。今度、機会があったら、そちらに行ってお線香でも」

「ぜひ、いらしてください」

また図らずも、メリーさんのある事実が明らかとなった。二〇〇六年三月、映画の宣伝のために、山崎きみ子と『週刊アサヒ芸能』の取材を受けていた時だった。きみ子がテーブルに広げた資料の中に、メリーさんの実家の住所が紛れ込んでいた。ヤバい。私が気づいてすぐに隠したのだが、記者が盗み見て、実家まで取材に押しかけてしまったのだ。映画を公開するにあたって、メリーさんとその家族には迷惑をかけない。それだけは頑《かたく》なに守ってきた。

『アサヒ芸能』の記者にも伝えて、了承のうえで取材をしていたのだが……。私自身も、あまりに無防備だったし、脇があまく反省しかない。だがこのトラブルによって、ベールに包まれていたメリーさんの半生が、実弟の証言により明らかになった。


▓伝説の娼婦（横浜メリー）実弟が初めて明かす「性の裏面史」！


本誌がメリーの実家を訪ねたところ、田園地帯にある大きな屋敷で、八十二歳になる彼女の実弟が話してくれた。「親は農家でした。姉（メリー）はこの家で育ちました。女四人、男四人の八人兄弟で、姉は長女です。兄弟のうち三人は亡くなりましたが、まだ五人健在です」

メリーは一九二一（大正十）年に生まれた。地元の小学校高等科を出たが、貧しかったので中学には進めず、青年学校に進んで卒業したという。「父親はまだ姉が十五歳くらいのときに亡くなりました。姉は青年学校を卒業後、地元で女中奉公のようなことをしていました。地元の国鉄マンと結婚したんですが、子供ができんうちに、二年くらいで離婚しました」（実弟）

理由は何だったのか。

「結婚しても、戦時中で、家庭におるわけにはいかず、姉は軍需工場で勤労奉仕していた。姉は器量がよかったし、工場での集団生活の中で、何か悪口を言われたのを苦にして、海へ出て、自殺しようとしたんです。それで婿さんが恐れて、親もとであるこっちのうちへ送り届けてきて、別れたんです」（実弟）

メリーは離婚してからしばらくは親もとにいたが、そのあとに兵庫の西宮に出て、何年間か女中奉公をした。一九五二年ごろ、横浜・横須賀方面へと旅立った。

「別に、あちらに世話をしてくれるような知り合いはなかったと思うんですけど、自分が思う気ままに出ていったんです」（実弟）

それからしばらくは、音信不通だった。

「こっちで、あれやこれや、わがまま言って出ているんだから、田舎とは縁を切ったような形になってました。毎年なんか帰ってません。こっちへは二回くらいしか里帰りしてません。白いお化粧しよって、白い服着て帰ってくる。ここらの田舎では見えんような格好やから、うらの者はどうせなら帰らんようにと伝えてましたから」（実

弟）

仕送りについて聞くと。

「初めのころ、三回か四回くらい現金為替で送ってもらったことがありますけど、それは姉の名義で貯金を作った。何十万も何百万も送ってもらったことはない。そんなによくしてもらっていれば、老人ホームへは入れませんよ。こっちに帰ってきたときには全然、貯金なんてなかった。お金は衣装にかけたんだと思います」

子供時代から、彼女は派手な格好が好きだったという。

「裁縫なんかでもよくしよりました。家じゃいい娘でした。姉は結婚に失敗して、それが元であああなったんだと思います。失敗していなければ、子供でもできていれば、あないなことにはならんのですけども。母親が死んだときには、どこにいるのかわからず連絡ができなくて、死に目にも会えなかった。うちに帰ってきたときには、アメリカがどうだとか突拍子もないことを言っていたが、（誰も）本気じゃ聞いとらんかったです」

九五年の冬、メリーが実家へ帰ってきたときには、この実弟が出迎えた。

「耳が聞こえにくくなり、白内障でほとんど両目が見えんような状態でした。こっち送り返すのも当然やと思った。クリーニング店の人はようしてくれたんと、ほんにこっちの者は感謝しています。僕がホームまで上がって、姉を連れて車に乗せて帰ったんです」

両目は眼科で手術してもらって、見えるようになった。歯はろくすっぽなかったので入れ歯を入れた。すべて実弟の費用だった。そして老人ホームに入った。

「老人ホームでは気ままに、好きな絵を描いたり、踊ったりして暮らしていました。死ぬ前は案外、安気な生活だったと思います」

亡くなったのは、昨年一月十七日。享年八十四［実際は八十三］。心不全だった。

「老人ホームから電話があって、収容先の病院に行ってみたら冷たくなって往生してました」

（『週刊アサヒ芸能』二〇〇六年三月二日号「異色にんげん発掘ドキュメント」）


私が調べてきたメリーさんのプロフィールとほとんど違いはなかった。もちろん、メリーさんの弟の証言がすべて正しいわけではないだろう。家族から見た、ある一側面の事実でしかない。しかし私の抱いてきたメリーさんに対する想いが矮小化されてしまったようで、後味の悪さを感じた。そもそもメリーさんの人生において、わずかな時間しか共有していない実弟が、彼女の個人史を語ることにどれだけの意味があるのか。人の人生とは、歴史とは何か。今さらながら、本当にわからなくなった。もちろん、映画を一本撮ったくらいで、わかるものではないのだろうが……。

5 記録的な大ヒット

二〇〇六年四月十五日、映画『ヨコハマメリー』が、テアトル新宿と横浜ニューテアトルを皮切りに劇場公開された。そしてその一年後、全国五十ヶ所、十万人あまりを動員し、興行成績は日本のドキュメンタリー映画史上ベスト5に入る記録を作るほどのヒット作となった。気がつけば、あのテレクラでの一件から十年が経ち、私も三十二歳になっていた。また公開すると、さまざまな反響もあった。あれだけ拒否反応を示し、インタビューを断った作家の平岡正明は、映画を観た後、（映画の）パンフレットに推薦文を寄稿してくれた。

■港のメリー、噂にあらず、幻にあらず

ここ十年来の横浜の映像のなかでいいものは、一つは崎陽軒《きようけん》のシューマイ弁当のテレビCMだ。中華街はずれ、三軒の葬儀屋にかこまれたジャズ喫茶「ミントンハウス」の店主オイドンが、ほの暗い店内から毛筋ほど細かい雨の降る戸外を見て、「町も店も古いのがいいなあ」と言う。逆光でとられたカラーが、モノクロに近く、鈴木清順がとらえた昭和初年のカフェの感じだ。

新鋭中村高寛の第一作『ヨコハマメリー』も映像がいい。京急線日ノ出町―黄金町間の大岡川沿いの風景と、かつて無国籍的な歓楽の館「根岸家」があった曙町あたりが、町の襞《ひだ》に妖怪がひそんでいるかのようによく、関内より場末がよく、季節より時刻がいい。朝と白昼と夕景の都会の表情だ。この感覚は、驚かないでくれ、足立正生の『赤軍――PFLP・世界戦争宣言』を思わせる。ヨコハマ最後の洋妾（らしゃめ

ん）、港のメリーを語る愛情深き人々と、コマンドたちの姿が似てしまうなんて、冗談だろ。冒頭、字幕が出る。「ハマのメリーという老女がいた。米兵相手の娼婦だったらしい。だれも真相は知らなかった。一九九五年、突然姿を消した」。このはじまりかたも、足立正生ら風景映画『略称・連続射殺魔』を思い出させた。

（『ヨコハマメリー』パンフレットより）

電話で断られた時、平岡から出たキーワードが「足立正生」と「略称・連続射殺魔」だった。それを持ち出してくるとは、なかなか皮肉が利いている。そのことを平岡に指摘すると、まったく憶えていなかった。そんなものだ。しかし「足立正生と『略称・連続射殺魔』のことを出したとすると、軽くあしらったわけじゃなくて、（映画の出演を）本気で断ったんだね」。平岡は、そう言って、ニンマリと笑った。

そして映画が評価され、私が横浜文化賞芸術文化奨励賞を受賞した時のパーティで、写真家の常盤とよ子とも再会を果たした。常盤は「おめでとう」とだけ言い、銀製のしおりをプレゼントしてくれた。それだけのやり取りだったが、充分だった。いま次回作のリサーチで資料書籍を読む時には、必ずそのしおりを使っている。出演を断ること自体も、映画への協力だったのではないかと、今ならそう思えてくる。

またこの時期、私が依頼されて執筆した記事を紹介したい。映画を作り終え、公開したことで、もう一度、なぜメリーさんを撮ったのかについて、また横浜という町との関係について、思索することも多くなっていた。

■メリーさんとの出会い

それは私がまだ中学生のころで、横浜の馬車道を歩いていたときのことだった。突如、向かいのビルのベンチに置かれている、全身真っ白の物体が目にはいった。「人形にしては大きいし……、何なのだろう?」立ち止まって眺めていると、微かに動いた。正直、驚いた。生き物で、それも人間だったのだ。それが彼女との最初の出会いであり、第一印象だった。やがて彼女が「メリーさん」と呼ばれる老女で、米兵相手の娼婦(パンパン)をやっていた町の有名人ということが分かった。

メリーさんの容姿風貌は異形そのもので、町にいること自体、相当な違和感があった。ただ横浜の持つ歴史的な背景・特殊性が、その存在を町全体で受容していたように思う。そんなメリーさんも、一九九五年には横浜から姿を消してしまう。「死んでしまった、いや故郷に帰ってしまった」等々、町には様々な風評が飛び交った。私はそんなウワサよりも、奇妙な喪失感を味わっていた。例えていうなら「渋谷から、ハチ公がなくなってしまった」ような感覚だろうか……。何故、メリーさんが消えたのか? それは横浜がヨコハマらしさを無くし、地方都市に同化していくなかで、町がメリーさんを受容できなくなったからなのかもしれない。

二〇〇六年四月から、横浜の映画館で「ヨコハマメリー」が公開されている。公開前、地元商店街に（宣伝などの）協力をお願いしたところ、あまり良い返事が返ってこなかった。元々、町が近代化していくなかで、娼婦とかアウトサイダーたちは（町から）排除されていくものだ。米兵相手の娼婦を扱った映画だし、それも致し方ないことだと思う。しかし、ある面白い現象が起こった。

映画は公開して一ヶ月間、連日満員。上映が始まる二、三時間前には、映画館に来て整理券をもらわないと、映画が観られない状態が続いた。整理券をもらった人は、時間をつぶすために、商店街で買い物をしたり、食事をしたりする。そのおかげで（商店街の）売り上げがのびて、「メリーさん景気」に湧いているというのだ。町が受容できなくなり消えてしまったメリーさんが、はからずも町を活性化させ、町おこしをしていた。この不思議なパラドックスは、横浜の町の歴史（記憶）、そして現在という時間軸が交わった稀有《けう》な瞬間だったと思う。

（『月刊ジェイ・ノベル』実業之日本社、二〇〇六年七月号）

6 消えゆく記憶を求めて

二〇〇七年春、公開後の反響によって『ヨコハマメリー』書籍化の依頼があり、私は筆を執ることになった。一年かけて原稿を書き上げたのだが、出版社には送らずに放置していた。この映画に対する想いを出しきったことで、私の中での区切りがついてしまったことに加え、ほぼプライベートな私の記録も含まれており、発表するのが恥ずかしくなったからだ。

　では、映画の公開から十年近くが経ち、なぜ翻意したのか？

　それは、ふとまわりを見渡すと町も人も大きく変わり、多くを失っていたことに気づいたからだ。時間は残酷にも過ぎていったのだと、つくづく実感した。私が書き綴ったこの記録を、町と人の記憶を残す一助にしたいと思ったのだ。

　あの横浜日劇は壊され、分譲マンションになった。「封切り」という言葉が生まれた映画館があった横浜オデヲン・ビルには、ディスカウントストアのドン・キホーテが入って二十四時間営業している。松坂屋も閉店し、伊勢佐木町からデパートがすべてなくなった。かつて〈ちょんの間〉があった黄金町ガード下は、町の再生の一環として二〇〇八年からアートフェスティバル「黄金町バザール」が催されているほか、若手芸術家たちの制作拠点になっている。

　シャノアールは元次郎が亡くなった後、一時は売り物件になっていたが、買い手がつかなかった。今は大西尚造の息子がシャノアールを引き継いで営業しているが、かつての雰囲気はもうない。映画公開前に元次郎、杉山義法、広岡敬一、メリーさん、公開後には団鬼六、福長恵美子、高見澤政雄、清川充など出演者、協力者の多くが鬼籍に入った。それでも映画に関わり、携わってくれた人たちのことを、私が忘れることはない。

　そして本書の仕上げをしていた二〇一六年、根岸家パートに出演してくれた松葉好市が亡くなった。映画公開前に大動脈瘤を患い、すでに店（スナック「クバーナ」）は辞めていたが、大好きなお酒は止められないようで、私とも年に一、二回ほど会っては一献を傾けていた。その最期はあっけなかった。松葉の旧友が何度、電話しても応答しないので駆けつけたところ、自宅ベッドの上で眠るように亡くなっていたという。享年七十九。葬儀は参列者も少なく、じつにひっそりとしたものだった。ふと祭壇を見ると、ピントがボケて味気ない遺影が飾ってあった。数年前に撮ったスナップ写真を強引に拡大したものだった。数年前に認知症を患った妻のひろみは、夫の遺影を見て「この人、誰？」と、皆に問いかけている。これが、かつて夜の伊勢佐木町を肩で風を切って歩いた伊達男の葬儀かと思うと、悲しさよりも空虚な思いが去来してくる。そして別れの時、参列者一同が呆気に取られることが起こった。棺の中の松葉の顔を見た妻のひろみが泣き叫び始めたのだ。「あなた、どうしたの？　何でここにいるのよ！」最後の最後で、忘れたはずの記憶が甦ったようだ。松葉はお世辞にも褒められた夫ではなかった。ひろみとともにクバーナを営みながら「ちょっと煙草を買ってくる」と言い残して、情婦と駆け落ちしたこともある。二年後にフラッと煙草を片手に出戻ってきた不貞の夫だ。そんな松葉の頭を抱きかかえ、ひろみはずっと泣いている。愛情が、その瞬間だけ、失われた記憶を甦らせたのだろうか。

私たち参列者は、ただ立ち尽くすことしかできなかった。私は『ヨコハマメリー』で消えてゆく「記憶」を記録し、紡いできたつもりだ。しかしその光景を見ながら、たとえ記録などしなくても、記憶は消えずに必ずどこかに残っていくものだと思った。そしてそれは映画として記録するよりも、いちばん尊く大切なことなのかもしれない。

7 メリーさんの墓参り

そして公開から十年あまり経った今も、私にとっての〈映画〉は続いている。新作を撮っているということではない。『ヨコハマメリー』が完成し、上映は終わっても、まだ終わっていないのだと心に刻み、誓ったことがあったのだ。

二〇〇六年八月、東京と横浜での上映を終えたところで、メリーさんのお墓参りをしようと思い立ち、白新舎の山崎きみ子と会った。日程を決めるためにメリーさんの実家に連絡したところ、意外な事実を知らされる。メリーさんの実弟、そして奥さんが、相次いで亡くなっていたのだ。実弟の子供、つまりメリーさんの甥によると、二〇〇六年春に『アサヒ芸能』の取材に応じたあと、まもなくこの世を去ったという。映画の公開が始まった時期と同じだというのが、因縁を感じずにはいられない。そしてメリーさんの甥に、私たちが計画しているお墓参りについて相談したのだが、それは残念な結果となった。甥にとって、メリーさんは時どき帰ってくる得体の知れないおばちゃんで、まったくもって思い入れがないようだ。はっきりとは言わないが、私たちに来てほしくない。面倒くさい、勘弁してくれ、そんな雰囲気だった。電話を切った後、きみ子は、ぽつりと呟いた。

「(家の)代が変わったから、しょうがないわね。ここで終わりにしましょう」

二〇〇六年九月、広島での公開初日に嬉しい再会が待っていた。あのメリーさんの老人ホームでの事前取材中にお世話になった、清川充が駆けつけてくれたのだ。単身赴任を終えた清川は、家族のいる広島に戻っていた。あの駅前のロータリーでのことが甦ってきて、胸が熱くなった。あの時にもらった一万円はすでに使ってしまったが、いまだに心の中には残っている。「あの時、これを作っていたんですよ」と言うと、清川はただ笑顔で頷いてくれた。映画を見せることができて、ようやく決着がついた気がした。

だが、本当の決着はまだついていなかった。私は広島での舞台挨拶を終えた翌日、森日出夫とともにメリーさんの故郷へと向かった。単線の車窓には見覚えのある風景が広がっていた。最初は私一人で、二回目は元次郎や撮影の中澤と一緒だった。

そして今回が、三回目となる。途中『神奈川新聞』の白鳥明美記者も合流し、あの老人ホームのある駅を素通りし、別の単線に乗り換えて、メリーさんの実家のある無人駅へと降りたった。二〇〇〇年の夏、私が訪ねた時と何も変わりのない、時間の止まった村落だった。小雨模様だったが、傘をささずに歩いた。九月初旬、湿気のある残暑で、汗がにじんでくる。メリーさんの実家へ行くと、縁側で中年の男性がくつろいでいた。メリーさんの甥だった。もちろん、約束など何もしていない。簡単に自己紹介をして、横浜銘菓「ありあけハーバー」を渡した。

「できれば、(メリーさんの)墓前に供えてください」

「（墓前まで）案内してあげたいけど、雨降っているからなあ」

「いや、大丈夫です。そういうつもりで来たわけじゃないんで」と、すぐに私たちは立ち去った。

帰りの電車まで三十分ほど時間があるので、初めて訪れた二〇〇〇年以来、六年ぶりに村落を歩いてみた。田畑が広がるなかに点在する材木工場、そして長い一本の線路と無人駅。森日出夫は雨に濡れるのもお構いなしに、ただ黙ってメリーさんの故郷の風景を撮っていた。メリーさんの甥によると、実家近くの山林にメリーさんのお墓があるという。お墓に行かなくてもよかった。メリーさんの生まれ育ったこの地で、ただ追悼したいだけだった。もう二度と来ないだろうが、その原風景を目に焼きつけたかったのだ。

駅の待合室に戻り、缶ビールでメリーさんの冥福を祈った。「はあ、うまい」。ずっと歩きまわったので、からからに渇いた喉にホップの苦みが沁みていく。電車の到着時間が近づいてくると、線路づたいに数人の住人がやってきて、ホームに上がってきた。以前にも遭遇した、その光景を目の当たりにした時、言いようのない寂しさが迫ってきた。

私はビールを飲み干して、電車へと乗り込んだ。メリーさんの故郷を車窓から見ていると、数分で長いトンネルに入った。進行方向から後ろを向くと、真っ暗闇の中に光がさしている。あの光の向こうにメリーさんの実家、故郷がある。ゆっくり、ゆっくりとその光が豆粒のように小さくなっていき、そして完全な暗闇になった。ずっと続く長い暗闇になった。スクリーンが真っ暗になったようだった。ガタゴトと電車の音だけが耳に残る。ふと自分に問いかけてみる。この映画は終わったのだろうか？　いや、私が生きている限りは終わらない。そして本作に関わった人たちの人生が、これから先も続いていく限り、映画は終わらない、きっと。

出典・資料提供

第1章

『白いメリーさん』(中島らも／講談社文庫／一九九七年)
『宮田登 日本を語る九　都市の民俗学』(宮田登／吉川弘文館／二〇〇六年)
『ホテルここだけの話』(花井和子／近代文藝社／一九九五年)
『PASS ハマのメリーさん』(森日出夫／フィルムハウス・アマノスタジオ／一九九五年)
〈資料提供〉林海象、長田勇市、五大路子、横浜夢座

第2章

『横浜中区史』
『横浜市史』
『横浜市史Ⅱ』
『横浜市史稿〈風俗編〉』(横浜市役所編集／一九七〇―七四年)
『神奈川県警察史』(一九八五年)
『横浜西区史』(一九九五年)
『図説 横浜の歴史』(横浜市市民局市民情報室広報センター／一九八九年)
『横浜の歴史』(横浜市教育委員会／一九七七年)
『美那登能波奈横浜奇談』(菊苑老人)
『横浜の伝説と口碑』(中区磯子区篇／一九三〇年)
『お三の宮とおさんの伝説』(早川茂男／一九九九年)
『横浜旧吉田新田の研究』(石野瑛／一九三六年)
『横浜今昔』(毎日新聞横浜支局編／一九五七年)
『横濱開港側面史』(横浜貿易新報社編／一九七九年)
『丸善社史』(丸善／一九五一年)
『都市横浜の半世紀』(高村直助／有隣新書／二〇〇六年)
『横浜大桟橋物語』(客船とみなと遺産の会編　JTBパブリッシング／二〇〇四年)
『横浜謎とき散歩』(谷内英伸／廣済堂出版／一九九八年)
『横浜イセぶら百科』(神奈川新聞社／一九八六年)
『開港慰安婦と被差別部落』(川元祥一／三一書房／

一九九七年）
『横浜チャブ屋物語』（重富昭夫／センチュリー／一九九五年）
『メリケンお浜の一生』（小堺昭三／波書房／一九七二年）
『グロテスク』一九二九年六月号
『潤一郎ラビリンス〈15〉横浜ストーリー「港の人々」』（谷崎潤一郎／中公文庫／一九九五年）
『中央公論 一九三二年四月号 横濱国際ホテル街の國際娘』（北林透馬）
『戦後性風俗大系――わが女神たち』（広岡敬一／朝日出版社／二〇〇〇年）
『唐人お吉物語』（竹岡範男／文芸社／二〇〇六年）
『洋娼史談』（戸伏太兵／鱒書房／一九五六年）
『国家売春命令物語』（小林大治郎、村瀬明／雄山閣出版／一九七一年）
『敗者の贈物』（ドウス昌代／講談社／一九七九年）
『百億円の売春市場』（橋本嘉夫／彩光新社／一九五八年）
『反骨七十七年 内山岩太郎の人生』（神奈川新聞社／一九六八年）
『続・日本の貞操 外国兵に犯された日本女性の手記』（五島勉編／蒼樹社／一九五三年）
『新編 私の昭和史4 世相を追って 進駐軍慰安作戦』（鏑木清一／東京一二チャンネル社会教養部／一九七四年）
『週刊毎日グラフ 一九六二年八月一二日号 私は麻薬の町を見た〈横浜の密売地帯〉』
『横浜思い出のアルバム 街の顔 市民の顔』（横浜市市民局市民活動部広報センター編／一九七九年）
『横浜もののはじめ考』（横浜開港資料館、横浜開港資料普及協会／一九八八年）
『NHK歴史への招待〈第二〇巻〉黒船襲来』（日本放送出版協会／一九八九年）
『よこはまの民話』（萩坂昇／むさしの児童文化の会／一九七六年）
『よこはま人物伝 歴史を彩った五〇人』（横浜開港資料館編／一九九五年）
『横浜・歴史の街かど』（横浜開港資料館編／神奈川新聞社／二〇〇二年）
『ランドマークが語る神奈川の一〇〇年』（読売新聞社横浜支局編／有隣堂／二〇〇一年）
〈資料提供〉 野毛山節保存会

第3章

〈資料提供〉 永登元次郎

第4章

『危険な毒花』（常盤とよ子／三笠書房／一九五七年）
『横浜再現』（奥村泰宏、常盤とよ子／平凡社／一九九六年）
『横浜ストリートライフ』（佐江衆一／新潮社／一九八三年）
『横浜中区史 地区編』
〈資料提供〉　清水節子、杉山義法、五大路子

第5章

『ヨコスカどぶ板物語』（藤原晃／現代書館／一九九一年）
『横須賀どぶ板繁盛記』（藤原晃／神奈川新聞社／一九九五年）
『民俗学への招待』（宮田登／筑摩書房／一九九六年）
『ドキュメント　戦後「性」の日本史』（伊藤裕作／双葉社／一九九七年）
『昭和・平成家庭史年表』（下川耿史、家庭総合研究会／河出書房新社／二〇〇一年）
『日本史年表』（日本歴史大辞典編集委員会／河出書房新社／一九九七年）
〈資料提供〉　山崎きみ子

第6章

〈資料提供〉　李纓、龍影、永登元次郎

第7章

『世界の映画作家3　黒澤明』（キネマ旬報社　一九七〇年三月）
『巨匠のメチエ　黒澤明とスタッフたち』（フィルムアート社／一九八七年）
『戦後性風俗大系――我が女神たち』（朝日出版社／二〇〇〇年）
『横浜中区史 地区編』
〈資料提供〉　栗林あゆ子
〈協力〉　小林幸江、志澤政勝、白尾一博、瀬木広哉、竹本真紀、中村晶子、三木崇、吉田泰治（五十音順）

解説

原一男

この『ヨコハマメリー』は、いわゆる、製作ノートである。そう指摘することで、この本を貶めたいわけではない。本の性格を明らかにすることで著者の狙いを明解にしたいのである。

私は事あるごとに、ドキュメンタリーは、クランクイン前はもとより撮影に入ってからも、こんなシーンを撮りたい、あんなシーンを撮らなければならない、と作り手ならば、あれこれとイメージを膨らませるものであるが、カメラが回って実際に撮れた映像は、前もってイメージしたものとの対比でいうと約二割くらいだろうと思っている。約二割という数字を多いと思うだろうか？　少ないと思うだろうか？

TVドキュメンタリーの現場はスケジュールが厳しく管理されているだろうから、予定が延びた、ということは滅多にないはずだ。しかし映画の現場は、とりわけ我々のような自主製作に近い現場は、当初の目論見からいうと、だいたいが延びるものである。なぜ延びるかというと、撮影前にあれこれ悩むのは当然としても撮影に入ってからも様々な事で悩むからである。それは作り手が優柔不断で悩むわけではない。撮影に入ってからの方が、より深く作品の本質に迫っているからこそ苦悩が深まるのだ。完成した作品が傑作という評価を得られた作品ほど現場での苦悩が深い、と言い切ってもいいくらいだ。だが、その苦悩がどれだけ深くとも、完成した作品から苦悩の痕跡を窺うことは、ほとんど不可能だ。なぜなら実際に苦悩している時には、まずカメラは回っていないからである。苦悩を重ねて克服できて方針が明快になって、やっと撮影に向けてセッティングができる。だからカメラが回るのだ。私も作り手の端くれ。その実感から言うと、完成した作品が評価されることは嬉しいのだが、何か、十分に伝え切れていないのではないか、という不安と寂しさと物足りなさが残る。だから私は、そんな焦りに似た感情に後押しされて製作ノートを書く。こんなふうに撮ると誤解されるかな、と不安がよぎる。作品が完成して子離れしていくような親の気持ちである、と喩えれば、その寂しさを理解してもらえるだろうが、それだけではない。私たち映像の作り手にとって、作品を作るという行為は、実際に撮れた映像を編集してこそ具体的な作品になっていく。だが、現場で撮れる量がイメージした約2割だとすると、撮れない、カメラが回りようがない現実の量の方が圧倒的に多いのである。そのカメラが回っていない時の苦悩は、作品の主題を巡ってであり、細部のリアリティを豊かにするための新たな登場人物を探したり、出演交渉をしたりであり、と多岐にわたる。作り手にとっては、作品を完成した後の胸の内に去来するものは、このカメラが回っていない時の苦悩であり、それこそを伝えなければならないのではないか？　というさらなる苦悩が生まれる。完成した作品を観てくれれば分かる、とは思えないのだ。だから製作ノートを書くのである。

長過ぎた前書きは寛恕して頂くとして、私はこの『ヨコハマメリー』を製作ノートとして読んだわけだが、中村高寛監督と同業のドキュメンタリーの作り手である私にとっては、抜群におもしろかったのだ。行間を読む、という言い方があるが、中村監督の息遣いが切実に伝わってきて、共感、同感はもとより、苦悩のありようがスリリングに伝わってきて飽きないのだ。彼はなかなかの筆力の持ち主である。

実は、私が中村高寛監督の才能を感じたのは別にある。彼自身は、こう書いている。

「メリーさんという対象不在のドキュメンタリー」と。

ドキュメンタリーが、ドキュメンタリーである最大の強みを発揮するのは、生身の肉体を持った主人公が、生の感情を迸《ほとばし》るようにカメラに向けて吐き出す、そんなシーンを持つ作品である。しかし、その最大の強みを発揮するであろう、メリーさんの肉体は不在だった。それを承知の上で作品を作ろうとした、そして完成させたことなのである。しかも処女作で彼はやってのけたのだ。これは作り手としては、ものすごい腕力なのだ。

私も肉体不在のドキュメンタリーを作ったことがある。「映画監督 浦山桐郎の肖像」（一九九八年、関西テレビ）だ。私が関西テレビから演出の依頼を受けたのは、浦山監督の死後十年経っていた。その時点で私（たち）は四本のドキュメンタリー作品を作っていた。いずれも生身の肉体性を最大限活かした作り方の作品だ。その四本の作品で生身の肉体の持つ強みを発揮できる作り方のコツのようなものを掴んだ、という思いを持っていた。そんな私に主人公の肉体の不在が前提の作品の演出の依頼がきたのだ。私は大いに戸惑った。しかしこのときは、肉体の不在という難しさを代替できるものがあった。言うまでもなく浦山さんは映画監督だから監督作品が残されている。これは、御多分に洩れず撮影中に苦悩しながら見つけたのだが、ドキュメンタリーには、セルフドキュメンタリーがあるように、浦山さんの監督作品は、セルフ劇映画と言うべき、浦山監督自身の家族史、自己史が主人公たちに色濃く投影されてストーリーが成り立っていたのである。浦山監督を産んだ実母が産褥熱で死亡、その後、実母の妹が母になったわけだ。その養母への思慕、実父の自殺、とけっこうドラマチックな人生なのだが、そんな実人生をドラマの中にうまく溶け込ませていたのだ。だから私は、浦山監督自身の感情を濃く感じさせる場面の映像を引用した。この方法は、かなり成功したと思っている。だが中村監督の場合は、こんなうまい具合に代替物が見つかるわけもない。ヨコハマメリーを語ってくれるだけだから普通の人でもいい、とはならない。やはり語ってくれる人自身が魅力的な人物でなければならない。

ここで悩ましい問題が起きる。ヨコハマメリーを語ってくれる人が魅力的であらねばならない、と言ったが魅力的でありすぎると主人公のヨコハマメリーの魅力を食ってしまいかねないのだ。つまり主人公の印象より語る人たちの方が魅力的だったら映画としては失敗ということになる。だが中村監督は、率直に語ってくれて、なおかつメリーさんと匹敵する魅力を持った人たちと出会って行く。通常なら語ってくれる人は、そこそこ画写りがいい人ならばそれで十分なのだが、中村監督は語ってくれる人自身の魅力をも作品の軸に据えていく。実際に語ってくれる人たちが実に多士済々、猥雑で、いかがわしい生き方をしている人たちなのだ。この場合、猥雑、いかがわしい、というのは褒め言葉である。列記しておこう。かつて川崎で男娼をしていたことがあるシャンソン歌手、彼は癌で死期が迫っている。元GI専門のホステス。暗黒舞踏家としてつとに有名な大野一雄の息子の大野慶人。「根岸家」のお座敷芸者。元愚連隊のおっちゃん。風俗ライター。SEXカウンセラー。野毛坂大道芸マネージャー。宝飾店やクリーニング屋や化粧品店などの経営者。著名人も登場する。作家の山崎洋子。演劇の女優、五大路子。他にも映画プロデューサーやら演劇の演出家。ヨコハマに縁ある人々を撮った写真家。つまり彼らは生身の肉体の魅力を十分すぎるくらいに発揮できる人たちなのだ。彼らを魅力的に撮れば撮るほど、本来のヒロインであるはずのヨコハマメリーさんの印象度が相対的に弱くなる。実に悩ましくも困った問題だ。さらにこれだけ雑多な登場人物たちを網羅すると、ヨコハマメリーさんを追うというテーマだけでは飽き足らなくなる。だから中村監督は、生身の肉体を撮ることに果敢に意味を見つけ出そうとする。もう一つの主題を設定したのだ。ここが中村監督の才能の豊かさを感じるところである。ヨコハマメリーさんを追うことで浮かび上がってくる主題と、生身の肉体を追うことで浮かびあがる、ヨコハマという街の芸能史、風俗史でありつつ、都市論でもあり戦後史でもある、というテーマ。それは複層しながらもリンクしている。演出家として相当に豪腕であることを求められる。それを見事に、やってのけた。くり返すが、処女作にして、やってのけたのだ。

もう一点。映画『ヨコハマメリー』は、そもそも肉体不在のヒロインを追うはずだったし、事実、様々な困難をくぐり抜けて追っている。だが、大どんでん返しが待っている。なんと生身の、素顔のヨコハマメリーさんが登場するのである。このラストシーン、淡々と撮られ、そしてさりげなく構成されている。いかにもラストシーンでござる、というようにあざとく撮られていない。だが観客にとって、その衝撃度はかなり強い。私はメリーさんの素顔を食い入るように見つめていた。私を食い入るように見つめさせたのはまさに、そこに至るまでのストーリー運びのうまさゆえである。そして、本書である。そのラストシーンを撮るに至った苦悩が細かくリアルに書き込まれている。映画と同様に本のラストも、素顔のヨコハマメリーさんが登場する場面だ。映画とその製作ノートである本書は、一卵性双生児であるが、双子とは言え、それぞれの個性を持つように、本書も映画に負けずとも劣らないエンターテインメントとして一級の作品である。

（はら・かずお、映画監督）

本書は二〇一七年八月に小社より刊行された
『ヨコハマメリー　かつて白化粧の老娼婦がいた』を
文庫化したものです。

ヨコハマメリー

白塗《しろぬ》りの老娼《ろうしょう》はどこへいったのか

二〇二〇年 八 月二〇日 初版印刷
二〇二〇年 八 月三〇日 初版発行

著 者 中村高寛《なかむらたかゆき》
発行者 小野寺優
発行所 株式会社河出書房新社
〒一五一－〇〇五一
東京都渋谷区千駄ヶ谷二－三二－二
電話〇三－三四〇四－八六一一（編集）
〇三－三四〇四－一二〇一（営業）
http://www.kawade.co.jp/

ロゴ・表紙デザイン 粟津潔
本文フォーマット 佐々木暁
本文組版 株式会社キャップス
印刷・製本 中央精版印刷株式会社

Printed in Japan ISBN978-4-309-41765-3

河出文庫

戦後史入門

成田龍一　41382-2

「戦後」を学ぶには、まずこの一冊から！　占領、55年体制、高度経済成長、バブル、沖縄や在日コリアンから見た戦後、そして今——これだけは知っておきたい重要ポイントがわかる新しい歴史入門。

私の戦後追想

澁澤龍彦　41160-6

記憶の底から拾い上げた戦中戦後のエピソードをはじめ、最後の病床期まで、好奇心に満ち、乾いた筆致でユーモラスに書かれた体験談の数々。『私の少年時代』に続くオリジナル編集の自伝的エッセイ集。

対談集　源泉の感情

三島由紀夫　40781-4

自決の直前に刊行された画期的な対談集。小林秀雄、安部公房、野坂昭如、福田恆存、石原慎太郎、武田泰淳、武原はん……文学、伝統芸術、エロチシズムと死、憲法と戦後思想等々、広く深く語り合った対話。

私戦

本田靖春　41173-6

一九六八年、暴力団員を射殺し、寸又峡温泉の旅館に人質をとり籠城した劇場型犯罪・金嬉老事件。差別に晒され続けた犯人と直に向き合い、事件の背景にある悲哀に寄り添った、戦後ノンフィクションの傑作。

箆棒《ベラボー》な人々　戦後サブカルチャー偉人伝

竹熊健太郎　40880-4

戦後大衆文化が生んだ、ケタ外れの偉人たち——康芳夫（虚業家）、石原豪人（画怪人）、川内康範（月光仮面原作）、糸井貫二（全裸の超前衛芸術家）——を追う伝説のインタビュー集。昭和の裏が甦る。

新編　かぶりつき人生

田中小実昌　40874-3

ストリップではじめてブラジャーをはずしたR、全ストになって大当たりした女西郷……脇道にそれながら戦後日本を歩んできた田中小実昌が描く女たち。コミさんの処女作が新編集で復活！

東京プリズン

赤坂真理　41299-3

16歳のマリが挑む現代の「東京裁判」とは？　少女の目から今もなおこの国に続く『戦後』の正体に迫り、毎日出版文化賞、司馬遼太郎賞受賞。読書界の話題を独占し“文学史的事件”とまで呼ばれた名作！

邪宗門　上・下

高橋和巳　41309-9　41310-5

戦時下の弾圧で壊滅し、戦後復活し急進化した“教団”。その興亡を壮大なスケールで描く、39歳で早逝した天才作家による伝説の巨篇。今もあまたの読書人が絶賛する永遠の“必読書”！　解説：佐藤優。

わが解体

高橋和巳　41526-0

早逝した天才作家が、全共闘運動と自己の在り方を“わが内なる告発”として追求した最後の長編エッセイ、母の祈りにみちた死にいたる闘病の記など、“思想的遺書”とも言うべき一冊。赤坂真理氏推薦。

ＪＲ上野駅公園口

柳美里　41508-6

一九三三年、私は「天皇」と同じ日に生まれた——東京オリンピックの前年、出稼ぎのため上野駅に降り立った男の壮絶な生涯を通じ描かれる、日本の光と闇……居場所を失くしたすべての人へ贈る物語。

枯木灘

中上健次　41339-6

熊野を舞台に繰り広げられる業深き血のサーガ…日本文学に新たな碑を打ち立てた著者初長編にして圧倒的代表作。後日談「覇王の七日」を新規収録。毎日出版文化賞他受賞。解説／柄谷行人・市川真人。

新装版　なんとなく、クリスタル

田中康夫　41259-7

一九八〇年東京。大学に通うかたわらモデルを続ける由利。なに不自由ない豊かな生活、でも未来は少しだけ不透明。彼女の目から日本社会の豊かさとその終焉を予見した、永遠の名作。

無言館　戦没画学生たちの青春

窪島誠一郎　41604-5

戦時中に出征し戦死した画学生たちの作品を収集展示する美術館——「無言館」。設立のきっかけや日本中の遺族を訪ね歩き、思い出話を聞きながら遺作を預かる巡礼の旅を描く。

八月六日上々天氣

長野まゆみ　41091-3

運命の日、広島は雲ひとつない快晴だった……暗い時代の中、女学校に通う珠紀。慌ただしく結婚するが、夫はすぐに出征してしまう。ささやかな幸福さえ惜しむように、時は昭和二十年を迎える。名作文庫化！

内地へよろしく

久生十蘭　41385-3

久生十蘭の全集でしか読めなかった傑作長篇の初文庫化。南洋の報道班員の従軍小説。戦況をつぶさに記述、内地との往還。戦後七十年記念企画。

十蘭ビブリオマーヌ

久生十蘭　41193-4

生誕一一〇年、澁澤龍彥が絶賛した鬼才が描く、おとこ前な男女たち内外の数奇譚。幕末物、西洋実話物語、戦後風俗小説、女の意気地……。瞠目また瞠目。

戦火に散った巨人軍最強の捕手

澤宮優　41297-9

戦前、熊工の同期川上哲治とともに巨人に入団し、闘魂あふれるプレーでスタルヒンやあの沢村をリードした、ナイスガイ吉原。その短くも閃光を放った豪快なプロ野球人生と、帰らざる戦地の物語。

永遠の一球

松永多佳倫／田沢健一郎　41304-4

プロ野球選手となった甲子園優勝投手たちの栄光と挫折——。プロ入団時の華やかさとは対照的に、ひっそりと球界を去った彼らの第二の人生とは？　愛甲猛、土屋正勝、吉岡雄二、正田樹ら七人の軌跡！

伝説の編集者　坂本一亀とその時代

田邊園子　41600-7

戦後の新たな才能を次々と世に送り出した編集者・坂本一亀は戦後日本に何を問うたのか？　妥協なき精神で作家と文学に対峙し、〈戦後〉という時代を作った編集者の軌跡に迫る評伝の決定版。

ミツコと七人の子供たち

シュミット村木眞寿美　40952-8

黒い瞳の伯爵夫人、パン・ヨーロッパの母と称されるクーデンホーフ光子。東京の町娘がいかにして伯爵家に嫁いだか、両大戦の激動の歴史に翻弄されながらどのように七人の子を育てたか、波乱の生涯を追う。

戦場から生きのびて

イシメール・ベア　忠平美幸〔訳〕　46463-3

ぼくの現実はいつも「殺すか殺されるかだった」。十二歳から十五歳までシエラレオネの激しい内戦を戦った少年兵士が、ついに立ち直るまでの衝撃的な体験を世界で初めて書いた感動の物語。

皇室の祭祀と生きて

髙谷朝子　41518-5

戦中に十九歳で拝命してから、混乱の戦後、今上陛下御成婚、昭和天皇崩御、即位の礼など、激動の時代を「祈り」で生き抜いた著者が、数奇な生涯とベールに包まれた「宮中祭祀」の日々を綴る。

天皇と日本国憲法

なかにし礼　41341-9

日本国憲法は、世界に誇る芸術作品である。人間を尊重し、戦争に反対する。行動の時は来た。平和への願いを胸に、勇気を持って歩き出そう。癌を克服し、生と死を見据えてきた著者が描く人間のあるべき姿。

夕暮れの時間に

山田太一　41605-2

十一歳で敗戦をむかえ、名作ドラマの数々を世に届けた脚本家は現在の日本で何を見、何を思っているのか。エッセイの名手でもある山田太一がおくる、心に沁みる最新エッセイ集。語り下ろしインタビュー付。

地下鉄で「昭和」の街をゆく　大人の東京散歩

鈴木伸子　41364-8

東京のプロがこっそり教える、大人のためのお散歩ガイド第三弾。地下鉄でしか行けない都心の街を、昭和の残り香を探して歩く。都電の名残、古い路地……奥深い東京が見えてくる。

大人の東京散歩　「昭和」を探して

鈴木伸子　40986-3

東京のプロがこっそり教える情報がいっぱい詰まった、大人のためのお散歩ガイド。変貌著しい東京に見え隠れする昭和のにおいを探して、今日はどこへ行こう？　昭和の懐かし写真も満載。

昭和を生きて来た

山田太一　41442-3

平成の今、日本は「がらり」と変ってしまうのではないか？　そのような恐れも胸に、昭和の日本や家族を振りかえる。戦争の記憶を失わない世代にして未来志向者である名脚本家の名エッセイ。

終着駅へ行ってきます

宮脇俊三　41022-7

鉄路の果て・終着駅への旅路には、宮脇俊三鉄道紀行の全てが詰まっている。北は根室、南は枕崎まで、二十五の終着駅を目指す「行き止まりの旅」。国鉄民営化直前の鉄道風景が忘れ去られし昭和を写し出す。

旅の終りは個室寝台車

宮脇俊三　41008-1

寝台列車が次々と姿を消していく。「最長鈍行列車の旅」等、鉄道嫌いの編集者との鉄道旅を締めくくるのは、今はなき「はやぶさ」だった……。昭和の良き鉄道風景を活写する紀行文学。

山手線をゆく、大人の町歩き

鈴木伸子　41609-0

東京の中心部をぐるぐるまわる山手線を各駅停車の町歩きで全駅制覇。今も残る昭和の香り、そして最新の再開発まで、意外な魅力に気づき、町歩きの楽しさを再発見する一冊。各駅ごとに鉄道コラム掲載。

著訳者名の後の数字はISBNコードです。頭に「978-4-309」を付け、お近くの書店にてご注文下さい。